Der
Verkehr mit Kraftfahrzeugen in Bayern

Gesetz und Verordnung über Kraftfahrzeugverkehr
mit Erläuterungen und Vollzugsvorschriften.

II. Teil.

◄ 1. Auflage. ►

Bearbeitet von

Dr. jur. Walther v. Hellingrath und Dr. jur. August Michel

Gendarmeriehauptmann I. Kl.
bei der Regierung von Schwaben
und Neuburg, K. d. J.

Regierungsassessor
bei der Regierung von Schwaben
und Neuburg, K. d. J.

1928
München, Berlin und Leipzig
J. Schweitzer Verlag (Arthur Sellier).

Gesetz
über den Verkehr mit Kraftfahrzeugen
vom 3. Mai 1909 (RGBl. S. 437)

in der Fassung des Gesetzes vom 21. Juli 1923 (RGBl I S. 743) unter Berücksichtigung der Verordnungen vom 5. und 6. Februar 1924 (RGBl. I S. 42).

I. Verkehrsvorschriften.

§ 1.

Kraftfahrzeuge, die auf öffentlichen Wegen oder Plätzen in Betrieb gesetzt werden sollen, müssen von der zuständigen Behörde zum Verkehre zugelassen sein; Ausnahmen bestimmt der Reichsverkehrsminister mit Zustimmung des Reichsrats.

Als Kraftfahrzeuge im Sinne dieses Gesetzes gelten Landfahrzeuge, die durch Maschinenkraft bewegt werden, ohne an Bahngleise gebunden zu sein.

§ 2.

Wer auf öffentlichen Wegen oder Plätzen ein Kraftfahrzeug führen will, bedarf der Erlaubnis der zuständigen Behörde; Ausnahmen bestimmt der Reichsverkehrsminister mit Zustimmung des Reichsrats. Die Erlaubnis gilt für das ganze Reich; sie ist zu erteilen, wenn der Nachsuchende seine Befähigung durch eine Prüfung dargetan hat und nicht Tatsachen vorliegen, die die Annahme rechtfertigen, daß er zum Führen von Kraftfahrzeugen ungeeignet ist.

Den Nachweis der Erlaubnis hat der Führer durch eine Bescheinigung (Führerschein) zu erbringen.

Die Befugnis der Ortspolizeibehörde, auf Grund des § 37 der Reichs-Gewerbeordnung weitergehende Anordnungen zu treffen, bleibt unberührt.

§ 3.

Wer zum Zwecke der Ablegung der Prüfung (§ 2 Abs. 1 Satz 2) sich in der Führung von Kraftfahrzeugen übt, muß dabei auf öffentlichen Wegen oder Plätzen von einer mit dem Führerschein versehenen, durch die zuständige Behörde zur Ausbildung von Führern ermächtigten Person begleitet und beaufsichtigt sein. Das Gleiche gilt für die Fahrten, die bei Ablegung der Prüfung vorgenommen werden. Ausnahmen bestimmt der Reichsverkehrsminister mit Zustimmung des Reichsrats.

Bei den Übungs- und Prüfungsfahrten, die gemäß der Vorschrift des Abs. 1 stattfinden, gilt im Sinne dieses Gesetzes der Begleiter als Führer des Kraftfahrzeugs.

§ 4.

Werden Tatsachen festgestellt, welche die Annahme rechtfertigen, daß eine Person zum Führen von Kraftfahrzeugen ungeeignet ist, so kann ihr die Fahrerlaubnis dauernd oder für bestimmte Zeit durch die zuständige Verwaltungsbehörde entzogen werden; nach der Entziehung ist der Führerschein der Behörde abzuliefern.

Die Entziehung der Fahrerlaubnis ist für das ganze Reich wirksam.

§ 5.

Gegen die Versagung der Fahrerlaubnis ist, wenn sie aus anderen Gründen als wegen ungenügenden Ergebnisses der Befähigungsprüfung erfolgt, der Rekurs zulässig. Das Gleiche gilt von der Entziehung der Fahrerlaubnis; der Rekurs hat aufschiebende Wirkung, sofern dies nicht ausdrücklich bei der ersten Entscheidung ausgeschlossen wird.

Die Zuständigkeit der Behörden und das Verfahren bestimmen sich nach den Landesgesetzen und, soweit landesgesetzliche Vorschriften nicht vorhanden sind, nach den §§ 20, 21 der Reichs-Gewerbeordnung.

§ 5 a.

Gefährliche Stellen an Wegestrecken, die dem Durchgangsverkehre dienen, sind von den Landesbehörden durch Warnungstafeln zu kennzeichnen.

§ 6.

Die Reichsregierung erläßt mit Zustimmung des Reichsrats:

1. die zur Ausführung der §§ 1 bis 5a erforderlichen Anordnungen sowie die Bestimmungen für die Zulassung der Führer ausländischer Kraftfahrzeuge;
2. die sonstigen zur Erhaltung der Ordnung und Sicherheit auf den öffentlichen Wegen oder Plätzen erforderlichen Anordnungen über den Verkehr mit Kraftfahrzeugen, insbesondere über die Prüfung und Kennzeichnung der Fahrzeuge und über das Verhalten der Führer sowie über den allgemeinen Fahrverkehr, soweit dies in Rücksicht auf den Kraftfahrzeugverkehr erforderlich ist;
3. Vorschriften über Gebühren für behördliche Maßnahmen im Kraftfahrzeugverkehre bei Durchführung der auf Grund dieses Gesetzes erlassenen Verordnungen. Die Gebühren sind nach den tatsächlichen Aufwendungen zu bemessen;
4. ferner mit Zustimmung eines Ausschusses des Reichstags Vorschriften über die Bildung eines zur Mitwirkung in Angelegenheiten des Kraftfahrwesens berufenen Beirats.

   Die Landesregierungen können sich durch Vermittlung der Reichsregierung des Beirats bedienen.

Soweit auf Grund der Anordnungen nach Abs. 1 die Militär- und Postverwaltung sowie eine staatliche Polizei Personen, die sie als Führer von Kraftfahrzeugen verwenden, die Fahrerlaubnis versagt oder entzogen haben, finden die Vorschriften des § 5 keine Anwendung.

Soweit Anordnungen nach Abs. 1 Nr. 1 bis 3 nicht erlassen sind, können solche durch die Landeszentralbehörden erlassen werden.

II. Haftpflicht.

§ 7.

Wird bei dem Betrieb eines Kraftfahrzeugs ein Mensch getötet, der Körper oder die Gesundheit eines Menschen verletzt oder eine Sache beschädigt, so ist der Halter des Fahrzeugs verpflichtet, dem Verletzten den daraus entstehenden Schaden zu ersetzen.

Die Ersatzpflicht ist ausgeschlossen, wenn der Unfall durch ein unabwendbares Ereignis verursacht wird, das weder auf einem Fehler in der Beschaffenheit des Fahrzeugs noch auf einem Versagen seiner Verrichtungen beruht. Als unabwendbar gilt ein Ereignis insbesondere dann, wenn es auf das Verhalten des Verletzten oder eines nicht bei dem Betriebe beschäftigten Dritten oder eines Tieres zurückzuführen ist und sowohl der Halter als der Führer des Fahrzeugs jede nach den Umständen des Falles gebotene Sorgfalt beobachtet hat.

Benutzt jemand das Fahrzeug ohne Wissen und Willen des Fahrzeughalters, so ist er an Stelle des Halters zum Ersatze des Schadens verpflichtet. Daneben bleibt der Halter zum Ersatze des Schadens verpflichtet, wenn die Benutzung des Fahrzeugs durch sein Verschulden ermöglicht worden ist.

§ 8.

Die Vorschriften des § 7 finden keine Anwendung:

1. wenn zur Zeit des Unfalls der Verletzte oder die beschädigte Sache durch das Fahrzeug befördert wurde oder der Verletzte bei dem Betriebe des Fahrzeugs tätig war;

2. wenn der Unfall durch ein Fahrzeug verursacht wurde, das auf ebener Bahn eine auf 20 Kilometer begrenzte Geschwindigkeit in der Stunde nicht übersteigen kann.

§ 9.

Hat bei der Entstehung des Schadens ein Verschulden des Verletzten mitgewirkt, so finden die Vorschriften des § 254 des Bürgerlichen Gesetzbuchs mit der Maßgabe Anwendung, daß im Falle der Beschädigung einer Sache das Verschulden desjenigen, welcher die tatsächliche Gewalt über die Sache ausübt, dem Verschulden des Verletzten gleichsteht.

§ 10.

Im Falle der Tötung ist der Schadensersatz durch Ersatz der Kosten einer versuchten Heilung sowie des Vermögensnachteils zu leisten, den der Getötete dadurch erlitten hat, daß während der Krankheit seine Erwerbsfähigkeit aufgehoben oder gemindert oder eine Vermehrung seiner Bedürfnisse eingetreten war. Der Ersatzpflichtige hat außerdem die Kosten der Beerdigung demjenigen zu ersetzen, dem die Verpflichtung obliegt, diese Kosten zu tragen.

Stand der Getötete zur Zeit der Verletzung zu einem Dritten in einem Verhältnisse, vermöge dessen er diesem gegenüber kraft Gesetzes unterhaltspflichtig war oder unterhaltspflichtig werden konnte, und ist dem Dritten infolge der Tötung das Recht auf Unterhalt entzogen, so hat der Ersatzpflichtige dem Dritten insoweit Schadensersatz zu leisten, als der Getötete während der mutmaßlichen Dauer seines Lebens zur Gewährung des Unterhalts verpflichtet gewesen sein würde. Die Ersatzpflicht tritt auch dann ein, wenn der Dritte zur Zeit der Verletzung erzeugt, aber noch nicht geboren war.

§ 11.

Im Falle der Verletzung des Körpers oder der Gesundheit ist der Schadensersatz durch Ersatz der Kosten der Heilung sowie des Vermögensnachteils zu leisten, den der Verletzte dadurch erleidet, daß infolge der Verletzung zeitweise oder dauernd seine Erwerbsfähigkeit aufgehoben oder gemindert oder eine Vermehrung seiner Bedürfnisse eingetreten ist.

§ 12.

Der Ersatzpflichtige haftet:

1. im Falle der Tötung oder Verletzung eines Menschen nur bis zu einem Kapitalbetrage von fünfundzwanzigtausend Reichsmark oder bis zu einem Rentenbetrage von jährlich eintausendfünfhundert Reichsmark,

2. im Falle der Tötung oder Verletzung mehrerer Menschen durch dasselbe Ereignis, unbeschadet der in Nr. 1 bestimmten Grenze, nur bis zu einem Kapitalbetrage von insgesamt fünfundsiebzigtausend Reichsmark oder bis zu einem Rentenbetrage von insgesamt viertausendfünfhundert Reichsmark,

3. im Falle der Sachbeschädigung, auch wenn durch dasselbe Ereignis mehrere Sachen beschädigt werden, nur bis zum Betrage von fünftausend Reichsmark.

Übersteigen die Entschädigungen, die mehreren auf Grund desselben Ereignisses nach Abs. 1 Nr. 1, 3 zu leisten sind, insgesamt die in Nr. 2, 3 bezeichneten Höchstbeträge, so verringern sich die einzelnen Entschädigungen in dem Verhältnis, in welchem ihr Gesamtbetrag zu dem Höchstbetrage steht.

Bei wesentlicher Änderung der wirtschaftlichen Verhältnisse kann die Reichsregierung mit Zustimmung des Reichsrats die Beiträge (Abs. 1) anderweitig festsetzen.

§ 13.

Der Schadensersatz wegen Aufhebung oder Minderung der Erwerbsfähigkeit und wegen Vermehrung der Bedürfnisse des Verletzten sowie der nach § 10 Abs. 2 einem Dritten zu gewährende Schadensersatz ist für die Zukunft durch Entrichtung einer Geldrente zu leisten.

Die Vorschriften des § 843 Abs. 2 bis 4 des Bürgerlichen Gesetzbuchs und des § 708 Nr. 6 der Zivilprozeßordnung finden entsprechende Anwendung. Das Gleiche gilt für die dem Verletzten zu entrichtende Geldrente von der Vorschrift des § 850 Abs. 3 und für die dem Dritten zu entrichtende Geldrente von der Vorschrift des § 850 Abs. 1 Nr. 2 der Zivilprozeßordnung.

Ist bei der Verurteilung des Verpflichteten zur Entrichtung einer Geldrente nicht auf Sicherheitsleistung erkannt worden, so kann der Berechtigte gleichwohl Sicherheitsleistung verlangen, wenn die Vermögensverhältnisse des Verpflichteten sich erheblich verschlechtert haben; unter der gleichen Voraussetzung kann er eine Erhöhung der in dem Urteile bestimmten Sicherheit verlangen.

§ 14.

Die in den §§ 7 bis 13 bestimmten Ansprüche auf Schadensersatz verjähren in zwei Jahren von dem Zeitpunkt an, in welchem der Ersatzberechtigte von dem Schaden und von der Person des Ersatzpflichtigen Kenntnis erlangt, ohne Rücksicht auf diese Kenntnis in dreißig Jahren von dem Unfall an.

Schweben zwischen dem Ersatzpflichtigen und dem Ersatzberechtigten Verhandlungen über den zu leistenden Schadensersatz, so ist die Verjährung gehemmt, bis der eine oder der andere Teil die Fortsetzung der Verhandlungen verweigert.

Im übrigen finden die Vorschriften des Bürgerlichen Gesetzbuchs über die Verjährung Anwendung.

§ 15.

Der Ersatzberechtigte verliert die ihm auf Grund der Vorschriften dieses Gesetzes zustehenden Rechte, wenn er nicht spätestens innerhalb zweier Monate, nachdem er von dem Schaden und der Person des Ersatzpflichtigen Kenntnis erhalten hat, dem Ersatzpflichtigen den Unfall anzeigt. Der Rechtsverlust tritt nicht ein, wenn die Anzeige infolge eines von dem Ersatzberechtigten nicht zu vertretenden Umstandes unterblieben ist oder der Ersatzpflichtige innerhalb der bezeichneten Frist auf andere Weise von dem Unfall Kenntnis erhalten hat.

§ 16.

Unberührt bleiben die reichsgesetzlichen Vorschriften, nach welchen der Fahrzeughalter für den durch das Fahrzeug verursachten Schaden in weiterem Umfang als nach den Vorschriften dieses Gesetzes haftet oder nach welchen ein anderer für den Schaden verantwortlich ist.

§ 17.

Wird ein Schaden durch mehrere Kraftfahrzeuge verursacht und sind die beteiligten Fahrzeughalter einem Dritten kraft Gesetzes zum Ersatze des Schadens verpflichtet, so hängt im Verhältnisse der Fahrzeughalter zueinander die Verpflichtung zum Ersatze sowie der Umfang des zu leistenden Ersatzes von den Umständen, insbesondere davon ab, inwieweit der Schaden vorwiegend von dem einen oder dem anderen Teile verursacht worden ist. Das Gleiche gilt, wenn der Schaden einem der beteiligten Fahrzeughalter entstanden ist, von der Haftpflicht, die für einen andern von ihnen eintritt.

Die Vorschriften des Abs. 1 finden entsprechende Anwendung, wenn der Schaden durch ein Kraftfahrzeug und ein Tier oder durch ein Kraftfahrzeug und eine Eisenbahn verursacht wird.

§ 18.

In den Fällen des § 7 Abs. 1 ist auch der Führer des Kraftfahrzeugs zum Ersatze des Schadens nach den Vorschriften der §§ 8 bis 15 verpflichtet. Die Ersatzpflicht ist ausgeschlossen, wenn der Schaden nicht durch Verschulden des Führers verursacht ist.

Die Vorschrift des § 16 findet entsprechende Anwendung.

Ist in den Fällen des § 17 auch der Führer eines Fahrzeugs zum Ersatze des Schadens verpflichtet, so finden auf diese Verpflichtung in seinem Verhältnisse zu den Haltern und Führern der anderen beteiligten Fahrzeuge, zu dem Tierhalter oder Eisenbahnunternehmer die Vorschriften des § 17 entsprechende Anwendung.

§ 19.

In bürgerlichen Rechtsstreitigkeiten, in welchen durch Klage oder Widerklage ein Anspruch auf Grund der

Vorschriften dieses Gesetzes geltend gemacht ist, wird die Verhandlung und Entscheidung letzter Instanz im Sinne des § 8 des Einführungsgesetzes zum Gerichtsverfassungsgesetze dem Reichsgerichte zugewiesen.

§ 20.

Für Klagen, die auf Grund dieses Gesetzes erhoben werden, ist auch das Gericht zuständig, in dessen Bezirke das schädigende Ereignis stattgefunden hat.

III. Straf- und Schlußvorschriften.

§ 21.

Wer den zur Erhaltung der Ordnung und Sicherheit auf den öffentlichen Wegen oder Plätzen erlassenen polizeilichen Anordnungen über den Verkehr mit Kraftfahrzeugen zuwiderhandelt, wird mit Geldstrafe bis zu einhundertfünfzig Reichsmark oder mit Haft bestraft.

§ 22.

Der Führer eines Kraftfahrzeugs, der nach einem Unfalle (§ 7) es unternimmt, sich der Feststellung des Fahrzeugs und seiner Person durch die Flucht zu entziehen, wird mit Geldstrafe bis zu zehntausend Reichsmark oder mit Gefängnis bis zu zwei Monaten bestraft. Er bleibt jedoch straflos, wenn er spätestens am nächstfolgenden Tage nach dem Unfall Anzeige bei einer inländischen Polizeibehörde erstattet und die Feststellung des Fahrzeugs und seiner Person bewirkt.

Verläßt der Führer des Kraftfahrzeugs eine bei dem Unfalle verletzte Person vorsätzlich in hilfloser Lage, so wird er mit Gefängnis bis zu 6 Monaten bestraft. Sind mildernde Umstände vorhanden, so kann auf Geldstrafe bis zu zehntausend Reichsmark erkannt werden.

§ 23.

Mit Geldstrafe bis zu zehntausend Reichsmark oder mit Gefängnis bis zu zwei Monaten wird bestraft, wer auf öffentlichen Wegen oder Plätzen ein Kraftfahrzeug führt, das nicht von der zuständigen Behörde zum Verkehre zugelassen ist.

Die gleiche Strafe trifft den Halter eines nicht zum Verkehre zugelassenen Kraftfahrzeugs, wenn er vorsätzlich oder fahrlässig dessen Gebrauch auf öffentlichen Wegen oder Plätzen gestattet.

§ 24.

Mit Geldstrafe bis zu zehntausend Reichsmark oder mit Gefängnis bis zu zwei Monaten wird bestraft:

1. wer ein Kraftfahrzeug führt, ohne einen Führerschein zu besitzen;
2. wer ein Kraftfahrzeug führt, obwohl ihm die Fahrerlaubnis entzogen ist;
3. wer nicht seinen Führerschein der Behörde, die ihm die Fahrerlaubnis entzogen hat, auf ihr Verlangen abliefert.

Die gleiche Strafe trifft den Halter des Kraftfahrzeugs, wenn er vorsätzlich oder fahrlässig eine Person zur Führung des Fahrzeugs bestellt oder ermächtigt, die sich nicht durch einen Führerschein answeisen kann oder der die Fahrerlaubnis entzogen ist.

§ 25.

Wer in rechtswidriger Absicht

1. ein Kraftfahrzeug, für welches von der Polizeibehörde ein Kennzeichen nicht ausgegeben oder zugelassen worden ist, mit einem Zeichen versieht, welches geeignet ist, den Anschein der polizeilich angeordneten oder zugelassenen Kennzeichnung hervorzurufen,
2. ein Kraftfahrzeug mit einer anderen als der polizeilich für das Fahrzeug ausgegebenen oder zugelassenen Kennzeichnung versieht,
3. das an einem Kraftfahrzeuge gemäß polizeilicher Anordnung angebrachte Kennzeichen verändert, beseitigt, verdeckt oder sonst in seiner Erkennbarkeit beeinträchtigt,

wird, sofern nicht nach den Vorschriften des Strafgesetzbuchs eine höhere Strafe verwirkt ist, mit Geldstrafe bis zu zehntausend Reichsmark oder mit Gefängnis bis zu drei Monaten bestraft.

Die gleiche Strafe trifft Personen, welche auf öffentlichen Wegen oder Plätzen von einem Kraftfahrzeuge Gebrauch machen, von dem sie wissen, daß die Kennzeichnung in der im Absatz 1 unter Nr. 1 bis 3 bezeichneten Art gefälscht, verfälscht oder unterdrückt worden ist.

§ 26.

Dieses Gesetz tritt hinsichtlich der Vorschriften über die Haftpflicht — Teil II — mit dem 1. Juni 1909, im übrigen mit dem 1. April 1910 in Kraft.

IV. Kleinkrafträder.

§ 27.

Die Vorschriften im Teil I, II und III gelten nicht für Kleinkrafträder.

Die Reichsregierung erläßt mit Zustimmung des Reichsrats Anordnungen über den Verkehr mit Kleinkrafträdern.

Bekanntmachung

der Neufassung der Verordnung über Kraftfahrzeugverkehr. Vom 16. März 1928. (RGBl S. 91).

Auf Grund des Artikel III der Verordnung über Änderungen der Regelung des Kraftfahrzeugverkehrs vom 16. März 1928 (Reichsgesetzbl. I S. 66) wird nachstehend der Wortlaut der nach den §§ 6 und 27 des Gesetzes über den Verkehr mit Kraftfahrzeugen vom 3. Mai 1909 in der Fassung des Gesetzes vom 21. Juli 1923 (Reichsgesetzbl. I S. 743) erlassenen Verordnung über Kraftfahrzeugverkehr vom 5. Dezember 1925 in der Fassung der Verordnungen vom 28. Juli 1926, 31. Januar 1928 und 16. März 1928 (Reichsgesetzbl. I S. 66) in der neuen Fassung als „Verordnung über Kraftfahrzeugverkehr vom 16. März 1928" bekanntgemacht.

Hinsichtlich des Inkrafttretens derjenigen Bestimmungen, die auf der Verordnung über Änderungen der Regelung des Kraftfahrzeugverkehrs vom 16. März 1928 beruhen, wird auf Artikel II letztgenannter Verordnung hingewiesen.[1])

Berlin, den 16. März 1928.

Der Reichsverkehrsminister

Dr. W. Koch.

---

[1]) Hienach treten am **1. Juli 1928** in Kraft die Änderungen und Ergänzungen in den Paragraphen:

3 Abs. 2; 18 Abs. 3 Satz 2; 32 Abs. 1 Nr. 2 (bisher 25 Abs. 1 Nr. 2)]; 33 Abs. 1 (bisher 26 Abs. 1); 40 Abs. 2 Satz 1 (bisher 24 Abs. 2 Satz 1); 40 Abs. 2 Satz 2 (bisher 34 Abs. 2 Satz 2); 40 Abs. 2 Schlußsatz (bisher 34 Abs. 2 Schlußsatz); 41 Abs. 11 (bisher 85 Abs. 11); 45 Abs. 2 Abschnitt a) (bisher 89 Abs. 2 Abschnitt a).

Alle übrigen Änderungen und Ergänzungen sind am **1. April 1928** in Kraft getreten.

Die in Art. II enthaltenen Übergangsbestimmungen wurden in die Anmerkungen auf S. 94, 98, 115, 116, 128 aufgenommen.

Verordnung über Kraftfahrzeugverkehr

vom 16. März 1928

Erster Abschnitt

Kraftfahrzeuge im allgemeinen

A. Allgemeine Vorschriften

§ 1

Im Sinne nachstehender Vorschriften gelten:

1. als Kraftfahrzeuge Landfahrzeuge, die durch Maschinenkraft bewegt werden, ohne an Bahngleise gebunden zu sein;
2. als Krafträder Kraftfahrzeuge, die auf nicht mehr als drei Rädern laufen, wenn ihr Eigengewicht in betriebsfertigem Zustand 350 Kilogramm nicht übersteigt; Anhänger, Bei- oder Vorsteckwagen bleiben bei Feststellung der Fahrzeugart außer Betracht. Als Krafträder gelten außerdem Kraftfahrzeuge mit zwei Laufrädern und zwei seitlichen, nur gelegentlich benutzten Stützrädern ohne Anhänger, Bei- oder Vorsteckwagen, wenn ihr Eigengewicht in betriebsfertigem Zustand 350 Kilogramm nicht übersteigt;
3. als Kraftomnibusse Personenkraftwagen mit mehr als acht Sitzplätzen (einschließlich Führersitz);
4. als Wege auch Plätze, Brücken und Durchgänge;
5. als Wegebenutzer Schienenfahrzeuge, Fuhrwerke, Kraftfahrzeuge (einschließlich Kleinkrafträder), Radfahrer, Reiter, marschierende Abteilungen, Aufzüge sowie getriebene oder geführte Tiere, ausgenommen Hunde;

6. als Dunkelheit in den Monaten April bis September die Zeit von einer Stunde nach Sonnenuntergang bis eine Stunde vor Sonnenaufgang, in den übrigen Monaten die Zeit von einer halben Stunde nach Sonnenuntergang bis eine halbe Stunde vor Sonnenaufgang;
7. als Luftreifen Reifen, bei denen die in einem Schlauche eingeschlossene Luft schon bei unbelastetem Reifen unter Überdruck steht.

§ 2

(1) Für den Verkehr mit Kraftfahrzeugen gelten sinngemäß die den Verkehr von Fuhrwerken oder von Fahrrädern auf öffentlichen Wegen allgemein regelnden Vorschriften, sofern nicht nachfolgend oder gemäß § 6 Abs. 3 des Gesetzes von der obersten Landesbehörde andere Bestimmungen getroffen werden.

(2) Auf Kraftfahrzeuge, welche im öffentlichen Fuhrgewerbe verwendet werden, sowie auf die Führer dieser Fahrzeuge finden neben den nachstehenden Vorschriften die besonderen Bestimmungen über den Betrieb der dem öffentlichen Fuhrgewerbe dienenden Fuhrwerke Anwendung.

(3) Wenn neben der befestigten eine unbefestigte Fahrbahn (Sommerweg) vorhanden ist, so gilt jede der beiden Fahrbahnen für die Anwendung der Fahrordnung in den §§ 21 bis 23 — Beurteilung der rechten und der linken Seite — als selbständiger Weg; beim Ausweichen und Überholen darf auch erforderlichenfalls vom Sommerweg auf die befestigte Fahrbahn und umgekehrt übergegangen werden.

(4) Die nachstehenden Vorschriften gelten nicht für Kraftschlitten, Raupenkraftfahrzeuge, Dampfstraßenlokomotiven, Straßenwalzen, ferner solche Kraftfahrzeuge, deren betriebsfertiges Gewicht im beladenen oder unbeladenen Zustand 9 Tonnen oder bei Vorhandensein von 3 Achsen 15 Tonnen übersteigt, sowie selbstfahrende Arbeits- und Werkzeugmaschinen zu landwirtschaftlichen oder gewerblichen Zwecken (z. B. Dampf-, Motorpflüge, Motorsägen).

B. Das Kraftfahrzeug

a) Beschaffenheit, Ausrüstung und Ladung

§ 3

(1) Die Kraftfahrzeuge müssen verkehrssicher und insbesondere so gebaut, eingerichtet und ausgerüstet sein, daß Feuers- und Explosionsgefahr sowie jede Belästigung von Personen und Gefährdung von Fuhrwerken durch Geräusch, Rauch, Dampf oder üblen Geruch ausgeschlossen ist. Die Abführung der Verbrennungsgase bei Verbrennungsmaschinen und des Dampfes bei Dampfmaschinen hat unter Anwendung ausreichender schalldämpfender Mittel zu geschehen; das Ende des Auspuffrohres darf nicht nach abwärts gerichtet sein. Die Anbringung von Auspuffklappen und andere Maßnahmen, die es ermöglichen, die Schalldämpfer in ihrer Wirkung abzuschwächen oder auszuschalten, sind verboten.

(2) Kraftfahrzeuge, deren betriebsfertiges Eigengewicht 3 Tonnen nicht übersteigt, und dreiachsige Kraftfahrzeuge, deren betriebsfertiges Gewicht im beladenen oder unbeladenen Zustand 9 Tonnen übersteigt, müssen mit Luftreifen versehen sein; alle übrigen Kraftfahrzeuge müssen mit Luftreifen oder hochelastischen Vollgummireifen versehen sein. Die Radkränze dürfen keine Unebenheiten besitzen, die geeignet sind, die Fahrbahn zu beschädigen.

§ 4

(1) Jedes Fahrzeug muß versehen sein:

1. mit einer zuverlässigen Lenkvorrichtung, die gestattet, sicher und rasch auszuweichen; die zur Lenkung benutzten Wagenräder sollen nach beiden Seiten möglichst weit einschlagen, um kurz wenden zu können;
2. mit zwei in ihrer Wirkung voneinander unabhängigen Bremseinrichtungen, von denen jede auf die Räder einer Achse oder kreuzweise auf die Räder verschiedener Achsen gleichzeitig einwirkt. Eine der beiden Bremseinrichtungen muß feststellbar sein. Bei Kraftfahrzeugen

mit Kettenantrieb muß eine Bremseinrichtung unmittelbar auf die Räder oder auf Bestandteile, die mit den Rädern fest verbunden sind, einwirken. Jede Bremseinrichtung muß für sich geeignet sein, das Fahrzeug auf kürzeste Entfernung zum Stehen zu bringen;

3. mit einer zuverlässigen Vorrichtung, die beim Befahren von Steigungen die unbeabsichtigte Rückwärtsbewegung verhindert, sofern nicht eine der Bremsen diese Forderung erfüllt;

4. mit einer am Fahrzeug befestigten Huppe zum Abgeben von Warnungszeichen; falls die Huppe mehrtonig ist, müssen die verschiedenen Töne gleichzeitig in einem harmonischen Akkord anklingen; Huppen sind als vorschriftsmäßig zu betrachten, wenn ein klarer, von Nebengeräuschen freier Ton oder Akkord durch Schwingungen von Metallzungen, Platten (Membranen) oder anderen Teilen erzeugt wird. An jedem Fahrzeug muß mindestens eine Huppe vorhanden sein, mit der auch bei stillstehendem Motor Warnungszeichen abgegeben werden können;

5. nach eingetretener Dunkelheit und bei starkem Nebel mit mindestens zwei in gleicher Höhe angebrachten, die seitliche Begrenzung des Fahrzeugs anzeigenden, hellbrennenden Laternen mit farblosem oder schwach gelblichem Glase, die den Lichtschein derart auf die Fahrbahn werfen, daß diese auf mindestens 20 Meter vor dem Fahrzeug von dem Führer übersehen werden kann. Der Abstand der Außenkante der die seitliche Begrenzung anzeigenden Laternen von der Außenkante des Fahrzeugs darf nicht mehr als 40 Zentimeter betragen. Übermäßig starkwirkende Scheinwerfer dürfen nicht verwendet werden;

6. mit einer Vorrichtung, die verhindert, daß das Fahrzeug von Unbefugten in Betrieb gesetzt werden kann.

(2) Für Krafträder gelten nicht die Vorschriften über Feststellbarkeit der Bremse (Nr. 2) und Vorrichtungen zur Verhinderung der unbeabsichtigten Rückwärtsbewegung (Nr. 3) und der Inbetriebsetzung durch Unbefugte (Nr. 6);

es genügt eine hellbrennende Laterne mit farblosem oder schwach gelblichem Glase (Nr. 5), ausgenommen, wenn ein Kraftrad einen Beiwagen auf der linken Seite mitführt; eine auf das Wagenrad des Beiwagens einwirkende Bremse (Nr. 2) ist nicht erforderlich.

(3) Jeder Kraftwagen, dessen Eigengewicht 350 Kilogramm übersteigt, muß so eingerichtet sein, daß er mittels der Maschine oder des Motors vom Führersitz aus in Rückwärtsgang gebracht werden kann.

(4) Die Griffe zur Bedienung der Maschine oder des Motors und der im Abs. 1 bis 3 angeführten Einrichtungen müssen so angebracht sein, daß der Führer sie, ohne sein Augenmerk von der Fahrtrichtung abzulenken, leicht und auch im Dunkeln ohne Verwechselungsgefahr handhaben kann.

(5) Jedes Kraftfahrzeug muß mit einem an einer sichtbaren Stelle des Fahrgestells angebrachten Schilde versehen sein, das die Firma, die das Fahrgestell hergestellt hat, die Fabriknummer des Fahrgestells, die Anzahl der Pferdestärken der Maschine oder des Motors (bei Krafträdern, Personenkraftwagen mit Ausnahme der Kraftomnibusse und bei Lastkraftwagen bis 2,5 Tonnen Eigengewicht, sofern diese Fahrzeuge durch Verbrennungsmaschine angetrieben werden, auch den Hubraum der Maschine) und das Eigengewicht des betriebsfertigen Fahrzeugs ergibt. Bei Verbrennungsmaschinen muß die Fabriknummer der Antriebsmaschine auf den Zylindern eingeschlagen sein. Bei Kraftfahrzeugen, deren Gesamtgewicht (einschließlich Ladung) 5 Tonnen übersteigt, muß sich die Angabe auf dem Schilde auch auf die zulässige Belastung, auf die Achsdrucke und auf die Felgendrucke auf 1 Zentimeter Felgenbreite — Basis der Gummireifen — im beladenen Zustand erstrecken.

(6) Bei einem Kraftfahrzeug im beladenen Zustand darf der Druck auf eine Achse 6 Tonnen, bei Vorhandensein von 3 Achsen 5 Tonnen und der Druck auf ein 1 Zentimeter Felgenbreite — Basis der Gummireifen — 150 Kilogramm nicht überschreiten.

(7) Zum Abgeben von Warnungszeichen außerhalb geschlossener Ortsteile bestimmte Pfeifen (§ 19 Abs. 3) gelten als vorschriftsmäßig, wenn durch sie Pfiffe gleicher Tonhöhe in der Weise erzeugt werden, daß unter Druck stehende verbrannte Gase aus dem Zylinder oder der Auspuffleitung durch die Pfeife entweichen.

(8) Lastkraftwagen, deren Eigengewicht zuzüglich der zulässigen Belastung 3,5 Tonnen übersteigt, müssen an der linken Seite mit einem Spiegel versehen sein, der dem Führer die Beobachtung der Fahrbahn nach rückwärts ermöglicht.

(9) Bei Verwendung eines Schlußlichtes oder einer Einrichtung zur Anzeige der Absicht des Anhaltens oder der beabsichtigten Änderung der Fahrtrichtung darf nur gelbrotes Licht benutzt werden.

(10) Die Ladung muß so verteilt, verwahrt oder befestigt sein, daß sie weder Personen oder Sachen beschädigen oder verunreinigen, noch starkes Geräusch oder das Umschlagen des Fahrzeugs verursachen kann. Am hinteren Ende des Fahrzeugs weit herausragende Ladungen müssen an den Enden durch Strohkränze, Lappen oder dergleichen besonders kenntlich gemacht sein.

b) Antrag auf Zulassung eines Fahrzeugs

§ 5

(1) Wenn ein Kraftfahrzeug in Betrieb genommen werden soll, hat der Eigentümer bei der für seinen Wohnort zuständigen höheren Verwaltungsbehörde die Zulassung des Fahrzeugs schriftlich zu beantragen. Der Antrag muß enthalten:

1. Namen, Beruf (Gewerbe) und Wohnort des Eigentümers,
2. die Firma, die das Fahrgestell hergestellt hat, sowie die Fabriknummer des Fahrgestells,
3. die Art des Fahrzeugs (Kraftrad, Personenkraftwagen, Kraftomnibus, Lastkraftwagen, Elektrokarren, Zugmaschine ohne Güterladeraum), bei Möglichkeit eines Wechsels in den Aufbauten nähere Angaben hierüber,

4. die Art des Antriebs (Verbrennungsmaschine, Dampfmaschine, Elektromotor),
5. die Anzahl der Pferdestärken der Maschine oder des Motors (bei Krafträdern, Personenkraftwagen mit Ausnahme der Kraftomnibusse und bei Lastkraftwagen bis 2,5 Tonnen Eigengewicht, sofern diese Fahrzeuge durch Verbrennungsmaschine angetrieben werden, auch den Hubraum und die Nummer der Maschine),
6. das Eigengewicht des betriebsfertigen Fahrzeugs,
7. die zulässige Belastung (in Kilogramm oder Personen einschließlich Führer),
8. bei Fahrzeugen, deren Gesamtgewicht (einschließlich Ladung) 5 Tonnen übersteigt, die Achsdrucke und die Felgendrucke auf 1 Zentimeter Felgenbreite — Basis der Gummireifen — im beladenen Zustand,
9. bei Kraftomnibussen mit Antrieb durch Verbrennungsmaschine und bei Lastkraftwagen mit gleichem Antrieb die Angabe, ob alle Räder mit Luftreifen versehen sind,
10. die Angabe der gewerblichen oder landwirtschaftlichen Berufsgenossenschaft, falls der Eigentümer einer solchen angehört.

(2) Dem Antrag ist das Gutachten eines von der höheren Verwaltungsbehörde anerkannten Sachverständigen beizufügen, das die Richtigkeit der Angaben unter Abs. 1 Nr. 3 bis 9 sowie ferner bestätigt, daß das Fahrzeug den nach dieser Verordnung zu stellenden Anforderungen genügt. Das Gutachten hat der Antragsteller auf seine Kosten zu beschaffen.

(3) Die höhere Verwaltungsbehörde kann einer zuverlässigen, ins Handelsregister eingetragenen Firma, zu deren Geschäftsbetrieb die Herstellung von Kraftfahrzeugen gehört und deren Sitz sich im Bezirke der Behörde befindet, auf schriftlichen Antrag nach einer auf Kosten der Firma vorgenommenen Prüfung (Typenprüfung) widerruflich eine Bescheinigung darüber erteilen, daß eine von ihr fabrikmäßig gefertigte Gattung von Kraftfahrzeugen den Anforderungen dieser Verordnung genügt (Typenbescheinigung). Für im Ausland hergestellte Fahrzeuge kann eine solche Bescheini-

gung einer zuverlässigen, ins Handelregister eingetragenen Firma, zu deren Geschäftsbetrieb der Handel mit Kraftfahrzeugen gehört und deren Sitz sich im Bezirke der Behörde befindet, auf schriftlichen Antrag ausgestellt werden, wenn der Nachweis erbracht wird, daß die Firma im Deutschen Reiche zum alleinigen Vertriebe von Kraftfahrzeugen der betreffenden Gattung berechtigt ist. Die Typenbescheinigung gilt fürs ganze Reich. Für ein Kraftfahrzeug einer solchen Gattung (Satz 1 und 2) kann die Firma zu einer amtlich beglaubigten Abschrift der Typenbescheinigung mit etwaigen Nachträgen unter laufender Nummer eine Ergänzungsbescheinigung ausstellen, die die Richtigkeit der im Abs. 1 unter Nr. 3 bis 9 vorgeschriebenen Angaben bestätigen muß. Eine solche Firmenbescheinigung (Abschrift der Typenbescheinigung nebst Ergänzungsbescheinigung) ersetzt das Gutachten des amtlich anerkannten Sachverständigen (§ 5 Abs. 2) in allen Fällen mit Ausnahme der des § 6 Abs. 3 Satz 2 und des § 35 Abs. 1 mit der Maßgabe, daß für Kraftomnibusse mit Antrieb durch Verbrennungsmaschine, Lastkraftwagen mit gleichem Antrieb, elektrisch oder mit Dampf angetriebene Kraftfahrzeuge sowie Zugmaschinen ohne Güterladeraum ein amtlicher Wiegeschein oder eine Bescheinigung über die unter behördlicher Überwachung vorgenommene Wägung beizufügen ist. Für ein Fahrzeug, das schon einmal zum Verkehr auf öffentlichen Wegen zugelassen war, darf eine Firmenbescheinigung nur dann ausgestellt werden, wenn die Firma das Fahrzeug nochmals geprüft und sich von seiner vorschriftsmäßigen Beschaffenheit überzeugt hat; dies ist in der Bescheinigung zu vermerken. Über die mittels Firmenbescheinigung in den Verkehr gebrachten Fahrzeuge hat die Firma ein Verzeichnis zu führen und auf Verlangen den zuständigen Beamten vorzulegen. Firmenbescheinigungen können unter Mitverantwortung der Stammfirma — bei Fahrzeugen ausländischer Herstellung der Hauptvertretung im Sinne des Satzes 2 — auch von den Zweigniederlassungen, die dann gleichfalls zur Listenführung verpflichtet sind, ausgestellt werden. Im Falle des Widerrufs (Satz 1 und 2) verliert die Typenbescheinigung ihre Gültigkeit und ist nebst allen bereits gefertigten beglaubigten Abschriften der zuständigen höheren Verwaltungsbehörde abzuliefern, soweit die Abschriften nicht als Firmenbescheinigungen in den Verkehr gegeben worden sind.

(4) Für die Prüfungen nach Abs. 2 und 3 gelten die Vorschriften einer „Anweisung über die Prüfung von Kraftfahrzeugen", die der Reichsverkehrsminister erläßt. Er hat davon dem Reichsrat unverzüglich Kenntnis zu geben; erhebt der Reichsrat innerhalb eines Monats Widerspruch, so hat der Reichsverkehrsminister die beanstandeten Vorschriften aufzuheben.

(5) Mit Zustimmung der obersten Landesbehörde und des Reichsverkehrsministers können versuchsweise auch Kraftfahrzeuge, deren Beschaffenheit oder Ausrüstung den Vorschriften dieser Verordnung oder der „Anweisung über die Prüfung von Kraftfahrzeugen" nicht entspricht, widerruflich zum Verkehre zugelassen werden.

c) Zulassung zum Verkehr und Kennzeichnung

§ 6

(1) Die höhere Verwaltungsbehörde (§ 5 Abs. 1) entscheidet über den Antrag auf Zulassung des Kraftfahrzeugs zum Verkehr auf öffentlichen Wegen. Die Zulassung gilt für das ganze Reich.

(2) Im Falle der Zulassung hat die höhere Verwaltungsbehörde das Kraftfahrzeug in eine Liste einzutragen, dem Fahrzeug ein polizeiliches Kennzeichen (§ 8) zuzuteilen und hiervon dem Antragsteller Mitteilung zu machen, sowie über die Zulassung und die Eintragung des Kraftfahrzeugs und die Zuteilung des Kennzeichens eine Bescheinigung auszufertigen. Die Aushändigung der Bescheinigung erfolgt durch die für den Ort, wo das Kraftfahrzeug in Betrieb gesetzt werden soll, zuständige Polizeibehörde. Die Bescheinigung darf erst ausgehändigt werden, wenn den Vorschriften über die Entrichtung der Kraftfahrzeugsteuer genügt ist. Die Muster der Liste und der Bescheinigung schreibt der Reichsverkehrsminister vor.

(3) Treten bei einem zum Verkehr auf öffentlichen Wegen bereits zugelassenen Kraftfahrzeug Änderungen ein, die eine Berichtigung der Liste und der Zulassungsbescheinigung erforderlich machen, so hat der Eigentümer unter Vorlegung der Zulassungsbescheinigung die Berichtigungen innerhalb 2 Wochen bei der zuständigen höheren Verwaltungsbehörde zu beantragen; ist eine Berichtigung erforderlich geworden, weil ein Kraftomnibus mit Antrieb durch Verbrennungsmaschine oder ein Lastkraftwagen mit gleichem Antrieb an allen Rädern mit Luftreifen statt einer anderen Bereifung versehen worden ist, so hat der Eigentümer den Bereifungswechsel in geeigneter Form nachzuweisen. Bei Änderung der Art des Antriebs, bei Einbau einer stärkeren Maschine oder eines stärkeren Motors, einer in ihrer Bauart oder Übersetzung veränderten Bremse oder Lenkvorrichtung bedarf es einer erneuten Zulassung, die der Eigentümer sofort unter Beifügung eines Gutachtens (§ 5 Abs. 2) bei der zuständigen höheren Verwaltungsbehörde zu beantragen hat.

(4) Verlegt der Eigentümer eines Kraftfahrzeugs seinen Wohnort in den Bezirk einer anderen höheren Verwaltungsbehörde, so hat er bei dieser unverzüglich die Erteilung einer neuen Zulassungsbescheinigung unter Beifügung der bisherigen oder einer beglaubigten Abschrift davon zu beantragen; eines Sachverständigengutachtens (§ 5 Abs. 2, 3) bedarf es in diesem Falle nicht. Dem Fahrzeug wird ein neues Kennzeichen zugeteilt. Bei Aushändigung der neuen Zulassungsbescheinigung ist die bisherige der höheren Verwaltungsbehörde zurückzugeben und von dieser der vordem zuständigen höheren Verwaltungsbehörde unter Angabe des neuen Kennzeichens zu übersenden. Das Kraftfahrzeug ist in die Liste einzutragen.

(5) Soll ein Kraftfahrzeug zum Verkehr auf öffentlichen Wegen nicht mehr verwendet werden, so hat der Eigentümer der zuständigen höheren Verwaltungsbehörde hiervon Mitteilung zu machen und ihr die Zulassungsbescheinigung sowie das Kennzeichen abzuliefern; sobald dies geschehen, gilt das Fahrzeug als abgemeldet. Das

Kennzeichen ist, sofern es nicht amtlich ausgegeben ist, nach Vernichtung des Dienststempels zurückzugeben. Unterbleibt die Ablieferung, so hat die höhere Verwaltungsbehörde die Zulassungsbescheinigung und das Kennzeichen einzuziehen oder, soweit die Einziehung des Kennzeichens nicht zulässig ist, den Dienststempel auf diesem augenfällig zu vernichten. In gleicher Weise ist auf Antrag der Steuerbehörde zu verfahren, wenn eine neue Kraftfahrzeugsteuerkarte nicht rechtzeitig gelöst oder die Kraftfahrzeugsteuer nicht rechtzeitig entrichtet wird.

(6) Geht ein zum Verkehr auf öffentlichen Wegen zugelassenes Kraftfahrzeug auf einen anderen Eigentümer über, der das Fahrzeug weiterbenutzen will, so hat der bisherige Eigentümer den Eigentumsübergang unverzüglich der für seinen Wohnort zuständigen höheren Verwaltungsbehörde unter Angabe von Namen, Wohnort und Wohnung des neuen Eigentümers anzuzeigen; er hat ferner dem neuen Eigentümer die Zulassungsbescheinigung gegen Empfangsbestätigung auszuhändigen und diese seiner Anzeige beizufügen. Mit Eingang der Anzeige und der Empfangsbestätigung bei der höheren Verwaltungsbehörde gilt das Fahrzeug in der Person des bisherigen Eigentümers als abgemeldet. Der neue Eigentümer hat unverzüglich bei der für seinen Wohnort zuständigen höheren Verwaltungsbehörde die Erteilung einer neuen Zulassungsbescheinigung unter Beifügung der bisherigen oder einer beglaubigten Abschrift davon zu beantragen; eines Sachverständigengutachtens (§ 5 Abs. 2, 3) bedarf es nicht. War das Fahrzeug bisher von derselben höheren Verwaltungsbehörde zugelassen, so behält es sein Kennzeichen; die Liste ist zu berichtigen. War das Fahrzeug bisher von einer anderen höheren Verwaltungsbehörde zugelassen, so wird es in die Liste eingetragen und ihm ein neues Kennzeichen zugeteilt. War dem Antrag nur eine beglaubigte Abschrift der bisherigen Zulassungsbescheinigung beigefügt, so ist gegen Aushändigung der neuen Zulassungsbescheinigung die bisherige zurückzugeben; diese ist der etwa vordem zuständigen höheren Verwal-

tungsbehörde unter Angabe des neuen Kennzeichens zu übersenden. Die neue Zulassungsbescheinigung darf erst ausgehändigt werden, wenn den Vorschriften über die Entrichtung der Kraftfahrzeugsteuer genügt ist.

(7) Soll ein Kraftfahrzeug nur bis zur Dauer von acht Monaten zum Verkehr auf öffentlichen Wegen nicht verwendet werden, so gilt Abs. 5 Satz 1 bis 3 mit der Maßgabe, daß die höhere Verwaltungsbehörde nach Eintragung des Tages der Abmeldung in die Liste die Zulassungsbescheinigung auf Antrag des Eigentümers bis zur Dauer von acht Monaten aufzubewahren und von einer Zuteilung des Kennzeichens an ein anderes Kraftfahrzeug während dieser Zeit abzusehen hat. Wird bei ihr innerhalb dieser Zeit von dem bisherigen oder einem neuen Eigentümer die erneute Zulassung beantragt und von dem Antragsteller die Erklärung abgegeben, daß Änderungen im Sinne des Abs. 3 an dem Kraftfahrzeug in der Zwischenzeit nicht eingetreten sind, so kann sie auf das Sachverständigengutachten (§ 5 Abs. 2, 3) verzichten; im Falle erneuter Zulassung ist dasselbe Kennzeichen (Abs. 2) wieder zuzuteilen; dem bisherigen Eigentümer ist die bisherige Zulassungsbescheinigung nach Eintragung des Tages der erneuten Zulassung in die Liste, einem neuen Eigentümer ist eine neue Zulassungsbescheinigung nach Berichtigung der Liste auszuhändigen; für die Aushändigung der Zulassungsbescheinigung gilt in beiden Fällen Abs. 2 Satz 2 und 3. Liegt der Wohnort des Eigentümers, der die erneute Zulassung des abgemeldeten Kraftfahrzeugs begehrt, im Bezirk einer anderen höheren Verwaltungsbehörde, so ist der Antrag an diese zu richten; für die erneute Zulassung gilt Abs. 2; auf das Sachverständigengutachten kann verzichtet werden, wenn der Antragsteller erklärt, daß Änderungen im Sinne des Abs. 3 an dem Kraftfahrzeug in der Zwischenzeit nicht eingetreten sind. Die höhere Verwaltungsbehörde hat die bisherige Zulassungsbescheinigung von der früher zuständigen höheren Verwaltungsbehörde einzufordern und dieser nach erfolgter Zulassung unter Angabe des neuen Kennzeichens zurück-

zusenden; die früher zuständige höhere Verwaltungsbehörde hat ihre Liste zu berichtigen.

(8) Mit Zustimmung der obersten Landesbehörde kann die höhere Verwaltungsbehörde zum Verkehr auf öffentlichen Wegen zugelassenen Kraftfahrzeugen ein anderes Kennzeichen zuteilen. In diesen Fällen haben die Eigentümer die Zulassungsbescheinigungen der höheren Verwaltungsbehörde innerhalb 14 Tagen zwecks Berichtigung vorzulegen.

§ 7

Vorbehaltlich der Vorschrift im § 38 muß jedes auf öffentlichen Wegen verkehrende Kraftfahrzeug das polizeiliche Kennzeichen (§ 8) tragen.

§ 8

(1) Das von der höheren Verwaltungsbehörde zuzuteilende Kennzeichen besteht aus einem (oder mehreren) Buchstaben (oder römischen Ziffern) zur Bezeichnung des Landes (oder engeren Verwaltungsbezirkes) und aus der Erkennungsnummer, unter der das Fahrzeug in die polizeiliche Liste (§ 6 Abs. 2) eingetragen ist. Die Verteilung der Kennzeichen innerhalb des Reichsgebiets erfolgt nach einem „Plan für die Kennzeichnung der Kraftfahrzeuge“, den der Reichsverkehrsminister nach Anhörung der beteiligten obersten Landesbehörden aufstellt. Das Kennzeichen ist an der Vorderseite und an der Rückseite des Fahrzeugs nach außen hin an leicht sichtbarer Stelle anzubringen. Die Fläche des Kennzeichens muß zur Längsachse des Fahrzeugs senkrecht oder annähernd senkrecht stehen. Bei spitz zulaufenden Fahrzeugen kann jedoch das vordere und das hintere Kennzeichen durch je zwei Kennzeichen ersetzt werden; diese müssen beiderseits an jedem spitz zulaufenden Ende des Fahrzeugs auf Flächen angebracht sein, die zur Längsachse des Fahrzeugs schräg, zur Fahrbahn senkrecht oder annähernd senkrecht stehen.

(2) Das vordere Kennzeichen ist in schwarzer Balkenschrift auf weißem, schwarzgerandetem Grunde auf die Wandung des Fahrzeugs oder auf eine rechteckige Tafel aufzumalen,

die mit dem Fahrzeug durch Schrauben, Nieten oder Nägel fest zu verbinden ist. Die Buchstaben (oder die römischen Ziffern) und die Nummern müssen in eine Reihe gestellt und durch einen wagerechten Strich voneinander getrennt werden. Die Abmessungen betragen: Randbreite mindestens 10 Millimeter, Schrifthöhe 75 Millimeter bei einer Strichstärke von 12 Millimeter, Abstand zwischen den einzelnen Zeichen und vom Rande 20 Millimeter, Stärke des Trennungsstrichs 12 Millimeter, Länge des Trennungsstrichs 25 Millimeter, Höhe der Tafel ausschließlich des Randes 115 Millimeter.

(3) Bei dem an der Rückseite des Fahrzeugs mittels Schrauben, Nieten oder Nägeln fest anzubringenden Kennzeichen sind die Buchstaben (römischen Ziffern) und die Nummer auf einer viereckigen weißen, schwarzgerandeten Tafel in schwarzer Balkenschrift auszuführen. Die Tafel kann Bestandteil einer Laterne sein (vergleiche § 11). Die Nummer kann unter den Buchstaben (römischen Ziffern) oder durch einen wagerechten Strich getrennt dahinter stehen. Die Abmessungen betragen: Randbreite mindestens 10 Millimeter, Schrifthöhe 100 Millimeter bei einer Strichstärke von 15 Millimeter, Abstand zwischen den einzelnen Zeichen und vom Rande 20 Millimeter, Höhe der Tafel ausschließlich des Randes bei zweizeiligen Kennzeichen 260 Millimeter, bei einzeiligen Kennzeichen 140 Millimeter, ferner bei einzeiligen Kennzeichen Stärke des Trennungsstrichs 15 Millimeter, Länge des Trennungsstrichs 30 Millimeter. Das hintere Kennzeichen kann auch auf die Wandung des Fahrzeugs aufgemalt werden.

(4) Kraftzweiräder sind von der Führung des hinteren Kennzeichens befreit. Bei ihnen genügt ein beiderseitig beschriebenes Kennzeichen, das an der Vorderseite in der Fahrtrichtung an leicht sichtbarer Stelle anzubringen ist. Das Kennzeichen ist in schwarzer Balkenschrift auf weißem, schwarzgerandetem Grunde auf eine rechteckige, an den Vorderecken leicht abgerundete Tafel aufzumalen, die mit dem Fahrzeug durch Schrauben, Nieten oder Nägel fest zu verbinden ist. Die Buchstaben (oder die römischen Zif-

fern) und die Nummer müssen in einer Reihe stehen und durch einen wagerechten Strich voneinander getrennt sein. Die Abmessungen betragen: Randbreite mindestens 8 Millimeter, Schrifthöhe 60 Millimeter bei einer Strichstärke von 10 Millimeter, Abstand zwischen den einzelnen Zeichen und vom Rande 12 Millimeter, Stärke des Trennungsstrichs 10 Millimeter, Länge des Trennungsstrichs 18 Millimeter, Höhe der Tafel ausschließlich des Randes 84 Millimeter.

(5) Bei Elektrokarren, deren betriebsfertiges Eigengewicht 1,75 Tonnen nicht übersteigt, bei anderen Kraftwagen, deren betriebsfertiges Eigengewicht 0,5 Tonnen nicht übersteigt, und bei Kraftdreirädern können das vordere und hintere Kennzeichen (Abs. 2 und 3) auch mit den im Abs. 4 angegebenen Abmessungen ausgeführt werden mit der Maßgabe, daß die Höhe der Tafel ausschließlich des Randes bei zweizeiligen hinteren Kennzeichen 156 Millimeter betragen soll.

(6) Die Muster für die Kennzeichen schreibt der Reichsverkehrsminister vor.

§ 9

Die Kennzeichen müssen mit dem Dienststempel der Polizeibehörde (§ 6 Abs. 2 Satz 2) versehen sein. Zum Zwecke der Abstempelung des Kennzeichens hat die Polizeibehörde die Vorführung des Kraftfahrzeugs anzuordnen. Bevor sie die Abstempelung vornimmt, hat sie sich durch sorgfältige Prüfung davon zu überzeugen, daß das Fahrzeug insbesondere auch den Vorschriften der §§ 8, 10 und 11 entspricht.

§ 10

Die Kennzeichen dürfen nicht zum Umklappen eingerichtet sein; sie dürfen niemals verdeckt sein und müssen stets in lesbarem Zustand erhalten werden. Der untere Rand des vorderen Kennzeichens darf nicht weniger als 20 Zentimeter, der des hinteren nicht weniger als 45 Zentimeter vom Erdboden entfernt sein.

§ 11

(1) Bei Dunkelheit und bei starkem Nebel sind hintere Kennzeichen so zu beleuchten, daß sie deutlich erkennbar sind. Beleuchtungsvorrichtungen dürfen die Kennzeichen von keiner Seite verdecken; Vorrichtungen zum Abstellen der Beleuchtung vom Sitze des Führers oder vom Innern des Wagens aus sind nur zulässig, wenn beim Abstellen gleichzeitig sämtliche Laternen (§ 4 Abs. 1 Nr. 5) verlöschen.

(2) Bei Kraftzweirädern ist das an der Vorderseite angebrachte Kennzeichen während der Dunkelheit und bei starkem Nebel so zu beleuchten, daß es von beiden Seiten deutlich erkennbar ist.

§ 12

Ist der Dienststempel eines Kennzeichens unkenntlich geworden oder muß ein mit dem Dienststempel der Polizeibehörde versehenes Kennzeichen erneuert werden, so ist das Kraftfahrzeug wiederum entsprechend der Vorschrift im § 9 der Polizeibehörde vorzuführen; tritt die Notwendigkeit der Erneuerung an einem Orte ein, von dem aus die Polizeibehörde, die die erste Stempelung des Kennzeichens vorgenommen hatte, ohne Zeitverlust nicht erreicht werden kann, so ist das Fahrzeug der nächsten Polizeibehörde vorzuführen, die alsdann den Dienststempel zu erneuern oder das erneuerte Kennzeichen mit dem Dienststempel zu versehen und, daß dies geschehen, in der Zulassungsbescheinigung (§ 6 Abs. 2) ersichtlich zu machen hat.

§ 13

Die Anbringung mehrerer verschiedener Kennzeichen ist unzulässig.

C. Der Führer des Kraftfahrzeugs

a) Die Zulassung zum Führen

§ 14

(1) Wer auf öffentlichen Wegen ein Kraftfahrzeug führen will, bedarf der Erlaubnis der zuständigen höheren Ver-

waltungsbehörde; dies gilt nicht für ausschließlich im inländischen Verkehre benutzte Elektrokarren, deren betriebsfertiges Eigengewicht 1,75 Tonnen, und andere elektrisch angetriebene Kraftfahrzeuge, deren betriebsfertiges Eigengewicht 0,5 Tonnen nicht übersteigt. Die Erlaubnis gilt für das ganze Reich; sie ist zu erteilen, wenn der Nachsuchende seine Befähigung durch eine Prüfung dargetan hat und nicht Tatsachen vorliegen, die die Annahme rechtfertigen, daß er zum Führen von Kraftfahrzeugen ungeeignet ist.

(2) Personen unter 18 Jahren ist das Führen von Kraftfahrzeugen, insbesondere auch von Krafträdern und elektrisch angetriebenen Kraftfahrzeugen im Sinne des Abs. 1 Satz 1, nicht gestattet. Ausnahmen können von der höheren Verwaltungsbehörde mit Zustimmung des gesetzlichen Vertreters zugelassen werden.

(3) Den Nachweis der Erlaubnis hat der Führer durch eine Bescheinigung (Führerschein) zu erbringen, deren Muster der Reichsverkehrsminister vorschreibt.

(4) Für die vorzunehmenden Prüfungen gelten die Vorschriften unter Ziffer I bis VII der als Anlage beigefügten „Anweisung über die Prüfung der Führer von Kraftfahrzeugen".

b) Besondere Pflichten des Führers

§ 15

(1) Der Führer hat den Führerschein (§ 14 Abs. 3) sowie die Bescheinigung über die Zulassung des Kraftfahrzeugs (§ 6 Abs. 2 und § 41 Abs. 1, 2 und 11) bei der Benutzung des Fahrzeugs auf öffentlichen Wegen bei sich zu führen und auf Verlangen den zuständigen Beamten vorzuzeigen.

(2) Personen, bei denen die Sehschärfe auf einem Auge ohne oder mit Glas weniger als $1/6$ beträgt oder das Sehvermögen auf einem Auge ganz fehlt, müssen beim Führen eines Kraftfahrzeugs mit offenem Führersitz eine staubdicht abschließende Schutzbrille tragen; sie dürfen einen

Kraftwagen nur führen, wenn er vor dem Führersitz eine Schutzscheibe mit selbsttätigem Scheibenwischer hat.

§ 16

Der Führer ist dafür verantwortlich, daß das Kraftfahrzeug mit den nach dieser Verordnung vorgeschriebenen Vermerken und polizeilichen Kennzeichen versehen ist, daß das Kennzeichen in vorgeschriebener Weise beleuchtet ist, daß die zulässige Belastung nicht überschritten wird und daß das Fahrzeug und die Ladung sich in vorschriftsmäßigem Zustand (§§ 3, 4) befinden; er hat sich vor der Fahrt von dem Zustand des Fahrzeugs zu überzeugen. Der Halter eines Kraftfahrzeugs darf die Inbetriebnahme nicht anordnen oder zulassen, wenn ihm ein Mangel bekannt ist. Stellen sich Mängel unterwegs ein, so hat der Führer für Abhilfe zu sorgen.

§ 17

(1) Der Führer ist zur gehörigen Vorsicht in Leitung und Bedienung seines Fahrzeugs verpflichtet.

(2) Der Führer ist insbesondere dafür verantwortlich, daß eine Belästigung von Personen oder Gefährdung von Fuhrwerken durch Geräusch, Rauch, Dampf oder üblen Geruch in keinem Falle eintritt.

(3) Stark wirkende Scheinwerfer müssen innerhalb beleuchteter Ortsteile, ausgenommen bei starkem Nebel, abgeblendet werden, ferner da, wo die Sicherheit des Verkehrs es erfordert, insbesondere beim Begegnen mit anderen Fahrzeugen. Der Reichsverkehrsminister bestimmt, welche Scheinwerfer als übermäßig stark wirkend und welche als stark wirkend gelten und in welchem Grade stark wirkende Scheinwerfer in den Fällen des Satzes 1 abgeblendet werden müssen.

§ 18

(1) Die Fahrgeschwindigkeit ist so einzurichten, daß der Führer in der Lage bleibt, seinen Verpflichtungen Genüge zu leisten.

(2) Ist der Überblick über die Fahrbahn behindert, die Sicherheit des Fahrens durch die Beschaffenheit des Weges beeinträchtigt, oder herrscht lebhafter Verkehr, so muß so langsam gefahren werden, daß das Fahrzeug auf kürzeste Entfernung zum Stehen gebracht werden kann.

(3) Die höchstzulässige Fahrgeschwindigkeit beträgt bei Kraftfahrzeugen bis zu 5,5 Tonnen Gesamtgewicht innerhalb geschlossener Ortsteile 30 Kilometer in der Stunde; die höhere Verwaltungsbehörde kann Geschwindigkeiten bis zu 40 Kilometer zulassen. Bei Kraftfahrzeugen von mehr als 5,5 Tonnen Gesamtgewicht beträgt die höchstzulässige Fahrgeschwindigkeit 30 Kilometer in der Stunde. Bei Mitführen von Anhängern beträgt die höchstzulässige Fahrgeschwindigkeit bei allen Kraftfahrzeugen innerhalb geschlossener Ortsteile 16 Kilometer in der Stunde

§ 19

(1) Der Führer hat überall dort, wo es die Sicherheit des Verkehrs erfordert, durch deutlich hörbare Warnungszeichen rechtzeitig auf das Nahen des Kraftfahrzeugs aufmerksam zu machen.

(2) Das Abgeben von Warnungszeichen ist sofort einzustellen, wenn Pferde oder andere Tiere dadurch unruhig oder scheu werden.

(3) Innerhalb geschlossener Ortsteile dürfen Warnungszeichen nur mit der im § 4 Abs. 1 Nr. 4 vorgeschriebenen Huppe abgegeben werden; die Warnungszeichen müssen kurz, ihre Klangfarbe und Klangstärke so beschaffen sein, daß im Gefahrbereich befindliche Personen gewarnt, im weiteren Umkreis befindliche Personen aber nicht belästigt werden. Außerhalb geschlossener Ortsteile darf auch eine Pfeife benutzt werden. Die Benutzung von Signalinstrumenten zur Abgabe von anderen als Warnungszeichen, insbesondere von Rufzeichen, ist innerhalb geschlossener Ortsteile verboten.

(4) Das Abgeben langgezogener Warnungszeichen, die Ähnlichkeit mit Feuersignalen haben, und die Anbringung

und Verwendung anderer als der im Abs. 3 genannten Signalinstrumente ist verboten.

§ 20

Merkt der Führer, daß ein Pferd oder ein anderes Tier vor dem Kraftfahrzeuge scheut oder daß sonst durch das Vorbeifahren mit dem Kraftfahrzeuge Menschen oder Tiere in Gefahr gebracht werden, so hat er langsam zu fahren sowie erforderlichenfalls anzuhalten und die Maschine oder den Motor außer Tätigkeit zu setzen.

§ 21

(1) Der Führer hat mit seinem Kraftfahrzeuge, soweit nicht besondere Umstände entgegenstehen, die rechte Seite des Weges einzuhalten und darf die linke Seite nur beim Überholen oder beim Anhalten an links liegenden Grundstücken — soweit dies örtlich nicht verboten ist — benutzen. Langsam fahrende Kraftfahrzeuge haben innerhalb geschlossener Ortsteile möglichst die äußerste rechte Seite einzuhalten. Beim Durchfahren von scharfen oder unübersichtlichen Wegekrümmungen ist stets die rechte Seite einzuhalten.

(2) Beim Einbiegen in einen andern Weg hat der Führer nach rechts in kurzer Wendung, nach links in weitem Bogen zu fahren.

§ 22

(1) Der Führer hat entgegenkommenden anderen Wegebenutzern rechtzeitig und genügend nach rechts auszuweichen oder, falls dies die Umstände oder die Örtlichkeit nicht gestatten, zu halten, bis der Weg frei ist. Jedoch hat der Führer entgegenkommenden Schienenfahrzeugen nach links auszuweichen, wenn der Abstand zwischen dem Schienenfahrzeug und dem rechten Wegerand ein Rechtsausweichen nicht zuläßt.

(2) Soweit bei Begegnung mit andern Wegebenutzern ein Ausweichen unmöglich ist, hat der Führer nötigenfalls umzukehren oder rückwärts zu fahren, wenn ihm dies nach den Umständen des Einzelfalls am leichtesten fällt.

§ 23

(1) Der Führer hat eingeholte andere Wegebenutzer auf der linken Seite zu überholen. Schienenfahrzeuge hat er jedoch rechts zu überholen, es sei denn, daß der Abstand zwischen dem Schienenfahrzeug und dem rechten Wegerand ein Rechtsüberholen nicht zuläßt. Schnelleren Wegebenutzern, welche die Absicht zu überholen kundgeben, hat er dies durch sofortiges Rechtshalten zu ermöglichen.

(2) An einer Haltestelle haltende Schienenfahrzeuge dürfen auf der Seite, auf der die Fahrgäste ein- und aussteigen, nur in Schrittgeschwindigkeit und nur in einem solchen seitlichen Abstand überholt werden, daß die Fahrgäste nicht gefährdet werden.

(3) Nach dem Überholen darf sich der Führer erst wieder nach rechts wenden, wenn der überholte Wegebenutzer dadurch nicht gefährdet wird.

(4) An unübersichtlichen Wegestellen und an Stellen, an denen die Fahrbahn durch andere Wegebenutzer oder in sonstiger Weise verengt ist, ist das Überholen verboten.

§ 24

An Kreuzungen und Einmündungen von Wegen hat, unbeschadet der von Polizeibeamten im Einzelfalle zu treffenden Anordnungen, das auf einem Hauptverkehrswege sich bewegende Kraftfahrzeug die Vorfahrt gegenüber dem aus einem Seitenwege kommenden Fahrzeug; im übrigen hat das von rechts kommende Fahrzeug die Vorfahrt.

§ 25

(1) Für Fahrzeuge der Polizei und Feuerwehr, die sich durch besondere Zeichen kenntlich machen, ist schon bei ihrer Annäherung freie Bahn zu schaffen. Ferner ist Kranken- und Rettungswagen und in Tätigkeit befindlichen Spreng- und Kehrmaschinen Platz zu machen. Truppenkörper, geschlossene Verbände der Polizei, Leichenzüge und Prozessionen dürfen nur durch die im Feuerwehrdienste begriffenen Fahrzeuge unterbrochen oder sonstwie in ihrer Bewegung gehemmt werden.

(2) Kraftfahrzeuge, die sich auf Schienengleisen befinden, haben diese bei Annäherung von Schienenfahrzeugen unverzüglich zu räumen.

§ 26

Der Führer hat andern Personen die Absicht des Stillhaltens durch senkrechtes Hochhalten des Armes, die Absicht des Umwendens und des Verlassens der bisher verfolgten Fahrtrichtung durch wagerechtes Halten des Armes in der Richtung des Wechsels rechtzeitig zu erkennen zu geben; zum Abgeben der Zeichen kann auch eine mechanische Einrichtung benutzt werden.

§ 27

(1) Den Weisungen und Zeichen der Polizeibeamten ist Folge zu leisten. Insbesondere hat der Führer auf den Haltruf oder auf das Haltzeichen eines als solcher kenntlichen Polizeibeamten sofort anzuhalten. Zur Kenntlichmachung eines Polizeibeamten ist das Tragen einer Dienstmütze ausreichend. Den zur Regelung des Verkehrs aufgestellten Polizeibeamten hat der Führer auszuweichen. Die von diesen Beamten gegebenen Zeichen bedeuten:

1. Winken in der Fahrtrichtung „Freie Fahrt".
2. Hochheben eines Armes „Achtung, Halten".
3. Seitliches Ausstrecken eines oder beider Arme „Halt".

(2) Werden Lichtzeichen verwendet, so bedeutet grünes Licht „Freie Fahrt", gelbes Licht „Achtung, Halten", rotes Licht „Halt", Blinklicht „Langsamfahren".

(3) Unberührt bleibt die nach § 129 des Vereinszollgesetzes vom 1. Juli 1869 (Bundesgesetzbl. des Norddeutschen Bundes S. 317) dem Führer obliegende Verpflichtung, im Zollgrenzbezirke den Anordnungen der Zollbeamten Folge zu leisten. Die Zollbeamten bedienen sich derselben Haltzeichen wie die Polizeibeamten. In bürgerlicher Kleidung Dienst verrichtende Zollbeamte zeigen beim Haltruf oder beim Geben des Haltzeichens eine grüne Armbinde mit Messingschild.

§ 28

(1) Der Führer eines zum Stillstand gelangenden Kraftfahrzeugs hat dieses so aufzustellen, daß es den Verkehr

nicht behindert. Insbesondere ist die Aufstellung an engen Stellen, Wegekreuzungen und scharfen Wegekrümmungen sowie an Haltestellen der Straßenbahnen und Kraftomnibusse verboten.

(2) Der Führer darf von dem Fahrzeug nicht absteigen, solange es in Bewegung ist, und darf sich von ihm nicht entfernen, solange die Maschine oder der Motor läuft. Er darf das Fahrzeug nur verlassen, nachdem er die erforderlichen Maßnahmen getroffen hat, um Unfälle und Verkehrsstörungen zu vermeiden; insbesondere muß er, falls er sich von dem Fahrzeug entfernt, die Vorrichtung (§ 4 Abs. 1 Nr. 6) in Wirksamkeit setzen, die verhindern soll, daß ein Unbefugter das Fahrzeug in Betrieb setzt.

D. Die Benutzung öffentlicher Wege

§ 29

Der Verkehr mit Kraftfahrzeugen ist auf die hierfür bestimmten Fahrwege beschränkt. Wo keine erkennbaren Fußwege vorhanden sind und die Breite der Fahrbahn es zuläßt, haben die Kraftfahrzeuge mindestens ein Meter Abstand vom Straßenrande zu halten. Auf Radfahrwegen und auf Fußwegen, die für Fahrräder freigegeben sind, ist der Verkehr mit Kraftzweirädern mit besonderer polizeilicher Genehmigung zulässig.

§ 30

(1) Ein Verbot (auch für eine bestimmte Fahrtrichtung) oder eine zeitliche Beschränkung des Verkehrs mit Kraftfahrzeugen überhaupt oder mit einzelnen Arten auf bestimmten Wegen kann von den Polizeibehörden durch allgemeine polizeiliche Vorschriften oder für den einzelnen Fall angeordnet werden, soweit der Zustand der Wege oder anliegender Gebäude oder die Eigenart des Verkehrs, insbesondere Rücksichten auf den Fußgängerverkehr, es erfordern. Soweit das Verbot oder die zeitliche Beschränkung nach Satz 1 für bestimmte Örtlichkeiten mit Rücksicht auf andere besondere Verhältnisse geboten ist, steht die gleiche

Befugnis den höheren Verwaltungsbehörden zu. Für Wegestrecken, die dem Durchgangsverkehre dienen, steht die Befugnis nach Satz 1 und 2 der obersten Landesbehörde zu; sie kann diese auf die höheren Verwaltungsbehörden übertragen.

(2) Die Fahrgeschwindigkeit von Kraftfahrzeugen kann von Ortspolizeibehörden nur im Rahmen von Vorschriften für den allgemeinen Fuhrwerksverkehr (§ 2 Abs. 1) beschränkt werden; soll hierbei für Kraftfahrzeuge bis zu 5,5 Tonnen Gesamtgewicht eine Höchstgeschwindigkeit von weniger als 30 Kilometer in der Stunde vorgeschrieben werden, so ist die Zustimmung der höheren Verwaltungsbehörde erforderlich, sofern nicht schon durch Landesrecht die Genehmigung der obersten Landesbehörde vorgeschrieben ist. Die Fahrgeschwindigkeit von Kraftfahrzeugen kann im übrigen von den höheren Verwaltungsbehörden unter den im Abs. 1 Satz 1 und 2 angegebenen Voraussetzungen beschränkt werden, für Kraftfahrzeuge bis zu 5,5 Tonnen Gesamtgewicht auf weniger als 30 Kilometer in der Stunde jedoch nur mit Zustimmung der obersten Landesbehörde. Für die Beschränkung der Fahrgeschwindigkeit von Kraftfahrzeugen auf Wegestrecken, die dem Durchgangsverkehre dienen, ist die Zustimmung der obersten Landesbehörde erforderlich; diese kann im Falle des Satzes 1 die Befugnis zur Erteilung der Zustimmung auf die höheren Verwaltungsbehörden übertragen; im Falle des Satzes 2 kann sie den höheren Verwaltungsbehörden die Zustimmung allgemein erteilen, soweit es sich nicht um eine Beschränkung der Geschwindigkeit von Kraftfahrzeugen bis zu 5,5 Tonnen Gesamtgewicht auf weniger als 30 Kilometer in der Stunde handelt. Die Bestimmungen dieses Absatzes gelten nicht für Geschwindigkeitsbeschränkungen auf Brücken und Eisenbahnübergängen.

(3) Auf Verbote und Beschränkungen nach Abs. 1 und 2 ist durch Warnungstafeln hinzuweisen.

(4) Das Anbringen von Tafeln, die zu Verwechslungen mit den von der Polizeibehörde angebrachten Tafeln Anlaß geben können, ist verboten.

§ 31

(1) Das Wettfahren und die Veranstaltung von Wettfahrten auf öffentlichen Wegen sind verboten.

(2) Für Zuverlässigkeitsfahrten und ähnliche Veranstaltungen zu Prüfungszwecken ist die Genehmigung der zuständigen Behörde erforderlich; soweit mit ihnen Geschwindigkeitsprüfungen verbunden sind, ist die Genehmigung der obersten Landesbehörde erforderlich, die im Einzelfalle die Bedingungen festsetzt; sie kann die Befugnis zur Erteilung der Genehmigung auf die höheren Verwaltungsbehörden übertragen.

E. Mitführen von Anhängern

§ 32

(1) Ein zum Verkehr auf öffentlichen Wegen zugelassener Kraftwagen darf einen Anhängewagen nur unter folgenden Bedingungen mitführen:

1. das Gesamtgewicht (einschließlich Ladung) des Anhängewagens darf 7,5 Tonnen nicht überschreiten;
2. der Anhängewagen muß mit Luftreifen oder hochelastischen Vollgummireifen versehen sein; die Radkränze dürfen keine Unebenheiten besitzen, die geeignet sind, die Fahrbahn zu beschädigen;
3. der Anhängewagen muß versehen sein:
   a) mit einer sicher wirkenden Bremse,
   b) mit einer zuverlässigen auf die Fahrbahn wirkenden Vorrichtung, die in Steigungen die unbeabsichtigte Rückwärtsbewegung verhindert (Bergstütze);
4. die Verbindung zwischen Anhängewagen und Kraftwagen muß so beschaffen sein, daß die Räder des Anhängewagens auch in Krümmungen möglichst auf den Spuren des Kraftwagens laufen;
5. der Anhängewagen muß von außen sichtbar ein mit Nieten befestigtes Schild haben, das in leicht lesbarer Schrift eine Unterscheidungsnummer, Eigengewicht, zulässige Nutzlast sowie Felgendruck auf 1 Zentimeter Felgenbreite — Basis der Gummireifen — im beladenen Zustand angibt.

(2) Der Führer ist dafür verantwortlich, daß der Anhängewagen den Bedingungen des Abs. 1 entspricht und sich in verkehrssicherem Zustand befindet. Wenn die Bremse des Anhängewagens nicht vom Führersitze des Kraftwagens aus bedient werden kann, so muß auf dem Anhängewagen ein Bremser mitfahren und eine Verständigung zwischen diesem und dem Führer möglich sein; dies gilt nicht, wenn der Anhängewagen eine selbsttätige Bremse hat, die ihn auch bei der Lösung der Verbindung mit dem Kraftwagen zum Stehen bringt, und der Führer des Kraftwagens eine Bescheinigung eines amtlich anerkannten Sachverständigen mit sich führt, in der unter Angabe der Fabriknummer des Anhängewagens bestätigt wird, daß dessen selbsttätige Bremse ausreichend betriebssicher ist.

(3) Die höhere Verwaltungsbehörde kann allgemein für ihren Bezirk von der Einhaltung der Bestimmung des Abs. 1 Nr. 3 Befreiung gewähren.

(4) Das Mitführen von Anhängeachsen zur Lastenbeförderung und von mehr als einem Anhängewagen ist nur mit Erlaubnis der Polizeibehörde und nur für deren Bezirk zulässig; das gleiche gilt für das Mitführen eines Anhängewagens, wenn den Bedingungen im Abs. 1 Nr. 1, 3, 4 oder 5 nicht genügt ist. Der Erlaubnis der Polizeibehörde bedarf es nicht, soweit nur dem Erfordernisse des Abs. 1 Nr. 3 nicht genügt ist und die höhere Verwaltungsbehörde von der Befugnis, gemäß Abs. 3 Befreiung zu gewähren, Gebrauch gemacht hat. In Fällen polizeilicher Erlaubnis ist der Erlaubnisschein bei der Fahrt mitzuführen und den zuständigen Beamten auf Verlangen vorzuzeigen. Das Mitführen von Anhängeachsen zur Personenbeförderung kann von der höheren Verwaltungsbehörde für ihren Bezirk allgemein oder im Einzelfalle zugelassen werden.

(5) Bei Mitführen von Anhängewagen oder -achsen muß außer dem vorderen Kennzeichen des § 8 Abs. 2 das Kennzeichen nach § 8 Abs. 3 entweder an der Rückseite des letzten Fahrzeugs oder auf beiden Seitenwänden des Kraftwagens angebracht sein. Im letzteren Falle muß bei Dun-

kelheit oder starkem Nebel eine Laterne weißes oder gelbrotes Licht nach hinten werfen; einer Beleuchtung der seitlichen Kennzeichen bedarf es nicht.

§ 33,

(1) Ein zum Verkehr auf öffentlichen Wegen zugelassenes Kraftrad darf Anhänger, Bei- oder Vorsteckwagen nur mitführen, wenn sie mit Luftreifen versehen sind und die Radkränze keine Unebenheiten besitzen, die die Fahrbahn beschädigen könnten; auch muß der Anhänger, Bei- oder Vorsteckwagen mit dem Kraftrad in zuverlässiger Weise gekuppelt sein.

(2) Der Führer ist dafür verantwortlich, daß der Anhänger, Bei- oder Vorsteckwagen diesen Bedingungen entspricht und sich in verkehrssicherem Zustand befindet.

§ 34

Die Bestimmungen des § 32 finden mit Ausnahme der des Abs. 5 Satz 2, erster Halbsatz keine Anwendung auf angehängte Kraftfahrzeuge, die sich nicht mit eigener Kraft fortbewegen. Solche Schleppzüge müssen besonders vorsichtig fahren; geschleppte Kraftfahrzeuge müssen mit je einem Begleiter besetzt sein, der Bremsen und Lenkvorrichtung bedient.

F. Untersagung des Betriebs

§ 35

(1) Die Polizeibehörde kann jederzeit auf Kosten des Eigentümers eine Untersuchung darüber veranlassen, ob ein Kraftfahrzeug den nach Maßgabe dieser Verordnung zu stellenden Anforderungen entspricht.

(2) Genügt ein Kraftfahrzeug diesen Anforderungen nicht, so kann seine Ausschließung vom Befahren der öffentlichen Wege durch die höhere Verwaltungsbehörde verfügt werden.

§ 36

(1) Werden Tatsachen festgestellt, die die Annahme rechtfertigen, daß eine Person zum Führen von Kraftfahrzeugen

ungeeignet ist, so kann ihr die Fahrerlaubnis dauernd oder für bestimmte Zeit durch die für ihren Wohnort zuständige höhere Verwaltungsbehörde entzogen werden; nach der Entziehung ist der Führerschein der Behörde abzuliefern. Die Entziehung der Fahrerlaubnis ist für das ganze Reich wirksam. Im Falle der Entziehung der Fahrerlaubnis für bestimmte Zeit kann deren Wiedererteilung von der nochmaligen Ablegung einer Prüfung oder der Erfüllung sonstiger Bedingungen abhängig gemacht werden.

(2) Personen, die nur während eines vorübergehenden Aufenthalts in dem Gebiete des Deutschen Reichs ein Kraftfahrzeug führen, kann aus Gründen, die nach Abs. 1 die Entziehung der Fahrerlaubnis rechtfertigen, die Führung des Kraftfahrzeugs durch Verfügung der zuständigen höheren Verwaltungsbehörde jederzeit untersagt werden. Die Untersagung ist für das ganze Reich wirksam.

G. Ausnahmen

§ 37

(1) Als vorläufig zum Verkehr auf öffentlichen Wegen zugelassen gelten Kraftfahrzeuge während der durch den amtlich anerkannten Sachverständigen vorzunehmenden technischen Prüfung. Die Vorschrift im § 15 Abs. 1 über die Mitführung der Zulassungsbescheinigung findet in diesen Fällen keine Anwendung.

(2) Während der Prüfungsfahrten haben die Kraftfahrzeuge ein besonderes Kennzeichen (Probefahrtkennzeichen) zu führen, auf das die Bestimmungen im § 8 mit der Maßgabe Anwendung finden, daß die Erkennungsnummer aus einer Null (0) mit einer oder mehreren nachfolgenden Ziffern besteht, daß das Kennzeichen in roter Balkenschrift auf weißem, rotgerandetem Grunde herzustellen ist und daß von der festen Anbringung der Kennzeichen abgesehen werden kann. Derartige, mit dem Dienststempel der höheren Verwaltungsbehörde versehene Kennzeichen sind den amtlich anerkannten Sachverständigen (§ 5) zur Verwendung bei diesen Prüfungsfahrten zur Verfügung zu stellen.

§ 38

Von der Verpflichtung zur Führung des Kennzeichens (§ 7) sind befreit:

1. die Kraftfahrzeuge der Feuerwehren im Dienste,
2. die zu Zwecken der öffentlichen Straßenreinigung dienenden Kraftfahrzeuge.

§ 39

Von der Verpflichtung zur Führung eines gestempelten Kennzeichens sind befreit Kraftfahrzeuge, die auf der Fahrt zur Polizeibehörde zwecks Vorführung des Fahrzeugs und Abstempelung des Kennzeichens (§§ 6 und 9) öffentliche Wege benutzen müssen. Als Ersatz für die fehlende Zulassungsbescheinigung und gleichzeitig als Ausweis für diese Fahrt dient die schriftliche Aufforderung der Polizeibehörde, das Fahrzeug vorzuführen.

§ 40

(1) Ausschließlich im inländischen Verkehre benutzte Zugmaschinen ohne Güterladeraum, deren betriebsfertiges Eigengewicht 3,5 Tonnen und deren Höchstgeschwindigkeit auf ebener Bahn 15 Kilometer in der Stunde nicht übersteigen, sind von den Vorschriften über die Kennzeichen (§§ 7 und 8), die Führer solcher Maschinen von der Vorschrift über den Führerschein (§ 14 Abs. 1) befreit.

(2) Ausschließlich im inländischen Verkehre benutzte Zugmaschinen ohne Güterladeraum, deren betriebsfertiges Eigengewicht 2,75 Tonnen und deren Höchstgeschwindigkeit auf ebener Bahn 8 Kilometer in der Stunde nicht übersteigen, sind außerdem von den Vorschriften über die Huppe (§ 4 Abs. 1 Nr. 4) und den Rückwärtsgang (§ 4 Abs. 3) befreit. Für die von solchen Zugmaschinen mitgeführten Anhängewagen gelten nicht die Vorschriften des § 32 Abs. 1 Nr. 3 b, 4 und 5, Abs. 2 Satz 2 erster Halbsatz und Abs. 4 Satz 1 erster Halbsatz. Wird eine Zugmaschine ohne Güterladeraum der im Satz 1 bezeichneten Art in einem land- oder

forstwirtschaftlichen Betriebe verwendet, so ist diese Zugmaschine auch von der Vorschrift über die Gummibereifung (§ 3 Abs. 2 Satz 1) befreit. Für die von einer solchen Zugmaschine mitgeführten Anhängewagen gilt ferner nicht die Vorschrift des § 32 Abs. 1 Nr. 2 erster Halbsatz; der Druck auf 1 Zentimeter Felgenbreite darf auch bei dem Anhängewagen im beladenen Zustand 150 Kilogramm nicht überschreiten.

(3) Zugmaschinen ohne Güterladeraum, die von den Vorschriften über die Kennzeichen befreit sind, müssen bei Dunkelheit oder starkem Nebel außer den zwei vorderen Laternen eine Laterne führen, die weißes oder gelbrotes Licht nach hinten wirft. Bei Mitführen von Anhängern muß die Laterne am Schlusse des Zuges angebracht sein.

§ 41

(1) Soll ein Kraftfahrzeug zu Probefahrten auf öffentlichen Wegen in Betrieb genommen werden, so hat der Eigentümer bei der für seinen Wohnort zuständigen höheren Verwaltungsbehörde die Zulassung nach §§ 5 und 6 zu bewirken. Ist die Notwendigkeit der Probefahrten nachgewiesen, so erhält der Antragsteller an Stelle der Zulassungsbescheinigung nach § 6 Abs. 2 eine besondere Zulassungsbescheinigung nach einem besonderen vom Reichsverkehrsminister vorgeschriebenen Muster mit kürzester Befristung je nach Lage des Falles und ein Kennzeichen nach § 37 Abs. 2. Für die Abstempelung gilt § 9 sinngemäß.

(2) Kraftfahrzeugfabriken, Zweigniederlassungen von Kraftfahrzeugfabriken, Kraftfahrzeughändler und solche Gewerbebetriebe, die Zubehör- oder Bestandteile von Kraftfahrzeugen liefern oder Kraftfahrzeuge instandsetzen, erhalten, wenn sie zuverlässig sind, auf Antrag widerruflich im voraus ohne Vorlage eines Sachverständigengutachtens oder einer Ausfertigung der Typenbescheinigung (§ 5 Abs. 2 und 3) eine dem Umfang ihres Geschäftsbetriebs entsprechende Zahl von der höheren Verwaltungsbehörde vollzogener Zulassungsbescheinigungen nach vom Reichsverkehrsminister vorgeschriebenem Muster, in die sie selbst die Be-

schreibung des Fahrzeugs einzutragen haben, und eine entsprechende Anzahl Kennzeichen nach § 37 Abs. 2, die entweder für Kraftfahrzeuge jeder Art oder nur für Krafträder gelten, zu wiederkehrender Verwendung bei den einzelnen Kraftfahrzeugen; die Kennzeichen sind der Polizeibehörde zur Abstempelung vorzulegen; eine Vorführung des Fahrzeugs bei der Polizeibehörde (§ 9) ist nicht erforderlich. Für eine von einer Kraftfahrzeugfabrik auf Grund einer Typenbescheinigung gleichzeitig fertiggestellte Gruppe von Fahrzeugen kann auch eine gemeinsame Zulassungsbescheinigung nach Satz 1 ausgestellt werden, in die außer der Bezeichnung der Gattung die Fahrgestellnummern aller zu der Gruppe gehörenden Fahrzeuge einzutragen sind. Die Vorschriften des Satzes 1 gelten von Betrieben des Reichs und der Länder mit der Maßgabe, daß von der Feststellung, ob die im Satze 1 enthaltenen besonderen Voraussetzungen vorliegen, abzusehen ist. Die Abstempelung oder Ausgabe des Probefahrtkennzeichens darf nur gegen Vorlegung der Kraftfahrzeugsteuerkarte erfolgen.

(3) Bei Probefahrten zur Prüfung der Verkehrssicherheit eines Fahrzeugs ist besonders vorsichtig zu fahren (§ 18 Abs. 1); für solche Fahrten kann die höhere Verwaltungsbehörde bestimmte Wege vorschreiben. Wird eine Probefahrt über die Grenze des Reichsgebiets ausgedehnt, so sind Kennzeichen und Zulassungsbescheinigung vor Verlassen des Reichs dem deutschen Grenzzollamt abzuliefern. Bei Entziehung der Probefahrtkennzeichen durch die zuständige Verwaltungsbehörde oder bei Ablauf der in der Zulassungsbescheinigung vermerkten Frist sind Kennzeichen und alle erteilten Zulassungsbescheinigungen der Polizeibehörde unverzüglich abzuliefern. Unterbleibt die Ablieferung, so sind Kennzeichen und Zulassungsbescheinigungen einzuziehen; das Kennzeichen ist nach Vernichtung des Dienststempels in augenfälliger Weise unkenntlich zu machen, sofern es nicht amtlich ausgegeben ist. In gleicher Weise ist auf Antrag der Steuerbehörde zu verfahren, wenn eine neue Kraftfahrzeugsteuerkarte nicht rechtzeitig gelöst oder die Kraftfahrzeugsteuer nicht rechtzeitig entrichtet wird.

(4) Bei Verkauf eines Fahrzeugs ist die Ausstellung der Zulassungsbescheinigung und die Zuteilung des nunmehr endgültig zu führenden Kennzeichens unverzüglich bei der zuständigen höheren Verwaltungsbehörde (§ 5 Abs. 1) zu beantragen. War für das Fahrzeug eine Zulassungsbescheinigung nach Abs. 1 ausgestellt, so ist diese dem Antrag beizufügen; die höhere Verwaltungsbehörde sendet nach Zulassung des Fahrzeugs die Bescheinigung an die Behörde zurück, die sie ausgestellt hat. Dem Antrag auf endgültige Zulassung eines Fahrzeugs, für das eine Zulassungsbescheinigung nach Abs. 2 ausgestellt war, ist das Gutachten eines Sachverständigen oder die Ausfertigung der Typenbescheinigung (§ 5 Abs. 2 und 3) beizufügen.

(5) Über die nach Abs. 2 ausgestellten Zulassungsbescheinigungen hat der Empfänger eine Liste mit Beschreibung der einzelnen Fahrzeuge und Angabe über den Verbleib der Zulassungsbescheinigungen zu führen; er hat diese nach Beendigung der Probefahrten, spätestens ein Jahr nach ihrer Ausstellung, unmittelbar der Behörde, die sie ausgestellt hat, abzuliefern; dies gilt auch für Zulassungsbescheinigungen nach Abs. 1, wenn sie nicht an andere höhere Verwaltungsbehörden eingereicht sind.

(6) Über alle Probefahrten ist eine Liste zu führen, in die jede einzelne Benutzung eines Probefahrtkennzeichens unter genauer Bezeichnung des Wagens (Fabrikat, Fabriknummer des Fahrgestells und Motors) und Angabe des Führers, der Insassen, der Zeit der Abfahrt und Rückkehr, der Fahrstrecke und des Zweckes der Probefahrt einzutragen ist.

(7) Die nach Abs. 5 und 6 zu führenden Listen sind den zuständigen Beamten auf Verlangen vorzuzeigen.

(8) Bei Fahrzeugen, die auf Grund einer Zulassungsbescheinigung nach Abs. 2 mit einem vorläufigen Aufbau zu Probefahrten benutzt werden, darf auf dem Fabrikschild die Angabe des Eigengewichts (§ 4 Abs. 5) fehlen und auf der Zulassungsbescheinigung als Eigengewicht des betriebsfertigen Fahrzeugs das betriebsfertige Eigengewicht

des Fahrgestells und als zulässige Belastung die Tragfähigkeit des Fahrgestells angegeben werden.

(9) Die höhere Verwaltungsbehörde hat über die ausgegebenen Probefahrtkennzeichen eine Liste zu führen. Die Liste muß erkennen lassen, ob das einzelne Kennzeichen für Kraftfahrzeuge jeder Art oder nur für Krafträder gilt. Geht ein Probefahrtkennzeichen verloren, so hat die höhere Verwaltungsbehörde dem Empfangsberechtigten ein Probefahrtkennzeichen mit einer anderen Erkennungsnummer zuzuteilen; die bisherige Erkennungsnummer darf erst nach Ablauf von drei Jahren erneut ausgegeben werden.

(10) Als Probefahrten im Sinne vorstehender Vorschriften gelten Fahrten zur Feststellung oder zum Nachweis der Gebrauchsfähigkeit von Kraftfahrzeugen, von Kraftfahrzeugbestand- oder Kraftfahrzeugzubehörteilen, wenn sie durch die Absicht der Erprobung veranlaßt sind und ihr in der Hauptsache dienen. Eine Probefahrt liegt dann nicht vor, wenn das Fahrzeug einem Kaufliebhaber gegen eine Vergütung für die Benutzung des Fahrzeugs — abgesehen von dem Ersatze der durch die Fahrt verursachten baren Auslagen für Betriebsstoffe — überlassen wird. Als Probefahrten sind ferner solche Fahrten nicht anzusehen, die mit Reklame-, Probe- oder Vorführungswagen veranstaltet werden und darauf abzielen, der Öffentlichkeit allgemein die zum Verkaufe gestellten Fahrzeuge vorzuführen, um erst die Kauflust anzuregen. Überführungsfahrten stehen den Probefahrten gleich. Als Überführungsfahrten gelten Fahrten zur Verbringung des Fahrzeugs an einen andern Ort, wenn die Fahrten durch die Absicht dieser Verbringung veranlaßt sind und ihr in der Hauptsache dienen, insbesondere Fahrten zur Verbringung von einer Herstellungsstätte an eine andere oder an eine Verkaufsstätte, bei Eigentumswechsel oder Wechsel des Wohnorts des Eigentümers an den neuen Einstellungsort, bei Verkauf ins Ausland an einen Grenzort. Als Überführungsfahrten gelten ferner Fahrten zum Zwecke des Abschleppens eines auf öffentlichen Wegen schadhaft gewordenen Kraftfahrzeugs von der Stelle, wo es schadhaft geworden ist.

(11) Auf Antrag eines Herstellers von Kraftfahrzeugen kann die oberste Landesbehörde im Bedürfnisfalle widerruflich genehmigen, daß für die Überführung von Kraftfahrzeugen von einer bestimmten Herstellungsstätte nach anderen Orten Zulassungsbescheinigungen und Probefahrtkennzeichen auch mit folgender Maßgabe ausgegeben werden: Der Hersteller hält Vordrucke von Zulassungsbescheinigungen mit viertägiger Gültigkeitsdauer nach einem vom Reichsverkehrsminister vorgeschriebenen Muster vorrätig. Er übergibt einer Person, die ein Kraftfahrzeug von der Herstellungsstätte nach einem neuen Einstellungsort überführen will, auf deren Verlangen eine Zulassungsbescheinigung, in die er die Beschreibung des Kraftfahrzeugs eingetragen hat. Er händigt dem Überführer ferner eine Steuerkarte mit viertägiger Gültigkeit nach näherer Bestimmung des Reichsministers der Finanzen aus. Der Überführer legt die Zulassungsbescheinigung und die Steuerkarte bei der für die Herstellungsstätte zuständigen Polizeibehörde vor, die Probefahrtkennzeichen (§ 37 Abs. 2) vorrätig hält. Einer Vorführung des Kraftfahrzeugs bei der Polizeibehörde bedarf es nicht. Die Polizeibehörde trägt in die Zulassungsbescheinigung und die Steuerkarte die Gültigkeitsdauer, die Nummer des zuzuteilenden Probefahrtkennzeichens, in die Zulassungsbescheinigung außerdem das Ziel der Überführungsfahrt ein und vollzieht die Zulassungsbescheinigung. Der Überführer hat 25 Reichsmark Sicherheit bei der Polizeibehörde zu hinterlegen. Nach der Sicherheitsleistung erhält er außer der Zulassungsbescheinigung und Steuerkarte das Probefahrtkennzeichen ausgehändigt. Dieses hat er mit der Zulassungsbescheinigung alsbald nach Beendigung der Überführungsfahrt, spätestens unverzüglich nach Ablauf der Gültigkeitsdauer, an die Polizeibehörde zurückzugeben oder unter „Einschreiben" zurückzusenden. Nach dem Empfang sendet die Polizeibehörde die geleistete Sicherheit an den Überführer oder an eine von ihm bezeichnete Stelle. Werden Kennzeichen und Zulassungsbescheinigung der Polizeibehörde nicht rechtzeitig zurückgestellt, so verfällt die Sicherheit; gegebenenfalls sind Kenn-

zeichen und Zulassungsbescheinigung einzuziehen. Bei Verlust eines Probefahrtkennzeichens darf die bisherige Erkennungsnummer erst nach Ablauf von drei Jahren erneut ausgegeben werden. Die Polizeibehörde hat über den Verbleib der Probefahrtkennzeichen eine Liste zu führen.

§ 42

(1) Auf die Kraftfahrzeuge der Wehrmacht, der Reichspost und der staatlichen Polizei finden die Bestimmungen dieser Verordnung mit der Maßgabe Anwendung, daß die Fahrzeuge Warnungszeichen auch mit anderen als den im § 19 Abs. 3 genannten Signalinstrumenten abgeben dürfen und daß eine jederzeitige Untersuchung der Fahrzeuge der Wehrmacht und der Reichspost und die Ausschließung dieser Fahrzeuge durch die höhere Verwaltungsbehörde (§ 35) nicht zulässig ist.

(2) Die Kraftfahrzeuge der Reichspost brauchen außerdem nicht mit einer Huppe zum Abgeben von Warnungszeichen (§ 4 Abs. 1 Nr. 4) versehen zu sein. Die für die Fuhrwerke der Reichspost nach Reichs- oder Landesgesetzen bestehenden Sonderrechte gelten auch für die Kraftfahrzeuge der Reichspost.

§ 43

Für die Erteilung der Erlaubnis zum Führen von Kraftfahrzeugen der Wehrmacht, der Reichspost und der staatlichen Polizei sowie für die Entziehung dieser Erlaubnis gelten die besonderen Vorschriften unter Ziffer VIII der im § 14 Abs. 4 näher bezeichneten Anweisung.

§ 44

Kraftfahrzeuge der Feuerwehren im Dienste brauchen nicht mit einer Huppe zum Abgeben von Warnungszeichen versehen sein (§ 4 Abs. 1 Nr. 4) und dürfen Warnungszeichen auch mit anderen als den im § 19 Abs. 3 genannten Signalinstrumenten abgeben. Sie unterliegen nicht den Vorschriften über die einzuhaltende Fahrgeschwindigkeit (§ 18) und sind befreit von den Vorschriften über das Ausweichen, Halten, Überholen und Vorfahren in den in den §§ 22 bis 24 und 28 genannten Fällen und von sonst von den Polizeibehörden angeordneten Verboten oder Beschränkungen; das gleiche gilt für im Dienste befindliche Kraftfahrzeuge der Wehrmacht und der staatlichen Polizei, wenn Gefahr im Verzug ist; die oberste Landesbehörde kann bei dringendem öffentlichem Interesse für ihren Bereich anderen Kraftfahrzeugen die gleiche Befreiung gewähren; sie erläßt Vorschriften über eine besondere Kenntlichmachung dieser Fahrzeuge.

H. Schluß- und Übergangsbestimmungen

§ 45

(1) Welche Behörden unter der Bezeichnung „Polizeibehörde“ und „höhere Verwaltungsbehörde“ zu verstehen sind, bestimmt die oberste Landesbehörde.

(2) Reichswehr- und Reichspostminister bestimmen je für ihren Dienstbereich die Dienststellen, welche die der höheren Verwaltungsbehörde zugewiesenen Befugnisse ausüben,

a) bei Prüfung, Zulassung und Kennzeichnung ihrer Kraftfahrzeuge bei Entscheidung darüber, ob Anhängewagen mit Bremse und Bergstütze versehen sein müssen, bei Zulassung des Mitführens von Anhängeachsen zur Personenbeförderung (§ 5 Abs. 1 und 2, §§ 6 und 32 Abs. 3 und Abs. 4 Satz 4, §§ 37 und 41 Abs. 1, 4 und 9, ferner § 41 Abs. 2 für ihre reichseigenen Betriebe);

b) bei Prüfung ihrer Kraftfahrzeugführer sowie Erteilung und Entziehung der Fahrerlaubnis (§§ 14, 36 Abs. 1 und Anlage);

c) bei Anerkennung von Angehörigen ihres Dienstbereichs als Sachverständige (§ 5 Abs. 2 und Anlage Ziffer III).

(3) Die Mitwirkung der Polizeibehörde nach § 6 Abs. 2 Satz 2, §§ 9, 12, 39 und 41 unterbleibt in diesen Fällen, die in der Anlage vorgesehene braucht nicht stattzufinden.

(4) Der Reichsverkehrsminister setzt mit Zustimmung des Reichsrats die Anforderungen fest, denen die von den

höheren Verwaltungsbehörden anzuerkennenden Sachverständigen und die der Wehrmacht und Reichspost genügen müssen.

§ 46

Der Reichsverkehrsminister setzt die Gebühren fest, die den amtlich anerkannten Sachverständigen für die Prüfung von Kraftfahrzeugen (§ 5 Abs. 2 und 3) und Kraftfahrzeugführern (§ 14 Abs. 4) zustehen; er hat davon dem Reichsrat unverzüglich Kenntnis zu geben; erhebt der Reichsrat innerhalb eines Monats Widerspruch, so hat der Reichsverkehrsminister diese Gebühren aufzuheben und die bisherigen wieder in Kraft zu setzen.

Zweiter Abschnitt

Kleinkrafträder

§ 47

Als Kleinkrafträder im Sinne des § 27 des Gesetzes über den Verkehr mit Kraftfahrzeugen vom $\frac{\text{3. Mai 1909}}{\text{21. Juli 1923}}$ und dieser Vorschriften gelten Krafträder (§ 1 Nr. 2) mit Antrieb durch Verbrennungsmaschine, wenn der Hubraum der Maschine nicht mehr als 200 Kubikzentimeter beträgt. Die Berechnung des Hubraums erfolgt nach den für die Berechnung des Hubraums von Kraftfahrzeugen im allgemeinen geltenden Vorschriften.

§ 48

Für Kleinkrafträder, die nur innerhalb des Deutschen Reiches verwendet werden sollen, und ihre Führer gelten sinngemäß die Vorschriften des § 2 Abs. 1 und 2, § 3, § 4 Abs. 1, 2, 4 und 7, §§ 7 bis 13, 16 bis 31, 33, 35, 39, 42, 44 bis 46 des ersten Abschnitts dieser Verordnung mit folgenden Änderungen und Ergänzungen.

1. An einer sichtbaren Stelle der Antriebsmaschine oder des Fahrgestells muß die Firma, von der die Antriebs-

maschine hergestellt ist, deren Fabriknummer und die Anzahl ihrer Pferdestärken sowie ihr Hubraum angegeben sein. Die Angaben müssen auf ein durch Nieten befestigtes Schild oder unmittelbar auf das Kurbelgehäuse eingeschlagen oder eingeätzt sein; die Fabriknummer muß außerdem auf die Zylinder eingeschlagen sein.

2. Wenn ein Kleinkraftrad in Betrieb genommen werden soll, hat der Eigentümer bei der für seinen Wohnort zuständigen höheren Verwaltungsbehörde die Zuteilung eines polizeilichen Kennzeichens schriftlich zu beantragen. Der Antrag muß enthalten:

a) Namen, Beruf (Gewerbe) und Wohnort des Eigentümers,

b) die Firma, die die Arbeitsmaschine hergestellt hat, sowie deren Fabriknummer,

c) Anzahl der Pferdestärken, Hubraum, Zahl der Zylinder, Durchmesser der Zylinder und Kolbenhub.

Dem Antrag ist das Gutachten eines von der höheren Verwaltungsbehörde anerkannten Sachverständigen beizufügen, das die Richtigkeit der Angaben unter b und c bestätigt. Dieses Gutachten kann ersetzt werden durch das Gutachten einer Firma, die von der zuständigen höheren Verwaltungsbehörde ermächtigt worden ist, Gutachten im Sinne des Satzes 1 auszustellen. Die höhere Verwaltungsbehörde kann eine solche Ermächtigung einer zuverlässigen, ins Handelsregister eingetragenen Firma, deren Sitz sich im Bezirke der Behörde befindet, auf schriftlichen Antrag widerruflich erteilen, wenn entweder die Herstellung von Antriebsmaschinen oder der Handel mit Antriebsmaschinen ausländischer Herstellung zum Geschäftsbetriebe der Firma gehört; in letzterem Falle muß die Firma nachweisen, daß sie zum alleinigen Vertriebe von Antriebsmaschinen der betreffenden Gattung im Deutschen Reiche berechtigt ist. Jedem von einer Firma ausgestellten Gutachten muß ein polizeilich beglaubigter Abdruck der von der höheren Verwaltungsbehörde erteilten Ermächtigung beigefügt sein. Über die ausgestellten Gutachten hat die Firma ein Verzeichnis zu führen und auf Verlangen dem zuständigen Beamten vorzulegen. Im Falle des Widerrufs verliert die Ermächtigung ihre Gültigkeit. Die höhere Verwaltungsbehörde hat von jedem Falle der Erteilung oder des Widerrufs einer Ermächtigung der Sammelstelle für Nachrichten über Führer von Kraftfahrzeugen (Polizeipräsidium in Berlin) Kenntnis zu geben. Die Sammelstelle erteilt Behörden Auskunft darüber, ob eine Firma im Besitze der Ermächtigung ist.

3. Die höhere Verwaltungsbehörde entscheidet über den Antrag auf Zuteilung eines polizeilichen Kennzeichens. Im Falle der Zuteilung hat sie das Kleinkraftrad in eine Liste einzutragen und dem Antragsteller von der Zuteilung des polizeilichen Kennzeichens Mitteilung zu machen sowie über die Zuteilung des Kennzeichens und die Eintragung des Kleinkraftrades eine Bescheinigung auszufertigen. Die Aushändigung der Bescheinigung erfolgt durch die für den Ort, wo das Kleinkraftrad in Betrieb gesetzt werden soll, zuständige Polizeibehörde. Die Muster der Liste und der Bescheinigung schreibt der Reichsverkehrsminister vor.

   Treten bei einem Kleinkraftrad Änderungen ein, die eine Berichtigung der Liste und der Bescheinigung erforderlich machen, oder verlegt der Eigentümer eines Kleinkraftrades seinen Wohnort in den Bezirk einer anderen höheren Verwaltungsbehörde, oder soll ein Kleinkraftrad zum Verkehr auf öffentlichen Wegen nicht mehr verwendet werden oder geht ein Kleinkraftrad, dem ein polizeiliches Kennzeichen zugeteilt ist, auf einen anderen Eigentümer über, so gelten die Vorschriften des § 6 sinngemäß.

4. Werden Tatsachen festgestellt, welche die Annahme rechtfertigen, daß eine Person zum Führen von Kleinkrafträdern ungeeignet ist, so kann ihr die für ihren

Wohnort zuständige höhere Verwaltungsbehörde die Führung von Kleinkrafträdern dauernd oder zeitweise untersagen. Die Untersagung ist für das ganze Reich wirksam. Von jeder Untersagung und deren Zurücknahme hat die höhere Verwaltungsbehörde der Sammelstelle in Berlin umgehend Mitteilung zu machen. In den Fällen der Untersagung sind die Gründe kurz anzugeben. Personen unter 16 Jahren ist das Führen von Kleinkrafträdern nicht gestattet. Die höhere Verwaltungsbehörde kann auf Antrag Ausnahmen genehmigen; sie stellt darüber besondere Ausweise aus.

Der Führer eines Kleinkraftrades hat die Bescheinigung (Nr 3 Abs. 1 Satz 2) bei der Benutzung des Fahrzeugs auf öffentlichen Wegen bei sich zu führen und auf Verlangen den zuständigen Beamten vorzuzeigen.

5. Für technische Prüfungen von Kleinkrafträdern gilt die Anweisung über die Prüfung von Kraftfahrzeugen (§ 5 Abs. 4) entsprechend.

6. Für die Zuteilung von Probefahrtkennzeichen gilt § 41 Abs. 1, 2, 3, 5, 7, 9 und 10 entsprechend mit der Maßgabe, daß das Probefahrtkennzeichen in grüner Balkenschrift auf weißem, grüngerandetem Grunde herzustellen ist, und daß der Führer an Stelle einer Zulassungsbescheinigung eine Bescheinigung der höheren Verwaltungsbehörde über die Zuteilung des Probefahrtkennzeichens nach einem vom Reichsverkehrsminister vorgeschriebenen Muster mitzuführen hat.

§ 49

Für Kleinkrafträder, die zum internationalen Verkehre zugelassen werden sollen (Abschnitt B der Verordnung über internationalen Kraftfahrzeugverkehr vom 5. Dezember 1925 in der Fassung der Verordnung vom 16. März 1928 Reichsgesetzbl. I S. 66) und ihre Führer gelten die Vorschriften des ersten Abschnitts dieser Verordnung mit Ausnahme des § 5 Abs. 3.

Dritter Abschnitt

Strafvorschriften

§ 50

(1) Wer den Vorschriften über den Verkehr mit Kleinkrafträdern zuwiderhandelt, wird mit Geldstrafe bis zu 150 Reichsmark oder mit Haft bestraft.

(2) Wer den sonstigen Vorschriften dieser Verordnung zuwiderhandelt, wird nach den Strafvorschriften des III. Abschnitts des Gesetzes über den Verkehr mit Kraftfahrzeugen bestraft.

Anlage
(§ 14 Abs. 4)

Anweisung
über die Prüfung der Führer von Kraftfahrzeugen

I. A. Für die Beurteilung von Personen hinsichtlich ihrer Eignung zum Führen von Kraftwagen nach Körperbeschaffenheit und geistigem Zustand, insbesondere auch für die amtsärztliche Untersuchung und Begutachtung, gilt folgendes:

(1) Als zum Führen von Kraftwagen geeignet sind nur Personen anzusehen, die im allgemeinen einen gesunden und kräftigen Eindruck machen und eine regelrechte Körperbeschaffenheit, insbesondere ein ausreichendes Seh- und Hörvermögen, aufweisen. Körperbeschaffenheit und geistiger Zustand sollen den nicht geringen Anforderungen der Tätigkeit eines Kraftwagenführers entsprechen; es dürfen keine Anzeichen dafür vorhanden sein, daß sie sich in absehbarer Zeit verschlechtern. Sind hierfür auch nur Verdachtsgründe vorhanden, so ist die betreffende Person zunächst als nicht geeignet anzusehen und wiederholt, nötigenfalls durch Fachärzte, zu untersuchen, bis der Zustand zweifelsfrei klargelegt ist.

(2) Im einzelnen ist folgendes zu beachten:

a) Kopf und Rumpf müssen frei beweglich sein, damit der Führer imstande ist, seitwärts und auch hinter sich zu sehen. Der Rumpf muß so beweglich sein, daß der Führer sich so weit bücken kann, um vor seinem Sitze am Spritzbrett befindliche Vorrichtungen während der Fahrt zu betätigen. Ebenso müssen die oberen und unteren Gliedmaßen genügend freie Beweglichkeit zur Betätigung der verschiedenen Hand- oder Fußhebel aufweisen. Bei Versteifung, Verkürzung oder Verlust einzelner Finger ist in jedem einzelnen Falle zu prüfen, ob der Führer imstande ist, mit jeder Hand gesondert das Steuerrad festzuhalten und zu drehen. Dabei ist zu beachten, daß dasselbe oft erheblichen und gewaltsamen Drehungen durch Unebenheiten der Fahrbahn ausgesetzt ist, welche jede Hand einzeln überwinden können muß. Die Füße haben meist zwei oder drei Hebel durch Niederdrücken zu betätigen und müssen deshalb, besonders in den Fußgelenken, frei von Bewegungshindernissen sein.

b) Im Hinblick auf das Sehvermögen sind zum Führen von Kraftwagen jeder Art nur solche Personen geeignet, deren Sehschärfe auf einem Auge ohne oder mit Glas mehr als 1/2, auf dem anderen Auge mindestens 1/6 beträgt unter der Voraussetzung, daß regelrechte Gesichtsfeldgrenzen vorliegen und der sonstige Befund das Vorhandensein von Erkrankungen, die erfahrungsgemäß das Sehen verschlechtern, ausschließt. Zum Führen von Kraftwagen der Klasse 3a sind außerdem Personen geeignet, bei denen die Sehschärfe auf einem Auge ohne oder mit Glas weniger als 1/6 beträgt oder ganz fehlt, wenn der Zustand schon seit mindestens zwei Jahren besteht und eine Sehschärfe von 2/3 auf dem besseren Auge ohne Glas vorhanden ist; in einem solchen Falle muß das Vorhandensein sonst regelrechter Verhältnisse durch das Gutachten eines Augenarztes bestätigt werden.

c) Die Sehschärfe ist in amtsärztlichen Zeugnissen für jedes Auge — nach Snellen — einzeln anzugeben.

d) Die Benutzung nur eines Auges zum deutlichen Sehen, wie es bei Schielenden der Fall ist, macht nicht zum Führen von Kraftwagen ungeeignet, wenn der Zustand schon seit frühester Jugend besteht, das bessere Auge mindestens 2/3, das schlechtere mindestens 1/6 Sehschärfe hat, beide Augen regelrechtes Gesichtsfeld und keine Anzeichen für gefährliche Erkrankungen aufweisen.

e) Ungeeignet zum Führen von Kraftwagen sind Personen, die an Doppelsehen, Linsenlosigkeit und Nachtblindheit leiden.

f) Bei Prüfung des Hörvermögens ist festzustellen, in welcher Entfernung Flüstersprache deutlich verstanden wird. Es genügt, wenn auf einem Ohre Flüstersprache in drei Meter Entfernung sicher verstanden wird. Bei der Ohruntersuchung ist auf Gleichgewichtsstörungen zu achten.

g) Hochgradige Neurasthenie, progressive Paralyse und andere Geisteskrankheiten, organische Gehirnkrankheiten, Tabes und andere Rückenmarkskrankheiten machen zum Führen eines Kraftwagens ungeeignet; deshalb ist der Untersuchte schon bei genügendem Verdacht auf diese Krankheiten vorläufig als ungeeignet anzusehen und gegebenenfalls ein fachärztliches Gutachten zu verlangen. Krämpfe (Epilepsie) und Schwindel machen zum Führen eines Kraftwagens ungeeignet.

h) Bei Erkrankungen der inneren Organe der Brust, und Bauchhöhle sowie Erkrankungen des Gefäßsystems, der Nieren, bei Zuckerharnruhr und dergleichen wird der Gutachter in jedem einzelnen Falle auf Grund des Gesamtergebnisses der Untersuchung entscheiden müssen, ob die Krankheit derartig ist, daß bei dem Führen eines Kraftwagens die öffentliche Sicherheit gefährdet wird.

i) Von der restlosen Erfüllung der vorstehenden Anforderungen, soweit sie Rumpf und Glieder betreffen, kann in besonders gelagerten Fällen abgesehen werden, wenn die Erlaubnis nur für das Führen eines einzelnen bestimmten Wagens beantragt wird. So wird ein regelrechter Körperbau nicht nötig sein, wenn der Betreffende sich um die Zulassung zum Führen eines Wagens bewirbt, der seinem Körperzustande durch Anbringung besonderer Vorrichtungen angepaßt worden ist, oder wenn an Stelle fehlender Glieder zuverlässige Ersatzglieder benutzt werden. In diesen Fällen ist dem Arzte der Nachweis der Fähigkeit zum Führen eines bestimmten einzelnen Wagens durch ein Gutachten eines für die Prüfung von Kraftfahrzeugführern amtlich anerkannten Sachverständigen zu erbringen; erforderlichenfalls ist eine orthopädische Versorgungsstelle, orthopädische Klinik oder dergleichen oder ein orthopädischer Facharzt zu hören. Die hierdurch entstehenden Kosten fallen dem Bewerber zur Last. Das ärztliche Zeugnis ist mit einem entsprechenden einschränkenden Vermerke zu versehen.

B. Für die Beurteilung von Personen hinsichtlich ihrer Eignung zum Führen von Krafträdern nach Körperbeschaffenheit und geistigem Zustand, insbesondere auch für die amtsärztliche Untersuchung und Begutachtung, soweit eine solche angeordnet ist (Ziffer II Abs. 2 Satz 2), gelten die Bestimmungen unter A sinngemäß; hinsichtlich des Sehvermögens sind dieselben Anforderungen zu stellen wie an Führer von Kraftwagen der Klasse 3a.

C. Das Muster für das amtsärztliche Zeugnis schreibt der Reichsverkehrsminister vor.

II. (1) Die Erlaubnis zum Führen eines Kraftfahrzeugs erteilt die für den Wohnort der betreffenden Person zuständige höhere Verwaltungsbehörde. Falls diese Behörde zustimmt, kann die Erlaubnis auch durch die für den Ort der Ausbildung zuständige höhere Verwaltungsbehörde erteilt werden; diese ist ferner zuständig, wenn die betreffende Person keinen Wohnort im Deutschen Reiche hat. Der Antrag auf Erteilung der Erlaubnis ist an die zuständige Ortspolizeibehörde zu richten. Dem Antrag ist beizufügen:

1. ein Geburtsschein,
2. ein Zeugnis eines beamteten Arztes nach Ziffer I; dieses Zeugnis fällt bei Anträgen auf Erteilung der Erlaubnis zum Führen eines Kraftrads fort, sofern nicht die Beibringung von der höheren Verwaltungsbehörde gefordert wird,
3. ein Lichtbild (Brustbild 6×8 Zentimeter groß, unaufgezogen), das auf der Rückseite mit der eigenhändigen Unterschrift des Antragstellers und des

beamteten Arztes, dem Datum der Untersuchung und dem Dienststempel des Arztes versehen sein muß; Unterschrift des beamteten Arztes, Datum der Untersuchung und Dienststempel fallen bei Anträgen auf Erteilung der Erlaubnis zum Führen eines Kraftrads fort,

4. ein Nachweis darüber, daß er den Fahrdienst bei einer durch die zuständige höhere Verwaltungsbehörde zur Ausbildung von Führern ermächtigten Person oder Stelle (Fahrschule, Kraftfahrzeugfabrik) erlernt hat. Aus dem Nachweis muß die Dauer der praktischen Ausbildung im Fahren ersichtlich sein.

(2) Die Ortspolizeibehörde hat zu prüfen, ob gegen den Antragsteller Tatsachen vorliegen (z. B. schwere Eigentumsvergehen, Neigung zum Trunke oder zu Ausschreitungen, insbesondere zu Roheitsvergehen), die ihn als ungeeignet zum Führen eines Kraftfahrzeugs erscheinen lassen; nach Vornahme der Prüfung legt sie unter Mitteilung des Ergebnisses den Antrag mit seinen Anlagen der höheren Verwaltungsbehörde vor. Diese stellt zunächst durch Anfrage bei der für das Deutsche Reich bestehenden Sammelstelle für Nachrichten über Führer von Kraftfahrzeugen (Polizeipräsidium in Berlin) fest, was etwa Nachteiliges über den Antragsteller dort bekannt ist; sie kann, falls besondere Gründe vorliegen, von Personen, die die Erteilung der Erlaubnis zum Führen von Krafträdern nachsuchen, die Beibringung eines Zeugnisses eines beamteten Arztes über ihre Eignung fordern. Ergeben die Feststellungen, daß der Antragsteller ungeeignet zum Führen eines Kraftfahrzeugs ist, so ist ihm die Erlaubnis zu versagen. Andernfalls übersendet die höhere Verwaltungsbehörde den Antrag nebst Anlagen dem amtlich anerkannten Sachverständigen (Ziffer III) zur Vornahme der Prüfung des Antragstellers über seine Befähigung zum Führen eines Kraftfahrzeugs. Beträgt die Sehschärfe auf einem Auge des Antragstellers ohne oder mit Glas weniger als $^1/_6$ oder fehlt das Sehvermögen auf einem Auge ganz,

so ist der amtlich anerkannte Sachverständige unter Hinweis hierauf anzuweisen, die praktische Fahrprüfung besonders streng vorzunehmen und darüber zu berichten, ob und inwieweit der Antragsteller durch das verminderte Sehvermögen behindert ist und ob er Entfernungen mit einer für die Führung von Kraftfahrzeugen ausreichenden Schnelligkeit und Richtigkeit zu schätzen versteht. Der Antragsteller ist von der Übersendung des Antrags an den amtlich anerkannten Sachverständigen zu benachrichtigen.

(3) Für Reichs- oder Staatsbeamte, die als Führer von Kraftfahrzeugen verwendet werden sollen, kann der Antrag auf Erteilung der Erlaubnis zum Führen eines Kraftfahrzeugs von der vorgesetzten Behörde bei der Ortspolizeibehörde gestellt werden. Der Antrag muß die erforderlichen Angaben über den Personenstand des Prüflings enthalten und von den unter Nr. 2 bis 4 bezeichneten Anlagen begleitet sein. Von einer Feststellung, ob gegen den Prüfling Tatsachen vorliegen, die ihn als ungeeignet zum Führen eines Kraftfahrzeugs erscheinen lassen, hat die Ortspolizeibehörde in solchen Fällen abzusehen.

III. (1) Die Prüfungen erfolgen bei den durch die höheren Verwaltungsbehörden amtlich anerkannten Sachverständigen.

(2) Die Sachverständigen bestimmen den Zeitpunkt für die Prüfung.

(3) Der Prüfling hat ein Kraftfahrzeug der Betriebsart und Klasse, für dessen Führung er den Nachweis der Befähigung erbringen will, für die Prüfung bereitzustellen. Das Fahrzeug muß, wenn die Witterungs- und Wegeverhältnisse dies notwendig erscheinen lassen, mit einem oder mehreren Gleitschutzreifen versehen sein.

IV. (1) Die Prüfung ist auf den Nachweis der Befähigung zum Führen bestimmter Betriebsarten und Klassen von Kraftfahrzeugen zu richten. Sie kann abgelegt werden für Kraftfahrzeuge mit Antrieb

durch Elektromotoren,
durch Verbrennungsmaschine,

durch Dampfmaschine,
durch sonstige Motoren,

und zwar für folgende Klassen:

Klasse 1: Krafträder;

Klasse 2: Kraftwagen mit einem betriebsfertigen Eigengewichte von mehr als 2,5 Tonnen, Zugmaschinen ohne Güterladeraum auch mit kleinerem betriebsfertigem Eigengewichte;

Klasse 3a: Kraftwagen (ausgenommen Zugmaschinen ohne Güterladeraum) mit einem betriebsfertigen Eigengewichte bis zu 2,5 Tonnen, bei Antrieb durch Verbrennungsmaschine jedoch nur bis zu einem Hubraum der Maschine von 2100 Kubikzentimeter;

Klasse 3b: Kraftwagen (ausgenommen Zugmaschinen ohne Güterladeraum) mit Antrieb durch Verbrennungsmaschine und einem betriebsfertigen Eigengewichte bis zu 2,5 Tonnen, sofern der Hubraum der Maschine 2100 Kubikzentimeter übersteigt.

(2) Personen, die für eine Betriebsart und Klasse von Fahrzeugen den Nachweis der Befähigung erbracht haben, können die Erlaubnis zum Führen von Fahrzeugen einer anderen Betriebsart oder Klasse nur auf Grund des Nachweises einer entsprechenden Ausbildung (Ziffer II Abs. 1 Nr. 4) und einer besonderen Prüfung für diese Betriebsart und Klasse erhalten; jedoch schließt der Nachweis der Befähigung zum Führen eines Fahrzeugs der Klasse 3b den der Befähigung für die gleiche Betriebsart der Klasse 3a ein; auch kann eine Fahrerlaubnis für Fahrzeuge der Klasse 3b auf Fahrzeuge gleicher Betriebsart der Klasse 2 ohne besondere Prüfung ausgedehnt werden, wenn der Besitzer der Fahrerlaubnis nachweist, daß er Fahrzeuge der Klasse 3b ein Jahr lang geführt hat. Anträgen auf Erweiterung von Kraftradführerscheinen ist ein ärztliches Zeugnis beizufügen; dieses muß auch eine Erklärung darüber enthalten, daß dem beamteten Arzte die unter-

suchte Person bekannt ist oder daß er sich durch das Lichtbild des Führerscheins von ihrer Nämlichkeit überzeugt hat.

V. (1) Die Prüfung zerfällt in einen mündlichen und einen praktischen Teil.

1. Die mündliche Prüfung erstreckt sich auf
   a) allgemeine Kenntnis der Hauptteile des vorgeführten Fahrzeugs, genaue Kenntnis der für die Beurteilung seiner Verkehrssicherheit in Betracht kommenden Teile (Lenkvorrichtung, Bremsen, Geschwindigkeitswechsel, Rücklauf und Radbereifung);
   b) Verhalten in besonderen Fällen (z. B. bei Schleudern des Wagens, bei Feuersgefahr am Fahrzeug, Wassermangel bei Dampferzeugern);
   c) Beurteilung der Verkehrssicherheit des Fahrzeugs vor Antritt der Fahrt;
   d) Kenntnis der für den Führer eines Kraftfahrzeugs maßgebenden gesetzlichen und polizeilichen Vorschriften.
2. Die praktische Prüfung umfaßt:
   a) Feststellung der Wirksamkeit der Bremsen und Lenkvorrichtungen, Ingangsetzen des Motors nach vorheriger Prüfung der Zündvorrichtungen und einfache Fahrübungen auf kurzer Strecke (z. B. Einhaltung einer gegebenen Fahrtrichtung, Ausweichen vor angedeuteten Hindernissen, schnelles Halten mit Benutzung der verschiedenen Bremsen, Rückwärtsfahren, Wenden mit und ohne Benutzung der Rückwärtsfahrt);
   b) Prüfungsfahrt auf freier Strecke in mäßigem Verkehre mit Begegnen und Überholen von Fuhrwerk, Ausfahrt aus einem Grundstück, Einbiegen in Straßen, Anwendung des Warnungszeichens, Wechsel der Geschwindigkeit (wenn möglich auch in Steigungen und im Gefälle) unter Benutzung der verschiedenen zu Gebote stehenden Hilfsmittel, Handhabung der Bremsen unter verschiedenen Verhältnissen;

c) abschließende Prüfung in freier Fahrt, auch durch belebtere Verkehrsstraßen, in mindestens einstündiger Dauerfahrt unter Benutzung aller am Prüfungsort und in seiner näheren Umgebung zu Gebote stehenden Geländeverhältnisse.

(2) Für die Führung von Krafträdern ist die Prüfung der Bauart des Fahrzeugs entsprechend zu gestalten. Nach dem Ermessen des Sachverständigen kann dabei die Dauer der unter 2 c vorgeschriebenen freien Fahrt eingeschränkt werden.

(3) Zur mündlichen Prüfung können mehrere Prüflinge gleichzeitig zugelassen werden. Der praktischen Prüfung für Kraftwagen ist jeder Prüfling einzeln zu unterziehen.

(4) Die praktische Prüfung ist erst vorzunehmen, wenn der Prüfling die mündliche Prüfung bestanden hat. Zu der Prüfung gemäß 2 c darf der Prüfling nur zugelassen werden, wenn er bei der Prüfung nach 2 b volle Sicherheit, Ruhe und Gewandtheit gezeigt hat.

(5) Bei den Fahrprüfungen für Kraftwagen (vgl. 2 b und c) muß der prüfende Sachverständige auf dem Wagen Platz nehmen.*) Er hat bei der Fahrt von Anweisungen, soweit irgend möglich, abzusehen und sein Augenmerk besonders darauf zu richten, ob der Prüfling die nötige Ruhe und Geistesgegenwart, einen sicheren Blick und Verständnis für die Bedürfnisse des öffentlichen Verkehrs besitzt, sowie ob er Entfernungen richtig abzuschätzen, die Gelände- und Verkehrsverhältnisse besonders beim Wechsel der Geschwindigkeit zu berücksichtigen und zu benutzen, die Bremsen richtig zu handhaben und Geräusch- und Geruchbelästigung zu vermeiden versteht.

(6) Wenn der Prüfling bereits im Besitze der Fahrerlaubnis für eine bestimmte Betriebsart und Klasse von Fahrzeugen ist und die Ausdehnung der Fahrerlaubnis

*) Bei Kraftfahrzeugen, die keinen geeigneten Platz bieten, darf von der Befolgung dieser Vorschrift abgesehen werden, sofern der Sachverständige sich auf andere Weise, z. B. durch Begleiten mit einem anderen Kraftfahrzeuge, von den Fähigkeiten Überzeugung verschaffen kann.

auf eine andere Betriebsart oder Klasse wünscht, kann die mündliche und praktische Prüfung nach dem Ermessen des Sachverständigen abgekürzt werden.

VI. (1) Bei der Abnahme der Prüfungen ist besonderes Gewicht auf die Fahrprüfungen zu legen; wenn der Prüfling bei diesen Unkenntnis oder Unsicherheit zeigt, ist die Prüfung abzubrechen. Die Prüfung ist nur dann als bestanden anzusehen, wenn der Prüfling in allen Gegenständen genügende Sachkenntnis bewiesen hat.

(2) Über die zur Prüfung zugelassenen Personen und über das Ergebnis der Prüfung haben die amtlich anerkannten Sachverständigen ein Verzeichnis unter fortlaufender Nummer zu führen.

(3) Nach Abschluß der Prüfung haben die Sachverständigen unter Rücksendung des Antrags und seiner Anlagen umgehend der höheren Verwaltungsbehörde über das Ergebnis zu berichten; hierbei ist die Nummer anzugeben, unter der die Eintragung in das Verzeichnis erfolgt ist.

(4) Ist die Prüfung bestanden, so ist insbesondere anzugeben, für welche Betriebsart und Klasse von Fahrzeugen der Prüfling sie abgelegt hat.

VII. (1) Ergibt der Bericht des Sachverständigen, daß der Antragsteller die Prüfung nicht bestanden hat, so ist die nachgesuchte Erlaubnis zum Führen eines Kraftfahrzeugs von der höheren Verwaltungsbehörde zu versagen. Auf Antrag des Prüflings kann jedoch die höhere Verwaltungsbehörde ihre Entscheidung einstweilen aussetzen und die Zulassung zur Wiederholung der Prüfung bei demselben Sachverständigen in Aussicht stellen; die Wiederholung ist hierbei von dem Nachweis abhängig zu machen, daß der Prüfling in der Zwischenzeit weiteren gründlichen Unterricht genossen hat. Die Wiederzulassung darf keinesfalls vor Ablauf von vier Wochen erfolgen. Wenn sich ergeben hat, daß dem Prüfling die nötige Vorsicht, Ruhe und Geistesgegenwart fehlt, kann ausdrücklich eine längere Frist festgesetzt werden. Macht der Prüfling von der Wiederzulassung zur Prüfung innerhalb der von der höheren Verwaltungsbehörde festgesetzten Frist keinen Gebrauch, so ist ihm die Fahrerlaubnis zu versagen.

(1) Ergibt der Bericht des Sachverständigen, daß der Antragsteller die Prüfung bestanden hat, so erteilt die höhere Verwaltungsbehörde dem Prüfling den Führerschein für die betreffende Betriebsart und Klasse von Fahrzeugen, sofern nicht besondere Gründe, die nicht bereits vor der Erteilung des Auftrags zur Vornahme der Prüfung gewürdigt worden sind, zur Versagung der beantragten Erlaubnis führen müssen. Beträgt die Sehschärfe auf einem Auge des Antragstellers ohne oder mit Glas weniger als $^1/_6$ oder fehlt das Sehvermögen auf einem Auge ganz, so hat die höhere Verwaltungsbehörde dies in dem Führerscheine zu vermerken und alle drei Jahre eine erneute amtsärztliche Untersuchung anzuordnen. In Ausnahmefällen kann die höhere Verwaltungsbehörde einen Führerschein auch für die Führung eines einzelnen bestimmten Kraftfahrzeugs ausstellen, insbesondere wenn ein Kriegsverletzter ein Fahrzeug führen will, das der Körperbeschaffenheit durch besondere Einrichtungen angepaßt ist oder das er mit Hilfe eines Ersatzglieds sicher führen kann. In diesen Fällen sind Kennzeichen, Firma, die das Fahrgestell hergestellt hat, und Fabriknummer des Fahrgestells im Führerschein anzugeben.

(3) Über die von ihr ausgestellten Führerscheine hat die höhere Verwaltungsbehörde eine Liste zu führen; die Nummer der Liste ist in dem Führerschein anzugeben.

(4) Vor Erweiterung einer Fahrerlaubnis oder Ausstellung einer zweiten Ausfertigung eines Führerscheins hat die höhere Verwaltungsbehörde durch Anfrage bei der Sammelstelle in Berlin festzustellen, was etwa nachteiliges über den Antragsteller dort bekannt ist. Von jedem Falle der Versagung der Fahrerlaubnis, der Aussetzung der Entscheidung, der Entziehung der Fahrerlaubnis oder der Untersagung der Führung eines Kraftfahrzeugs sowie der Zurücknahme einer dieser Maßnahmen hat die höhere Verwaltungsbehörde umgehend der Sammelstelle in Berlin

Mitteilung zu machen. In den Fällen der Versagung, Entziehung und Untersagung sind die Gründe kurz mitzuteilen.

VIII. (1) Für die Erteilung der Erlaubnis zum Führen von Kraftfahrzeugen der Wehrmacht und der Reichspost und für die Entziehung dieser Erlaubnis gilt folgendes:

(2) Die Abhaltung der Führerprüfung sowie die Ausstellung des Führerscheins erfolgt durch die gemäß § 45 Abs. 2 der Verordnung bestimmten Dienststellen nach den Bestimmungen unter Ziffer I bis VII. Dabei kann bei Angehörigen der Wehrmacht der Geburtsschein (Ziffer II Abs. 1 Nr. 1) durch einen Stammrollenauszug ersetzt, von der Vorlage des Zeugnisses eines beamteten Arztes (Ziffer II Abs. 1 Nr. 2) abgesehen und das Lichtbild (Ziffer II Abs. 1 Nr. 3) nach der Prüfung vorgelegt werden. Die Vorschriften über die Beteiligung der Sammelstelle für Nachrichten über Führer von Kraftfahrzeugen (Ziffer II Abs. 2 und Ziffer VII Abs. 4) finden mit der Maßgabe Anwendung, daß vor Erweiterung einer Fahrerlaubnis oder Ausstellung einer zweiten Ausfertigung eines Führerscheins eine Anfrage bei der Sammelstelle nicht erforderlich ist. Die Erlaubnis beschränkt sich nicht auf die Führung von Kraftfahrzeugen der betreffenden Verwaltung; sie gilt nur für die Dauer des Dienstverhältnisses; dies ist auf dem Führerscheine zu vermerken. Bei Beendigung des Dienstverhältnisses wird der Schein eingezogen; auf Antrag ist dem Inhaber eine Bescheinigung zu erteilen, für welche Betriebsart und Klasse von Kraftfahrzeugen ihm die Erlaubnis erteilt war, sofern nicht das Dienstverhältnis durch Strafentlassung beendet wurde und sofern nicht Tatsachen vorliegen, die die Annahme rechtfertigen, daß er nicht zum Führen von Kraftfahrzeugen befähigt ist.

(3) Wünscht ein früherer Inhaber eines von der Wehrmacht oder der Reichspost erteilten Führerscheins nach seinem Ausscheiden aus dem Dienstverhältnis einen Führerschein nach Ziffer VII für diejenige Betriebsart und

Klasse von Fahrzeugen, zu deren Führung er nach der Bescheinigung (Abs. 2) berechtigt war, ohne nochmalige Ablegung einer Prüfung über seine Befähigung zum Führen eines Kraftfahrzeugs zu erhalten, so hat er einen Antrag unter Vorlegung dieser Bescheinigung, des ärztlichen Zeugnisses und des Lichtbildes (Ziffer II) innerhalb eines halben Jahres nach Beendigung seines Dienstverhältnisses bei der Ortspolizeibehörde seines Wohnsitzes oder Entlassungsorts zu stellen. Im übrigen regelt sich das Verfahren nach Ziffer II und VII.

(4) Abs. 2 Satz 4 und 5 sowie Abs. 3 gelten auch für Führerscheine, die von einer als höhere Verwaltungsbehörde anerkannten Dienststelle der staatlichen Polizei erteilt sind.

Bekanntmachung über Kraftfahrzeugverkehr vom 16. März 1928 (RMinBl S. 121).

Auf Grund des § 5 Abs. 4, § 6 Abs. 2, § 8 Abs. 1 und 6, § 14 Abs. 3, § 17 Abs. 3, § 41 Abs. 1, 2 und 11, § 45 Abs. 4 und § 48 der Verordnung über Kraftfahrzeugverkehr vom 16. März 1928 (Reichsgesetzbl. I S 91) ordne ich, hinsichtlich der Nr. 5 mit Zustimmung des Reichsrats folgendes an:

1. Für die Prüfungen nach § 5 Abs. 2 und 3 und § 48 Nr. 2 Abs. 2 gilt beiliegende „Anweisung über die Prüfung von Kraftfahrzeugen". Anlage 1
2. Für die im § 6 Abs. 2, § 8 Abs. 2, 3 und 4, § 14 Abs. 3, § 41 Abs. 1, 2 und 11, § 48 Nr. 3 Abs. 1, § 48 Nr. 6 und in der Ziffer I C der Anlage vorgeschriebenen Listen, Bescheinigungen, Kennzeichen, Führerscheine und amtsärztlichen Zeugnisse gelten folgende beiliegende Muster: Anlage 2
   a) für die Listen nach § 6 Abs. 2 das Muster 1,
   b) für die Zulassungsbescheinigungen nach § 6 Abs. 2 das Muster 2,
   c) für die Kennzeichen nach § 8 Abs. 2, 3 und 4 die Muster 3 bis 6,
   d) für die Führerscheine nach § 14 Abs. 3 das Muster 7,
   e) für die Zulassungsbescheinigungen nach § 41 Abs. 1 das Muster 8,
   f) für die Zulassungsbescheinigungen nach § 41 Abs. 2 das Muster 9,
   g) für die Zulassungsbescheinigungen nach § 41 Abs. 11 das Muster 10,
   h) für die Listen nach § 48 Nr. 3 Abs. 1 das Muster 11,
   i) für die Bescheinigungen nach § 48 Nr. 3 Abs. 1 das Muster 12,

k) für die Bescheinigungen nach § 48 Nr. 6 die Muster 13 und 14,

l) für die amtsärztlichen Zeugnisse nach Ziffer I C der Anlage das Muster 15.

Anlage 3 3. Für die Verteilung der Kennzeichen innerhalb des Reichsgebiets (§ 8 Abs. 1) gilt beiliegender „Plan für die Kennzeichnung der Kraftfahrzeuge“.

Anlage 4 4. Für die Beurteilung der Wirkung von Scheinwerfern (§ 17 Abs. 3) gilt die beiliegende Anweisung.

Anlage 5 5. Für die Anerkennung der Sachverständigen (§ 45 Abs. 4) gelten beiliegende „Anforderungen an die Sachverständigen für die Prüfung von Kraftfahrzeugen und Kraftfahrzeugführern“.

Ferner ordne ich auf Grund der §§ 46 und 48 der Verordnung über Kraftfahrzeugverkehr vom 16. März 1928 und auf Grund der Ziffer X der Anlage zur Verordnung, betreffend die Ausbildung von Kraftfahrzeugführern, vom 1. März 1921 in der Fassung der Verordnung vom 21. Oktober 1923 (Reichsgesetzbl. I S. 988) an, daß für die Prüfung von Kraftfahrzeugen, Kraftfahrzeugführern, Fahrlehrern, Lehrwagen und Lehrmitteln durch die amtlich anerkannten Sachverständigen die beiliegende Gebührenordnung gilt.

Anlage 6 Diese Bekanntmachung tritt am 1. April 1928 in Kraft. Gleichzeitig tritt die Bekanntmachung über Kraftfahrzeugverkehr vom 5. Dezember 1925 in der Fassung der Bekanntmachungen vom 29. Dezember 1926, 21. Juli 1927, 21. Januar 1928 und 31. Januar 1928 (Reichsministerialbl. S. 58) außer Kraft.

Berlin, den 16. März 1928.

Der Reichsverkehrsminister

Dr. W. Koch.

Anlage 1

Anweisung über die Prüfung von Kraftfahrzeugen

I. Allgemeine Bestimmungen

1. Bei der Beurteilung der Verkehrssicherheit eines Kraftfahrzeugs kommen nur die Teile in Betracht, deren Versagen an dem in Bewegung befindlichen Fahrzeug eine Gefahr für den öffentlichen Verkehr in sich schließt, nämlich Einrichtungen für Lenken, Bremsen, Verhinderung unbeabsichtigter Rückwärtsbewegung, Rückwärtsgang und Radkonstruktion. Diese Einrichtungen müssen unter allen Umständen so beschaffen sein, daß ihr Versagen bei sachgemäßer Unterhaltung und Bedienung nicht zu befürchten ist. Einrichtungen, deren Versagen nur den Antrieb des Fahrzeugs stört oder unmöglich macht (Störungen an der Maschine oder am Motor, an der Kuppelung und dergleichen), kommen für die Prüfung nicht in Betracht.

2. Die Wahl der Materialien bleibt dem Fabrikanten unter eigener Verantwortlichkeit überlassen, jedoch müssen Vorderachsen, Lenkhebel und Lenkgestänge aus gezogenem oder geschmiedetem Material hergestellt werden. Die gewählten Abmessungen sind nur dann zu beanstanden, wenn sich bei der Prüfung bleibende Formveränderungen bemerkbar machen.

3. Bei Meinungsverschiedenheiten zwischen den Sachverständigen und den Kraftfahrzeugeigentümern, -fabriken und -händlern entscheidet im allgemeinen die höhere Verwaltungsbehörde, bei Fragen von grundsätzlicher Bedeutung die oberste Landesbehörde nach Anhörung des Reichsverkehrsministers.

II. Feuers- und Explosionsgefahr

1. Zur Vermeidung von Feuers- und Explosionsgefahr bei Fahrzeugen mit elektrischem Antrieb sind die unter Ziffer XIII besonders angegebenen Vorschriften für elektrisch betriebene Fahrzeuge zu beachten.

2. Bei Dampffahrzeugen muß die Kesselanlage, soweit dafür nicht von der zuständigen Behörde Ausnahmen zugelassen sind,

den allgemeinen polizeilichen Bestimmungen über die Anordnung von Landdampfkesseln entsprechen. Ferner ist bei Verwendung fester Brennstoffe darauf zu achten, daß der Funkenauswurf verhindert wird. Endlich muß die Feuerstelle von allen brennbaren Teilen des Fahrzeugs genügend isoliert und der Aschenkasten so gebaut und angeordnet sein, daß keine glühenden Aschenteile herausfallen können.

3. Bei Fahrzeugen mit Verbrennungsmaschine sind zur Vermeidung von Feuers- und Explosionsgefahr folgende Vorschriften zu befolgen:

a) Behälter, die zur Aufnahme flüssigen Brennstoffs dienen, sind aus zähem, gegen Rost geschützten Material herzustellen; Nähte müssen, sofern sie nicht durch Nietung und Lötung, Hartlötung oder Schweißung hergestellt sind, doppelt gefalzt und gelötet sein. Die Behälter sind vom Hersteller mit einem hydraulischen Ueberdruck von 0,3 Atmosphären auf Dichthalten zu prüfen; ihr Einbau in die Fahrzeuge ist so auszuführen, das sie möglichst gegen Stoß geschützt sind; der tiefste Punkt der Behälter und ihrer Armatur muß auch bei voll belastetem Fahrzeug mindestens 15 Zentimeter über dem Boden liegen. Das Füllrohr ist durch ein auswechselbares feinmaschiges Drahtnetz gegen das Hindurchschlagen von Flammen zu sichern. Geschweißte Behälter müssen mit mindestens einem Schmelzpfropfen oder Sicherheitsventile versehen sein. Alle Armaturteile müssen mit dem Behälter außer durch Lötung noch durch Nieten oder Schrauben verbunden sein. An dem tiefsten Punkte des Behälters ist eine Ablaßvorrichtung anzubringen, so daß eine völlige Entleerung erfolgen kann. An Vorrichtungen zur Anzeige des Flüssigkeitsstandes muß mindestens der untere Anschluß an den Behälter absperrbar sein. Erfolgt die Zuführung des Brennstoffs durch den Druck der Auspuffgase, so ist ein Reduzierventil mit vorgeschaltetem Siebe in die Druckgasleitung einzubauen. Bei Behältern von weniger als 15 Liter Inhalt brauchen die Nähte bei Weichlötung nicht doppelt gefalzt zu sein, auch genügt für die Verbindung der Armaturteile mit dem Behälter einfache Lötung ohne Nieten und Schrauben.

b) Die Zuflußrohrleitung zur Maschine ist sorgfältig zu befestigen und so zu verlegen, daß ein Ausgleich von Längenänderungen möglich ist. Die Verbindung einzelner Rohrstücke ist durch eine über beide Rohrenden geschraubte und verlötete Muffe oder durch eine Verschraubungsart mit metallischen Dichtungsflächen (Kegelnippel, Kugelnippel, gestauchte Rohrenden) herzustellen. In gleicher Weise ist die Befestigung der Rohre mit den Absperrvorrichtungen und Armaturteilen auszuführen, falls sie nicht hart eingelötet sind. Flanschverbindungen mit Stoffpackung sind unzulässig. Alle mit der Benzinleitung verlöteten Nippel müssen hart gelötet sein, während an den Brennstoffbehältern und ihren Armaturteilen, wenn die Lötung nur den Zweck hat, abzudichten, Weichlötung zulässig ist. In der Zuflußrohrleitnng zur Maschine ist in der Nähe des Brennstoffbehälters eine Absperrvorrichtung einzuschalten; dieselbe muß von außen leicht zugänglich sein; bei Brennstofförderung durch Druckgase und Steigrohr genügt eine Einrichtung zum schnellen Ablassen des Druckes. Brennstoffleitung, Vergaser und Schwimmergehäuse sind so anzuordnen, daß etwa austretender Brennstoff nicht auf das Auspuffrohr, den Stromverteiler oder Magnetapparat tropfen kann; der aus dem Schwimmergehäuse und Vergaser etwa austretende Brennstoff ist unmitttelbar ins Freie zu leiten.

c) Werden unterhalb des Wagens Schutzbleche angebracht, so muß die Beseitigung der sich in ihnen ansammelnden brennbaren Stoffe leicht möglich sein.

d) Die elektrischen Zündleitungen sind zu isolieren und so zu verlegen, daß Kurzschluß ausgeschlossen ist. Hochspannungsleitungen sind besonders sorgfältig zu verlegen. Glührohrzündung ist verboten.

III. Vermeidung von üblem Geruch und Rauch

Die Verbrennung der Gase in der Maschine muß so vollkommen und die Ölzufuhr so eingerichtet sein, daß ein belästigender Rauch nicht entwickelt wird. Tauchschmierung ist zulässig, wenn eine Einrichtung zur Regelung des Ölstandes im Kurbelgehäuse vorhanden ist. Dampfkessel, die nicht mit Brennstoffen geheizt werden, die rauchlos verbrennen, sind mit ausreichenden, Rauch verhütenden Feuerungseinrichtungen zu versehen.

IV. Lenkvorrichtung

Die Übersetzung der Lenkvorrichtung ist unter Berücksichtigung des Gewichts und der Höchstgeschwindigkeit des Fahrzeugs so zu wählen, daß ein leichtes und sicheres Lenken möglich ist. Einfache Hebellenkvorrichtungen (auch Zahnstangenlenker und unmittelbar an einer Lenkspindel befestigte Hebel) sind bei dreirädrigen Fahrzeugen mit einem vorderen Lenkrad bis zu einem Eigengewichte des betriebsfertigen Fahrzeugs von 1000 Kilogramm, bei andern zwei- und mehrspurigen Fahrzeugen nur zuzulassen, wenn das Eigengewicht des betriebsfertigen Fahrzeugs 350 Kilogramm nicht übersteigt oder wenn das Fahrzeug auf ebener Bahn eine auf 15 Kilometer begrenzte Geschwindigkeit in der Stunde nicht übersteigen kann oder wenn das Eigengewicht des betriebsfertigen Fahrzeugs 1000 Kilogramm nicht übersteigt und die Lenkräder um die Lenkzapfenachse in Kreisen geschwenkt werden, deren Halbmesser in der Fahrbahn gemessen kleiner als 120 Millimeter sind, so daß die auf die Lenkung wirkenden Fahrwiderstände der Lenkräder keine großen Verstellmomente erzeugen können. In allen andern Fällen müssen bei zwei- und mehrspurigen Fahrzeugen Lenkvorrichtungen mit Zwischenübersetzung (Schnecke, Schraube oder dergleichen) verwendet werden, die keinesfalls erheblich unter der Grenze der Selbsthemmung liegen. Das Gehäuse der Lenkvorrichtung muß fest gelagert sein. Die Anordnung und Lage der von dem Lenkhebel zu den Lenkschenkeln führenden Schubstange muß derart sein, daß bei Durchfederung des Wagens kein unzulässiges Flattern der Vorderräder eintritt. Bei Schubstangen mit Stoßfängern müssen ausreichende Sicherungen dagegen vorhanden sein, daß ein Kugelzapfen aus der Stange herausspringt. Bei Verwendung von Kugelzapfen, insbesondere wenn sie hängend angebracht sind, muß dafür gesorgt werden, daß die Schubstange bei Verschleiß der Kugelpfannen oder Kugelzapfen nicht zu Boden fällt. Alle Bolzen des Lenkgestänges sind mit Kronenmutter und Splint oder gleichwertig gesicherten Muttern zu versehen. Außerhalb der Drehachse des Achsschenkels müssen alle Lenkungsteile, auch etwa mit denselben verbundene andere Organe (Elektromotoren), sofern sie nicht unmittelbar in das Rad eingebaut sind, mit ihrem tiefsten Punkte mindestens 15 Zentimeter über der Standfläche liegen und leicht zugänglich sein. Es darf also das hintere Gelenk der Schubstange nicht etwa durch ein vom Rahmen zum Trittbrett geführtes festes Blech oder dergleichen der Beobachtung entzogen werden; Lederkappen oder dergleichen zum Schutze der Gelenke sind zulässig.

V. Bremseinrichtungen

1. Die Beurteilung der Bremswirkung muß dem sachverständigen Urteil des Prüfers überlassen bleiben*).

2. Bremseinrichtungen sind nur dann als voneinander unabhängig wirkend zu betrachten, wenn sie entweder baulich getrennt sind oder so zusammenhängen, daß bei Störungen der einen die Wirkung der anderen nicht aufgehoben wird. Die beiden Bremseinrichtungen müssen dabei getrennte Bedienungshebel haben und auf verschiedene gebremste Flächen wirken, welche aber in oder auf derselben Bremstrommel liegen dürfen; jedoch können bei Bremseinrichtungen, die auf die Räder von mehr als einer Achse wirken (Vier- oder Sechsradbremsen), Bremsflächen, Bremsbacken und Bremswellen der einen oder auch von zwei Achsen gleichzeitig für die zweite Bremseinrichtung benutzt werden, wenn diese vom Führer durch besonderen Hebel betätigt werden kann und die im Satze 1 gestellte Bedingung erfüllt ist. Jede als vollwertig zu zählende Bremseinrichtung muß unmittelbar auf die Wagenräder oder auf zwangschlüssig und nicht auskuppelbar mit den Wagenrädern verbundene Teile des Wagentriebwerkes wirken. Bremse oder Gestänge müssen nachstellbar sein.

VI. Bergstützen usw.

Bergstützen müssen vom Führersitz aus bedient werden. Bergstützen sind in der Längsachse des Fahrzeugs oder symmetrisch zu ihr anzubringen und gegen Überklettern zu sichern.

---

*) Die Angabe eines bestimmten Bremswegs für eine bestimmte Fahrgeschwindigkeit empfiehlt sich nicht wegen der Schwierigkeit der genauen Bestimmung der Fahrgeschwindigkeit, ferner wegen der Abhängigkeit von der Bodenbeschaffenheit, von der Art der Radbereifung, der Belastung und Gewichtsverteilung der Fahrzeuge.

VII. Hubraum

Der Hubraum ist nach folgender Formel zu berechnen:

$$H = 0{,}00078 \cdot i \cdot d^2 \cdot s,$$

worin H den Hubraum in Kubikzentimeter, i die Zahl der Zylinder, d den Durchmesser der Zylinder in Millimeter, s den Kolbenhub in Millimeter bedeutet. Bei der Feststellung des Zylinderdurchmessers und des Kolbenhubs sind Bruchteile eines Millimeters von weniger als 0,5 nicht zu berücksichtigen, Bruchteile von 0,5 und mehr mit 0,5 anzurechnen. Der errechnete Hubraum ist auf volle Kubikzentimeter nach unten abzurunden.

VIII. Eigengewicht

Als Eigengewicht gilt das Gewicht des betriebsfertigen Fahrzeugs mit gefüllten Betriebsstoffbehältern, bei elektrisch angetriebenen Fahrzeugen mit Akkumulatorenbatterie; Aufbauten, Signalinstrumente, Beleuchtungseinrichtungen und etwa vorhandene Windschutzscheiben, Kotflügel und Trittbretter sind mitzuwägen. Bei der Nachprüfung des Eigengewichts des Fahrzeugs sind Abweichungen von den Angaben auf dem Schilde des Fahrzeugs insoweit zulässig, als sie durch die Mitführung der Vorräte an Betriebsstoffen (Benzin, Öl, Karbid, Kühlwasser usw.) bedingt werden. Die Nachprüfung hat durch Wägung des ganzen Fahrzeugs zu erfolgen.

IX. Benzinelektrischer Antrieb

Bei Kraftfahrzeugen, bei denen die Kraft von der Verbrennungsmaschine durch Dynamomaschine und Elektromotor auf die Fahrzeugräder übertragen wird (Kraftfahrzeuge mit sogenanntem benzinelektrischen Antrieb), gelten als durch Verbrennungsmaschine angetrieben.

X. Sattelschlepper

Sogenannte Sattelschlepper gelten auch dann als Zugmaschine ohne Güterladeraum, wenn sie mit einer Anhängeachse in der Weise verbunden werden, daß ein wesentlicher Teil des Gewichts der Anhängeachse den Sattelschlepper belastet; als Eigengewicht gilt in einem solchen Falle das Eigengewicht des Sattelschleppers vermehrt um das Eigengewicht der aufgelegten Anhängeachse, soweit es den Sattelschlepper belastet; werden Anhängeachsen verschiedenen Eigengewichts verwendet, so ist die schwerste Anhängeachse maßgebend.

XI. Typenprüfung

1. Für die Typenprüfung kommen nicht die Aufbauten (Karosserie), sondern nur das Fahrgestell in Betracht. Die Prüfung der Huppe und der Laternen fällt fort.

2. Bei Anträgen auf Typenprüfung ist dem zuständigen amtlich anerkannten Sachverständigen von dem Fabrikanten oder Händler in je dreifacher Ausfertigung eine Beschreibung, eine schematische Zeichnung des Fahrgestells mit dem in Betracht kommenden Motor und Triebwerk, Bremsen und Lenkvorrichtung vorzulegen. In der Beschreibung sind anzugeben:

a) Firma, die das Fahrgestell herstellt,
b) Kennwort oder Unterscheidungszeichen für den Typ,
c) Art des Antriebs (Verbrennungsmaschine, Dampfmaschine, Elektromotor),
d) Bauart der Maschine oder des Motors (Viertakt oder Zweitakt, Verbundwirkung oder einfache Wirkung, Hauptschluß oder Nebenschluß usw.),
e) Leistung der Maschine oder des Motors,
f) Angaben für die Berechnung des Hubraums (nur bei Antrieb durch Verbrennungsmaschine; Zylinderzahl, Bohrung in Millimeter, Kolbenhub in Millimeter),
g) Hubraum (nur bei Antrieb durch Verbrennungsmaschine) in Kubikzentimeter,
h) Angaben über Bauart und Größe des Dampferzeugers, Kesseldruck, Akkumulatorenbatterie,
i) Angaben über die Art des Schalldämpfers,
k) Art der Kraftübertragung (Gelenkwelle, Kette, Reibradgetriebe usw.),
l) Bauart und Übersetzung der Lenkvorrichtung,
m) Art und Zahl der Bremsen, Hauptabmessungen und Übersetzungsverhältnis,
n) Einrichtungen zur Verhinderung der unbeabsichtigten Rückwärtsbewegung auf Steigungen,

o) betriebsfertiges Eigengewicht des Fahrgestells,

p) Tragfähigkeit des Fahrgestells in Kilogramm.

3. Der Sachverständige hat zu prüfen, ob die Beschreibung und die Zeichnungen, soweit sie Eigenschaften des Typs betreffen (vergleiche 2 b bis d und f bis n), mit der Ausführung übereinstimmen*) und nach praktischer Erprobung eines Fahrzeugs des Typs die mit Prüfungsvermerk versehene Zeichnung und Beschreibung der zuständigen höheren Verwaltungsbehörde mit einer Bescheinigung darüber vorzulegen, daß der Typ den polizeilichen Anforderungen entspricht. Wird dem Antrag auf Erteilung einer Typenbescheinigung entsprochen, so erlangt die Fabrik oder der Händler auf Grund dieser Bescheinigung die Genehmigung, Fahrzeuge, die mit diesem Type übereinstimmen, mit eigener Bescheinigung in den Verkehr zu bringen. Mit der Bescheinigung der höheren Verwaltungsbehörde wird ein Stück der geprüften Zeichnung und Beschreibung durch Schnur und Siegel verbunden. Eine Abschrift der Bescheinigung ist mit einem Stücke der Beschreibung und Zeichnung dem zuständigen Sachverständigen von der genehmigenden Behörde zu übersenden.

4. In den von den höheren Verwaltungsbehörden zu erteilenden Typenbescheinigungen sind die obenerwähnten Angaben der Beschreibung und eine schematische Zeichnung des Fahrgestells als für den Typ maßgebend festzulegen.

5. Änderungen der vorstehenden, für die Typenbescheinigung maßgebenden Verhältnisse (vergleiche 2 b bis d und f bis n) bedingen eine erneute Anzeige bei dem Sachverständigen und Prüfung. Der Sachverständige hat entweder eine Ergänzung der Typenbescheinigung zu bewirken oder den Antragsteller zur Einreichung der für die neue Typenprüfung erforderlichen Unterlagen zu veranlassen.

6. Wünscht ein Fabrikant oder Händler in ein Fahrgestell bestimmter Bauart Maschinen verschiedener Stärke einzubauen, so muß bei der Typenprüfung das Fahrgestell mit der stärksten vorkommenden Maschine vorgeführt werden. Auf Grund dieser Prüfung ist alsdann der Sachverständige berechtigt, auch für das

*) Bohrung und Kolbenhub müssen bei Typenprüfungen nachgemessen werden.

gleiche Fahrgestell mit schwächeren Maschinen Typenzeugnisse auszustellen.

XII. Ausführung der technischen Prüfung der Fahrzeuge

1. Der Sachverständige hat sich zunächst am stillstehenden Fahrzeug davon zu überzeugen, ob es den vorstehenden Ausführungsbestimmungen entspricht. Bei Typenprüfungen hat der Sachverständige das Recht, in der Fabrik die für die Beurteilung der Verkehrssicherheit des Fahrzeugs wichtigen Teile auseinandernehmen zu lassen und zu untersuchen, sofern nicht gleiche Teile vorgelegt werden können; er hat festzustellen, ob die Ausführung des Fahrzeugs, soweit die unter Ziffer XI 2b bis d und f bis n angegebenen Eigenschaften des Typs in Frage kommen, mit den Zeichnungen und Beschreibungen übereinstimmt. Bei den Prüfungen am stehenden Fahrzeug ist zum Beispiel festzustellen, ob die Steuersäule fest gelagert ist, ob in den Ausgleichgelenken des Steuergestänges nicht zuviel Spiel ist, ob die Räder unbehindert ausschlagen, ob die Bremshebel genügend leicht gehen, ob in allen kraftschlüssigen Verbindungen des Bremsgestänges nicht zuviel Spiel vorhanden ist, ob die Bremse richtig eingestellt ist und gleichmäßig anliegt, ob die Nachstellvorrichtungen leicht zugänglich sind, ob die Griffe zur Bedienung der Maschine usw. so angebracht sind, daß der Führer sie leicht und ohne Verwechselungsgefahr handhaben kann, ob Benzinbehälter und Rohrleitung den Vorschriften entsprechen, usw.

2. Bei allen Prüfungen muß eine Probefahrt stattfinden; für die Erprobung der Bremsen ist es von größter Wichtigkeit, daß das Fahrzeug bei der Probefahrt möglichst voll beladen ist; Typenprüfungen sind stets mit voller Nutzlast oder einer dem größten Karosseriegewicht einschließlich der höchstzulässigen Personenzahl entsprechenden Belastung vorzunehmen. Die Prüfung hat so lange zu dauern, bis der Sachverständige die volle Ueberzeugung von der Verkehrssicherheit des Fahrzeugs bei verschiedenen Geschwindigkeiten gewinnt. Die Versuche werden sich im wesentlichen auf die Lenkung, die Wirksamkeit der Bremsen, die Verhinderung der unbeabsichtigten Rückwärtsbewegung in Steigungen und die Fähigkeit der Rückwärtsbewegung des Fahr-

zeugs erstrecken; außerdem ist die Geräusch- und Geruchlosigkeit festzustellen. Vorrichtungen zur Verhinderung unbeabsichtigter Rückwärtsbewegung auf Steigungen müssen sowohl bei beladenem wie bei unbeladenem Fahrzeug erprobt werden. Es sind geeignete, möglichst wenig verkehrsreiche Straßen und Wege, die Gelegenheit bieten, das Fahrzeug auch in Steigungen und Gefällstrecken sowie in Kurven zu erproben, für die Probefahrt auszuwählen. Bei den Versuchen ist die erforderliche Vorsicht zur Vermeidung von Unfällen und Beschädigungen des Fahrzeugs anzuwenden. Die Prüfung von Krafträdern ist in der Weise vorzunehmen, daß der Fahrer mit dem Rade nach Anweisung des Sachverständigen bei verschiedenen Geschwindigkeiten diejenigen Uebungen ausführt, die geeignet erscheinen, die Lenkbarkeit und Bremssicherheit darzutun.

3. Bei Kraftwagen hat der Sachverständige, nachdem er durch einige Vorversuche die Ueberzeugung von der Verkehrssicherheit des Fahrzeugs erlangt hat, der Prüfung auf dem Fahrzeug selbst beizuwohnen*) und dem Führer, der die Berechtigung zum Fahren besitzen und sich bei schnellfahrenden Wagen über längere Fahrpraxis ausweisen muß, die erforderlichen Anweisungen zu geben. Nach der Probefahrt hat sich der Sachverständige davon zu überzeugen, daß keine dauernden Formveränderungen oder andere Veränderungen an Konstruktionsteilen eingetreten sind, die die Verkehrssicherheit gefährden könnten.

4. Bei Typenprüfungen sind nach befriedigendem Verlauf aller Prüfungen die dem Sachverständigen übergebenen Zeichnungen und Beschreibungen mit Prüfungsvermerk zu versehen.

XIII. Vorschriften für elektrisch betriebene Kraftfahrzeuge

1. Elektrische Maschinen

Die elektrischen Maschinen sind so anzuordnen, daß etwaige im Betrieb auftretende Feuererscheinungen keine Entzündung von brennbaren Stoffen hervorrufen können. In unmittelbarer Nähe

*) Bei Kraftfahrzeugen, die keinen geeigneten Platz bieten, darf von der Befolgung dieser Vorschrift abgesehen werden, sofern der Sachverständige sich auf andere Weise die Ueberzeugung von der Verkehrssicherheit des Fahrzeugs verschaffen kann.

der elektrischen Maschinen dürfen keine Rohrleitungen für brennbare Flüssigkeiten liegen.

2. Akkumulatoren

Akkumulatorenzellen elektrischer Fahrzeuge können auf Holz aufgestellt werden, wobei eine einmalige Isolierung durch nicht Feuchtigkeit anziehende Zwischenlagen ausreicht. Soweit nur unterwiesenes Personal in Betracht kommt, braucht die Möglichkeit, daß eine Person Teile verschiedener Spannung gleichzeitig berührt, nicht ausgeschlossen zu sein. Die Akkumulatoren dürfen den Fahrgästen nicht zugänglich sein. Es ist für ausreichende Lüftung zu sorgen. Für nicht Feuchtigkeit anziehende Zwischenlagen gilt auch ein zweimaliger Lackanstrich des Holzes mit einem säurebeständigen Lack.

Zelluloid ist zur Verwendung als Kästen und außerhalb des Elektrolyten unzulässig.

3. Leitungen

Der Querschnitt aller Leitungen zwischen Stromquelle und Antriebsmotor ist nach der Normalstärke der vorgeschalteten Sicherung laut folgender Tabelle oder stärker zu bemessen:

Querschnitt in qmm	Normalstärke der Sicherung in Ampère
4	30
6	40
10	60
16	80
25	100
35	130
50	165
70	200
95	235
120	275

Drähte für Bremsstrom sind mindestens von gleicher Stärke wie die Fahrstromleitungen zu wählen.

Alle übrigen Leitungen dürfen im allgemeinen mit den in nachstehender Tabelle verzeichneten Stromstärken dauernd belastet werden:

Querschnitt in qmm	Stromstärke in Ampère
0,75	6
1	6
1,5	10
2,5	15
4	20
6	25
10	35
16	60
25	80
35	100
50	125
70	160
95	190
120	225
150	260

Blanke Leitungen sind zulässig, wenn sie sicher isoliert verlegt und gegen Berührung geschützt sind.

Isolierte Leitungen in Fahrzeugen müssen so geführt werden, daß ihre Isolierung nicht durch die Wärme benachbarter Widerstände oder Heizvorrichtungen gefährdet werden kann.

Die Verbindung der Fahr- und Bremsstromleitungen mit den Apparaten ist mittels Schrauben oder durch Lötung auszuführen.

Nebeneinander laufende isolierte Fahrstromleitungen müssen entweder zu Mehrfachleitungen mit einer gemeinsamen wasserdichten Schutzhülle zusammengefaßt werden derart, daß ein Verschieben und Reiben der Einzelleitungen vermieden wird (dabei ist die Isolierhülle an den Austrittsstellen von Leitungen gegen Wasser abzudichten), oder die Leitungen sind getrennt zu verlegen und, wo sie Platten, Wände oder Fußböden durchsetzen, durch Isoliermittel so zu schützen, daß sie sich an diesen Stellen nicht durchscheuern können.

In den Wagen dürfen isolierte Leitungen unmittelbar auf Holz verlegt und Holzleisten zu ihrer Verkleidung benutzt werden.

Leitungen, die einer Verbiegung oder Verdrehung ausgesetzt sind, müssen aus leicht biegsamen Seilen hergestellt und, soweit sie isoliert sind, wetterbeständig hergerichtet sein.

4. Sicherungen

Jeder Motorwagen muß eine Hauptabschmelzsicherung oder einen selbsttätigen Ausschalter haben. Jede Leitung, die keinen Fahrstrom führt, muß besonders gesichert sein. Bei solchen benzinelektrischen Fahrzeugen, die ohne Betriebsbatterie arbeiten (Fahrzeuge mit elektrischer Kraftübertragung), sind jedoch in den Hauptleitungen keine Sicherungen erforderlich.

Vom Fahrstrom unabhängige Bremsleitungen dürfen keine Sicherungen enthalten.

5. Ausschalter

Es muß ein vom Führersitz aus bedienbarer Haupt- (Not-) Ausschalter vorhanden sein, der das Ausschalten des Fahrstromkreises unabhängig vom Fahrschalter gestattet. Der Notausschalter kann mit dem selbsttätigen Ausschalter (vergleiche unter 4) verbunden sein.

Vom Fahrstrom unabhängige Bremsstromkreise dürfen nur im Fahrschalter abschaltbar sein.

6. Lampen

Lampenleitungen, die aus der Betriebsstromquelle gespeist werdeu, müssen mit einer wasserdichten Isolierhülle (Gummiaderleitung) versehen sein.

7. Freileitungen

Für Freileitungen gelten die vom Verbande deutscher Elektrotechniker herausgegebenen Sicherheitsvorschriften für die Freileitungen von elektrischen Straßenbahnen.

XIV. Muster

Bei Ausführung der Bestimmungen im § 5 Abs. 2, 3 und § 48 Nr. 2 Abs. 2 der Verordnung sind folgende Muster zu verwenden:

Muster a. — Gutachten des Sachverständigen über die amtliche Prüfung eines einzelnen Kraftfahrzeugs;

Muster b. — Gutachten des Sachverständigen über die amtliche Prüfung einer Gattung von Kraftfahrzeugen (Typenprüfung);

Muster c. — Bescheinigung der höheren Verwaltungsbehörde über die Zulassung einer Gattung von Kraftfahrzeugen (Typenbescheinigung);

Muster d. — Bescheinigung der Firma bei Veräußerung eines Kraftfahrzeugs, das einer von der höheren Verwaltungsbehörde zugelassenen Gattung angehört;

Muster e. — Das von der Firma zu führende Verzeichnis über die auf Grund einer Typengenehmignng in den Verkehr gebrachten Kraftfahrzeuge;

Muster f. — Gutachten des Sachverständigen über die amtliche Prüfung eines Kleinkraftrads;

Muster g. — Ermächtigung einer Firma zur Ausstellung von Gutachten über Kleinkrafträder und Antriebsmaschinen für Kleinkrafträder;

Muster h. — Gutachten einer Firma über Kleinkrafträder und Antriebsmaschinen für Kleinkrafträder;

Muster i. — Das von der Firma zu führende Verzeichnis über die auf Grund der Ermächtigung einer höheren Verwaltungsbehörde in den Verkehr gebrachten Kleinkrafträder und Antriebsmaschinen für Kleinkrafträder.

Muster a

Gutachten
über die amtliche Prüfung eines Kraftfahrzeugs

(Nichtzutreffendes ist durchzustreichen)

Auf Grund des § 5 Abs. 2 der Verordnung über Kraftfahrzeugverkehr vom 16. März 1928 wird auf Antrag des ....
.... in ....
als Eigentümer des mit dem Schilde:

Fabrik: ....

Fabriknummer des Fahrgestells: ....

Anzahl der Pferdestärken der Maschine oder des Motors: ....

Hubraum: ....

Eigengewicht: ....

versehenen Kraftfahrzeugs nach Ausführung der vorgeschriebenen Prüfungen bescheinigt, daß das Fahrzeug wie folgt ausgerüstet ist:

1. mit einer zuverlässigen Lenkvorrichtung,
2. mit vorschriftsmäßigen Bremseinrichtungen,
3. mit einer Vorrichtung, die beim Befahren von Steigungen die unbeabsichtigte Rückwärtsbewegung verhindert,
4. mit einer vorschriftsmäßigen Huppe,
5. mit vorschriftsmäßigen Laternen,
6. mit einer Vorrichtung, die verhindert, daß das Fahrzeug von Unbefugten in Betrieb gesetzt werden kann.

Das Fahrzeug wird angetrieben mit ....

Die Verbrennungsmaschine hat die Nummer ....

Die Leistung der Maschine oder des Motors in Pferdestärken beträgt ....

Der nach der Formel $H = 0{,}00078 \cdot i \cdot d^2 \cdot s$ berechnete Hubraum beträgt .... Kubikzentimeter;

hierbei ist: i = ...,

d = ... Millimeter,

s = ... Millimeter.

Das Eigengewicht des betriebsfertigen Fahrzeugs beträgt .... Kilogramm.

Die zulässige Belastung beträgt .... $\frac{\text{Kilogramm}}{\text{Personen einschl. Führer}}$

Die Achs- und Felgendrucke im beladenen Zustand betragen (nur für Fahrzeuge, deren Gesamtgewicht einschließlich Ladung 5 t übersteigt) ....

....

Das Fahrzeug ist an allen Rädern mit Luftreifen versehen.

Das Fahrzeug ist $\frac{\text{ein}}{\text{eine}}$ **Kraftrad — Personenkraftwagen — Kraftomnibus — Lastkraftwagen — Elektrokarren — Zugmaschine ohne Güterladeraum.**

Wenn ein Kraftwagen als Personen- und Lastkraftwagen anzusehen oder ein Wechsel in den Aufbauten möglich ist, nähere Angaben hierüber: ....

....

Das Fahrzeug entspricht den gemäß §§ 3, 4 der Verordnung zu stellenden Anforderungen. Seiner Zulassung zum Verkehr auf öffentlichen Wegen stehen technische Bedenken nicht entgegen.

................................., den ....

Der amtlich anerkannte Sachverständige

(Stempel) (Unterschrift)

Muster b

Typenprüfung
(Gutachten über die amtliche Prüfung einer Gattung von Kraftfahrzeugen)

Auf Grund des § 5 Abs. 2, 3 der Verordnung über Kraftfahrzeugverkehr vom 16. März 1928 wird auf Antrag der Firma .... in ....

bescheinigt, daß das durch beiliegende schematische Zeichnung und nachstehende Beschreibung gekennzeichnete, einer fabrikmäßig hergestellten Gattung angehörende Kraftfahrzeug von dem Unterzeichneten geprüft worden ist.

1. Firma, die das Fahrgestell herstellt: ....
....
2. Kennwort oder Unterscheidungszeichen für den Typ: ....
3. Art des Antriebs (Verbrennungsmaschine, Dampfmaschine, Elektromotor) ....
4. Bauart der Maschine oder des Motors: ....
5. Leistung der Maschine oder des Motors: ....
....
6. Nach der Formel $H = 0{,}00078 \cdot i \cdot d^2 \cdot s$ berechneter Hubraum (nur bei Antrieb durch Verbrennungsmaschine): .... Kubikzentimeter;

   hierbei ist: $i =$ ....,

   $d =$ .... Millimeter,

   $s =$ .... Millimeter.

7. Angaben über Bauart und Größe des Dampferzeugers, Kesseldruck, Akkumulatorenbatterie: ....

....

8. Art des Schalldämpfers: ....

9. Art der Kraftübertragung: ....

10. Bauart und Übersetzung der Lenkvorrichtung: ....

....

11. Art und Zahl der Bremsen, Hauptabmessungen und Übersetzungsverhältnis: ....

....

12. Einrichtungen zur Verhinderung der unbeabsichtigten Rückwärtsbewegung auf Steigungen: ....

....

13. Betriebsfertiges Eigengewicht des Fahrgestells in Kilogramm: ....

14. Tragfähigkeit des Fahrgestells in Kilogramm: ....

Es wird bescheinigt, daß das geprüfte Fahrzeug diesen Angaben entspricht und den gemäß §§ 3, 4 der Verordnung zu stellenden Anforderungen genügt. Der Zulassung von Kraftfahrzeugen dieser Gattung zum Verkehr auf öffentlichen Wegen stehen technische Bedenken nicht entgegen.

.............................., den ....

Der amtlich anerkannte Sachverständige

(Stempel) (Unterschrift)

[1. Seite]

Muster c

Geschäftsnummer: ....

Typenbescheinigung
(Bescheinigung über die Zulassung einer Gattung von Kraftfahrzeugen)

[Raum für die schematische Zeichnung]

Auf Grund des § 5 Abs. 3 der Verordnung über Kraftfahrzeugverkehr vom 16. März 1928 wird der Firma ....
.... in ....
nach vorgenommener sachverständiger Feststellung, daß die fabrikmäßig gebaute Gattung des in obenstehender schematischer Zeichnung und nachstehender Beschreibung dargestellten Kraftfahrzeugs den gemäß §§ 3 ,4 der Verordnung zu stellenden Anforderungen entspricht,

die Ermächtigung erteilt,

den Abnehmern derartiger Kraftfahrzeuge eine mit laufender Nummer versehene Bescheinigung nach beifolgendem Muster mit der Wirkung zu verabfolgen, daß diese das im § 5 Abs. 2 der Verordnung geforderte Gutachten des amtlich anerkannten Sachverständigen ersetzt.

Die Fahrzeuge werden wie folgt gekennzeichnet:

1. Firma, die das Fahrgestell herstellt: ....
2. Kennwort oder Unterscheidungszeichen für den Typ: ....
3. Art des Antriebs (Verbrennungsmaschine, Dampfmaschine, Elektromotor) ....

4. Bauart der Maschine oder des Motors: ....
5. Leistung der Maschine oder des Motors: ....
6. Hubraum (nur bei Antrieb durch Verbrennungsmaschine) .... Kubikzentimeter.
7. Angaben über Bauart und Größe des Dampferzeugers, Kesseldruck, Akkumulatorenbatterie: ....
....
8. Art des Schalldämpfers: ....
....
9. Art der Kraftübertragung: ....
10. Bauart und Übersetzung der Lenkvorrichtung: ....
11. Art und Zahl der Bremsen, Hauptabmessungen und Übersetzungsverhältnis: ....
....
12. Einrichtungen zur Verhinderung der unbeabsichtigten Rückwärtsbewegung auf Steigungen: ....
....
....
13. Betriebsfertiges Eigengewicht des Fahrgestells in Kilogramm: ....
14. Tragfähigkeit des Fahrgestells in Kilogramm: ....

.............................., den ....

(Name der höheren Verwaltungsbehörde)

(Stempel) (Unterschrift)

Muster d

Bescheinigung über die Zugehörigkeit eines Kraftfahrzeugs zu der fabrikmäßig hergestellten und behördlich zugelassenen Gattung mit dem Kennzeichen:

....

(Nichtzutreffendes ist durchzustreichen)

Die unterzeichnete Firma bescheinigt, daß das von ihr an (Name) .... in .... gelieferte Kraftfahrzeug mit der Fahrgestellnummer .... der durch die nachstehend abgedruckte behördlich beglaubigte Genehmigung de.................................. in .... unter dem .... 19..... zugelassenen Kraftfahrzeuggattung angehört und mit ihr in den in der Genehmigung gekennzeichneten Teilen übereinstimmt. Die Verbrennungsmaschine hat die Nummer .... Das Eigengewicht des betriebsfertigen Fahrzeugs einschließlich Aufbau beträgt .... Kilogramm, die zulässige Belastung beträgt .... $\frac{\text{Kilogramm}}{\text{Personen einschließlich Führer}}$, die Achs- und Felgendrucke im beladenen Zustand betragen (nur für Fahrzeuge, deren Gesamtgewicht einschließlich Ladung 5 t übersteigt): ....

....

Das Fahrzeug ist an allen Rädern mit Luftreifen versehen.

Das Fahrzeug ist $\frac{\text{ein}}{\text{eine}}$ **Kraftrad — Personenkraftwagen — Kraftomnibus — Lastkraftwagen — Elektrokarren — Zugmaschine ohne Güterladeraum.**

Wenn ein Kraftwagen als Personen- und Lastkraftwagen anzusehen oder ein Wechsel in den Aufbauten möglich ist, nähere Angaben hierüber: ....

....

Es wird versichert, daß das Fahrzeug den gemäß §§ 3, 4 der Verordnung über Kraftfahrzeugverkehr vom 16. März 1928 zu stellenden Anforderungen entspricht, daß insbesondere auch die Huppe und die Laternen vorschriftsmäßig sind.

.................................., den ....

Eingetragen
in das Verzeichnis unter

Nr. ....

Firma: ....

Unterschrift: ....

Die Genehmigungsurkunde lautet:

(Folgt wörtlicher Abdruck der von der höheren Verwaltungsbehörde nach Muster c ausgestellten Bescheinigung.)

Mit der Originalbescheinigung übereinstimmend.

.................................., den .... 19.....

....

(Name der Polizeibehörde)

(Stempel)

....

(Unterschrift)

Muster e

[1. Seite]

Verzeichnis

der auf Grund von Typengenehmigungen von der Firma ....

in .... in den Verkehr gebrachten Kraftfahrzeuge

[2. Seite]

Laufende Nr.	Datum der ausgestellten Eigenbescheinigung der Firma	Kennwort oder Unterscheidungszeichen für den Typ	Art des Antriebs (Verbrennungsmaschine, Dampfmaschine, Elektromotor)	Fahrgestellnummer	Datum und Geschäftsnummer der Typenbescheinigung	Art des Fahrzeugs (Kraftrad, Personenkraftwagen, Kraftomnibus, Lastkraftwagen, Elektrokarren, Zugmaschine ohne Güterladeraum)	Leistung der Maschine oder des Motors in PS	Bei Antrieb durch Verbrennungsmaschine	
								Hubraum in ccm	Nummer der Maschine
1	2	3	4	5	6	7	8	9	

Gewicht des betriebsfertigen		Zulässige Belastung (kg oder Personen einschließlich Führer)	Bei Fahrzeugen, deren Gesamtgewicht (einschl. Ladung) 5 t übersteigt, die Achs- und Felgendrucke im beladenen Zustand	Angabe, ob alle Räder mit Luftreifen versehen sind	Käufer des Fahrzeugs (Name, Wohnort)	Bemerkungen
Fahrgestells kg	Fahrzeugs, falls mit Aufbau abgeliefert kg					
10		11	12	13	14	15

Muster 1

Gutachten
über die amtliche Prüfung eines Kleinkraftrads

Auf Grund des § 48 Nr. 2 Abs. 2 der Verordnung über Kraftfahrzeugverkehr vom 16. März 1928 wird auf Antrag des ....

in .... folgendes bescheinigt:

Die Antriebsmaschine ist hergestellt von der Firma ....

.... in ....

und hat die Fabriknummer ....

Die Anzahl der Pferdestärken beträgt .... PS.

Nach der Formel $H = 0{,}00078 \cdot i \cdot d^2 \cdot s$ beträgt der Hubraum

.... Kubikzentimeter; Unterlagen für diese Berechnung:

1. Zahl der Zylinder: ....
2. Durchmesser der Zylinder in Millimeter: ....
3. Kolbenhub in Millimeter: ....

...., den ....

(Stempel) Der amtlich anerkannte Sachverständige

(Unterschrift)

Muster g

Ermächtigung zur Ausstellung von Gutachten über Kleinkrafträder — Antriebsmaschinen für Kleinkrafträder —

Auf Grund des § 48 Nr. 2 Abs. 2 der Verordnung über Kraftfahrzeugverkehr vom 16. März 1928 wird der Firma ....

....

.... in ....

die Ermächtigung erteilt, Gutachten über Kleinkrafträder — Antriebsmaschinen für Kleinkrafträder — im Sinne des § 48 Nr. 2 Abs. 2 Satz 1 der Verordnung auszustellen mit der Wirkung, daß diese das im § 48 Nr. 2 Abs. 2 Satz 1 geforderte Gutachten des amtlich anerkannten Sachverständigen ersetzen.

............................., den ....

Name der höheren Verwaltungsbehörde

(Stempel) (Unterschrift)

Muster h

Gutachten
über ein Kleinkraftrad — eine Antriebsmaschine für ein Kleinkraftrad

Die unterzeichnete Firma bescheinigt auf Grund der in einem beglaubigten Abdruck beigefügten Ermächtigung de..................... in .... bezüglich des — der — von ihr an (Name) .... in .... gelieferten Kleinkraftrades — Antriebsmaschine für Kleinkrafträder — folgendes:

Die Antriebsmaschine ist hergestellt von der Firma .... in .... und hat die Fabriknummer ....

Die Anzahl der Pferdestärken beträgt .... PS.

Nach der Formel $H = 0{,}00078 \cdot i \cdot d^2 \cdot s$ beträgt der Hubraum .... Kubikzentimeter; Unterlagen für diese Berechnung:

1. Zahl der Zylinder: ....
2. Durchmesser der Zylinder in Millimeter: ....
3. Kolbenhub in Millimeter: ....

....

.................................., den ....

Eingetragen
in das Verzeichnis unter
Nr. ....

Firma: ....
Unterschrift: ....

Die Ermächtigungsurkunde lautet:
(Folgt wörtlicher Abdruck der von der höheren Verwaltungsbehörde nach Muster g ausgestellten Bescheinigung.)

Mit der Originalbescheinigung übereinstimmend.

.................................., den ....

....
(Name der Polizeibehörde)

(Stempel)

....
(Unterschrift)

Muster 1

[1. Seite]

Verzeichnis

der auf Grund einer Ermächtigung der (Behörde) ....

.... in .... vom .... 19 ....

von der Firma ....

in .... in den Verkehr gebrachten Kleinkrafträder — Antriebs-maschinen für Kleinkrafträder

[2. Seite]

Laufende Nr.	Datum der ausgestellten Eigenbescheinigung der Firma	Firma, die die Antriebsmaschine hergestellt hat	Fabriknummer der Antriebsmaschine	Pferdestärken der Antriebsmaschine	Hubraum der Maschine in ccm
1	2	3	4	5	6

Zahl der Zylinder	Durchmesser der Zylinder in mm	Kolbenhub in mm	Käufer des Kleinkraftrads oder der Antriebsmaschine für Kleinkrafträder (Name, Wohnort)	Bemerkungen
7	8	9	10	11

Anlage 2

Muster für die im § 6 Abs. 2, § 8 Abs. 2, 3 und 4, § 14, Abs. 3, § 41, Abs. 1, 2 und 11, § 48 Nr. 3 Abs. 1, § 48 Nr. 6 und in der Ziffer I C der Anlage vorgeschriebenen Listen, Bescheinigungen, Kennzeichen, Führerscheine und amtsärztlichen Zeugnisse

[1. Seite]

Muster 1
(zu § 6 Abs. 2)

Bezeichnung der höheren Verwaltungsbehörde

Liste der zugelassenen Kraftfahrzeuge

[2. Seite]

Laufende Nr.	Name, Beruf (Gewerbe) und Wohnort des Eigentümers	Firma, die das Fahrgestell hergestellt hat	Fabriknummer des Fahrgestells	Art des Fahrzeugs (Kraftrad. Personenkraftwagen, Kraftomnibus, Lastkraftwagen, Elektrokarren, Zugmaschine ohne Güterladeraum)	Art des Antriebs (Verbrennungsmaschine, Dampfmaschine, Elektromotor)
1	2	3	4	5	6

[8. Seite]

Anzahl der Pferdestärken der Maschine oder des Motors	Bei Antrieb durch Verbrennungsmaschine für Krafträder u. Personenkraftwagen (ausgenommen Kraftomnibusse) und für Lastkraftwagen bis 2,5 t Eigengewicht		Eigengewicht des betriebsfertigen Fahrzeugs	Zulässige Belastung (kg od. Personen einschl. Führer)	Bei Fahrzeugen, deren Gesamtgewicht (einschl. Ladung) 5 t übersteigt, die Achs- und Felgendrucke im beladenen Zustand	Bei Kraftomnibussen mit Antrieb durch Verbrennungsmaschine u. bei Lastkraftwagen mit gleichem Antrieb Angabe, ob alle Räder mit Luftreifen versehen sind	Erkennungsnummer	Aushändigung der Zulassungsbescheinigung		Ob Mitglied einer gewerbl. oder landwirtschaftl. Berufsgenossenschaft und zutreffendenfalls welcher	Bemerkungen
	Hubraum der Maschine in ccm	Nummer der Maschine	kg					durch (Polizeibehörde in)	am		
7	8		9	10	11	12	13	14		15	16

Muster 2

(zu § 6 Abs. 2)

(Auf hellgrünem glatt. Leinwandpapier Breite 105 mm, Höhe 148 mm. Typendr.)

[1. Seite]

Zulassungsbescheinigung

Herrn ....

in ....

.... Straße Nr. ....

ist unter der Erkennungsnummer

das umseitig beschriebene Kraftfahrzeug zum Verkehr auf öffentlichen Wegen zugelassen worden.

.............................., den ...... ten .... 19.....

....

(Name der höheren Verwaltungsbehörde)

(Stempel)

....

(Unterschrift)

Liste Nr. ....

Firma, die das Fahrgestell hergestellt hat		
Fabriknummer des Fahrgestells		
Art des Fahrzeugs (Kraftrad, Personenkraftwagen, Kraftomnibus, Lastkraftwagen, Elektrokarren, Zugmaschine ohne Güterladeraum)		
Art des Antriebs (Verbrennungsmaschine, Dampfmaschine, Elektromotor)		
Pferdestärken der Maschine oder des Motors		
Bei Krafträdern, Personenkraftwagen mit Ausnahme der Kraftomnibusse und bei Lastkraftwagen bis 2,5 t Eigengewicht, sofern diese Fahrzeuge durch Verbrennungsmaschine angetrieben werden	Hubraum der Maschine in ccm	
	Nummer der Maschine	
Eigengewicht des betriebsfertigen Fahrzeugs in kg		
Zulässige Belastung (kg oder Personen einschließlich Führer)		
Achs- und Felgendrucke im beladenen Zustand (nur bei Fahrzeugen, deren Gesamtgewicht — einschließlich Ladung — 5 t übersteigt)		
Angabe, ob alle Räder mit Luftreifen versehen sind (nur bei Kraftomnibussen mit Antrieb durch Verbrennungsmaschine und bei Lastkraftwagen mit gleichem Antrieb)		

Die Zulassungsbescheinigung ist ausgehändigt

...., den ......ten.............................19.......

....

(Name der Polizeibehörde)

(Stempel)

....

(Unterschrift)

(Raum für nachträgliche Eintragungen)

[4. Seite]

Muster 3
(zu § 8 Abs. 2)

Muster 4
(zu § 8 Abs. 3)

Muster 5
(zu § 8 Abs. 3)

Muster 6
(zu § 8 Abs. 4)

Muster 7

(zu § 14 Abs. 8)

(Auf dunkelgrau. glatt. Leinwandpapier. Breite 105 mm, Höhe 148 mm. Typendr.)

[1. Seite]

Führerschein

Ausgestellt für ....

....

geboren am ....ten .... 19.....

in ....

....

wohnhaft in ....

....

.... Straße Nr. ....

Herr ....

ist auf Grund der vor dem amtl. anerkannten Sachverständigen

Herrn ....

.... in ....

am ....ten .... 19..... abgelegten Prüfung

ermächtigt, ein Kraftfahrzeug mit Antrieb durch

....

der Klasse .... zu führen.

...., den ....ten .... 19.....

....
(Name der höheren Verwaltungsbehörde)

(Stempel)

....
(Unterschrift)

Liste Nr. ....

(Raum für das Lichtbild des Inhabers)

(Stempel)

Eigenhändige Namensunterschrift des Inhabers:

....

(Raum für weitere amtliche Eintragungen, insbesondere für Vermerke, betreffend Ausdehnung der Fahrerlaubnis nach Ergänzungsprüfungen)

Muster 8

(zu § 41 Abs. 1)

(Auf weißem Papier. Breite 105 mm, Höhe 148 mm. Typendruck.)
[1. Seite]

Zulassungsbescheinigung

Herrn ....

in ....

ist d.......... umseitig beschriebene Kraftwagen (Kraftrad) zur Veranstaltung von Probefahrten zugelassen worden. Bei den Probefahrten muß das Fahrzeug mit einem der nachstehend aufgeführten roten Probefahrtkennzeichen

versehen sein.

...................................., den ......ten......................... 19......

....
(Name der höheren Verwaltungsbehörde)

(Stempel)

....
(Unterschrift)

Firma, die das Fahrgestell hergestellt hat	
Fabriknummer des Fahrgestells	
Art des Fahrzeugs (Kraftrad, Personenkraftwagen, Kraftomnibus, Lastkraftwagen, Elektrokarren, Zugmaschine ohne Güterladeraum)	
Art des Antriebs (Verbrennungsmaschine, Dampfmaschine, Elektromotor)	
Anzahl der Pferdestärken der Maschine oder des Motors	
Eigengewicht des betriebsfertigen Fahrzeugs in kg	
Zulässige Belastung (kg oder Personen einschließlich Führer)	
Bei Fahrzeugen, deren Gesamtgewicht (einschließlich Ladung) 5 t übersteigt, die Achs- und Felgendrucke im beladenen Zustand	

Muster 9

(zu § 41 Abs. 2)

(Auf weißem Papier. Breite 105 mm, Höhe 148 mm. Typendruck.)

[1. Seite]

Zulassungsbescheinigung

Herrn ……………………………………………………………

in ……………………………………………………………

ist d…………………… umseitig beschriebene Kraftwagen — Kraftrad — zur Veranstaltung von Probefahrten unter Vorbehalt jederzeitigen Widerrufs zugelassen. Bei den Probefahrten muß das Fahrzeug mit einem der nachstehend aufgeführten roten Probefahrtkennzeichen

versehen sein.

Diese Bescheinigung ist nur gültig, wenn die umstehende Beschreibung vom Eigentümer ausgefüllt und unterschrieben ist.

……………………, den ……ten…………… 19……

……………………………………………
(Name der höheren Verwaltungsbehörde)

(Stempel)

……………………………………………
(Unterschrift)

Lfd. Nr. ……………

Firma, die das Fahrgestell hergestellt hat	
Fabriknummer des Fahrgestells	
Art des Fahrzeugs (Kraftrad, Personenkraftwagen, Kraftomnibus, Lastkraftwagen, Elektrokarren, Zugmaschine ohne Güterladeraum)	
Art des Antriebs (Verbrennungsmaschine, Dampfmaschine, Elektromotor)	
Anzahl der Pferdestärken der Maschine oder des Motors	
Eigengewicht des betriebsfertigen Fahrzeugs in kg	
Zulässige Belastung (kg oder Personen einschließlich Führer)	
Bei Fahrzeugen, deren Gesamtgewicht (einschließlich Ladung) 5 t übersteigt, die Achs- und Felgendrucke im beladenen Zustand	

.................................., den ....ten.................................... 19.....

....

(Unterschrift des Eigentümers)

Muster 10

(zu § 41 Abs. 11)

(Auf hellgelbem Papier. Breite 105 mm. Höhe 148 mm. Typendruck.)

[1. Seite]

Zulassungsbescheinigung

gültig bis

Herrn ....

in ....

ist d...... umseitig beschriebene Kraftwagen (Kraftrad) zur Veranstaltung einer Überführungsfahrt von .... nach .... unter Vorbehalt jederzeitigen Widerrufs zugelassen. Bei der Überführungsfahrt muß das Fahrzeug mit dem roten Probefahrtkennzeichen

versehen sein.

Diese Bescheinigung ist nur gültig, wenn die umstehende Beschreibung vom Hersteller des Fahrzeugs ausgefüllt und unterschrieben ist.

Der Überführer hat das Probefahrtkennzeichen mit der Zulassungsbescheinigung alsbald nach Beendigung der Überführungsfahrt, spätestens unverzüglich nach Ablauf der Gültigkeitsdauer, an die unterzeichnete Polizeibehörde zurückzugeben oder unter „Einschreiben" zurückzusenden.

...., den ......ten.. 19.....

(Stempel) .... (Name der Polizeibehörde)

Lfd. Nr. .... (Unterschrift des Polizeibeamten)

[2. Seite]

Firma, die das Fahrgestell hergestellt hat	
Fabriknummer des Fahrgestells	
Art des Fahrzeugs (Kraftrad, Personenkraftwagen, Kraftomnibus, Lastkraftwagen, Elektrokarren, Zugmaschine ohne Güterladeraum)	
Art des Antriebs (Verbrennungsmaschine, Dampfmaschine, Elektromotor)	
Anzahl d. Pferdestärken der Maschine oder d. Motors	
Eigengewicht des betriebsfertigen Fahrzeugs in kg	
Zulässige Belastung (kg oder Personen einschl. Führer)	
Bei Fahrzeugen, deren Gesamtgewicht (einschl. Ladung) 5 t übersteigt, die Achs- und Felgendrucke im beladenen Zustand	

...., den ....ten.................................. 19.....

(Firmenstempel)

....
(Hersteller des Fahrzeugs)

....
(Unterschrift)

Muster 11
(zu § 48 Nr. 8 Abs. 1)

[1. Seite]

Bezeichnung der höheren Verwaltungsbehörde.

Liste der Kleinkrafträder,
denen ein polizeiliches Kennzeichen zugeteilt ist.

[2. Seite]

Laufende Nr.	Name, Beruf, Gewerbe und Wohnort des Eigentümers	Firma, die die Antriebsmaschine hergestellt hat	Fabriknummer der Antriebsmaschine	Pferdestärken der Antriebsmaschine	Hubraum der Antriebsmaschine in ccm	Zahl der Zylinder	Durchmesser der Zylinder in mm	Kolbenhub in mm
1	2	3	4	5	6	7	8	9

[8. Seite]

Erkennungs-nummer	Aushändigung der Bescheinigung		Bemerkungen
	durch (Polizeibehörde in)	am	
10	11		12

Muster 12

(zu § 48 Nr. 3 Abs. 1)

Auf hellrotem glattem Leinwandpapier. Breite 105 mm, Höhe 148 mm. Type ndr.)

[1. Seite]

Bescheinigung

Herrn ....

in ....

.... Straße Nr. ....

ist für das umseitig beschriebene Kleinkraftrad die Erkennungsnummer

zugeteilt worden.

...., den ....ten.... .... 19......

....
(Name der höheren Verwaltungsbehörde)

(Stempel)

....
(Unterschrift)

Liste Nr. ....

Firma, die die Antriebs- maschine hergestellt hat	
Fabriknummer der Antriebsmaschine	
Pferdestärken der Antriebsmaschine	
Hubraum der Antriebsmaschine in ccm	
Zahl der Zylinder	
Durchmesser der Zylinder in mm	
Kolbenhub in mm	

Die Bescheinigung ist ausgehändigt

.................................., den ......ten .... 19......

....
(Name der Polizeibehörde)

(Stempel)

....
(Unterschrift)

(Raum für nachträgliche Eintragungen)

[4. Seite]

Muster 13
(zu § 48 Nr. 6)

(Auf weißem Papier. Breite 105 mm, Höhe 148 mm. Typendruck.)
[1. Seite]

Bescheinigung

Herrn ....

in ....

.... Straße Nr. ....

ist zur Veranstaltung von Probefahrten mit dem umseitig beschriebenen Kleinkraftrad das grüne Probefahrtkennzeichen

zugeteilt worden.

.................................., den ......ten... 19......

....
(Name der höheren Verwaltungsbehörde)

(Stempel)

....
(Unterschrift)

Firma, die die Antriebsmaschine hergestellt hat	
Fabriknummer der Antriebsmaschine	
Pferdestärken der Antriebsmaschine	
Hubraum der Antriebsmaschine in ccm	
Zahl der Zylinder	
Durchmesser der Zylinder in mm	
Kolbenhub in mm	

Muster 14
(zu § 48 Nr. 6)

(Auf weißem Papier. Breite 105 mm, Höhe 148 mm. Typendruck.)
[1. Seite]

Bescheinigung

Herrn ....

in ....

.... Straße Nr. ....

ist (sind) zur Veranstaltung von Probefahrten mit dem umseitig beschriebenen Kleinkraftrad das (die) grüne.... Probefahrtkennzeichen

zugeteilt worden.

Diese Bescheinigung ist nur gültig, wenn die umstehende Beschreibung vom Eigentümer ausgefüllt und unterschrieben ist.

.................................., den ...... ten .... 19......

....
(Name der höheren Verwaltungsbehörde)

(Stempel)

....
(Unterschrift)

Liste Nr. ....

Firma, die die Antriebsmaschine hergestellt hat	
Fabriknummer der Antriebsmaschine	
Pferdestärken der Antriebsmaschine	
Hubraum der Antriebsmaschine in ccm	
Zahl der Zylinder	
Durchmesser der Zylinder in mm	
Kolbenhub in mm	

......................................, den .....ten............................ 19.....

....

(Unterschrift des Eigentümers)

Muster 15

(Zu Ziffer I C der Anlage)

Amtsärztliches Zeugnis

für (Vor- und Zuname) ....,

geboren am ...., wohnhaft zu ....,

gegenwärtiger Beruf: ...., Nummer des Führerscheins, falls ein solcher bereits für Krafträder erteilt ist: ....

I. Macht der zu Untersuchende den Eindruck eines gesunden, kräftigen Menschen?	
II. 1. Bestehen Mißbildungen, Formfehler, Erkrankungen oder Folgen von Verletzungen an den Knochen, Gelenken, Muskeln, Sehnen od. der Haut? Welche? Welchen Einfluß haben sie auf die Gebrauchsfähigkeit des befallenen Körperteils?	
2. Ist eine Prüfung des Untersuchten durch einen für die Prüfung von Kraftfahrzeugführern amtlich anerkannten Sachverständigen oder die Anhörung einer orthopädischen Versorgungsstelle, orthopädischen Klinik oder dergleichen oder eines orthopädischen Facharztes notwendig, bevor ein abschließendes Urteil abgegeben werden kann? (Falls eine solche Prüfung oder Anhörung bereits stattgefunden hat, ist das schriftliche Gutachten beizufügen.)	
III. 1. Bestehen Krankheiten des Nervensystems (Verhalten der Sehnenreflexe, Lähmungen, Epilepsie, Schwindel, Störungen des Gefühlsinns, Geruchsinns usw.)?	
2. Bestehen Anzeichen einer geistigen Erkrankung oder Verdacht darauf?	

IV. 1. Wie groß ist die Sehschärfe?	Rechts: $\frac{\text{ohne}}{\text{mit}}$ Glas = Links: $\frac{\text{ohne}}{\text{mit}}$ Glas =
2. Falls die Sehschärfe auf einem Auge ohne oder mit Glas weniger als $^1/_8$ beträgt oder das Sehvermögen auf einem Auge ganz fehlt: Seit wann besteht dieser Zustand? Liegt das Gutachten eines Augenarztes vor?	
3. Besteht Einschränkung des Gesichtsfeldes?	Rechts: Links:
4. Bestehen sonstige Unregelmäßigkeiten, wie Schielen, Augenmuskellähmungen, andere Leiden des Auges oder seiner Umhüllungen? Seit wann?	
5. Sind Folgezustände früherer Augenerkrankungen vorhand.?	
6. Besteht Nachtblindheit?	
V. Wie ist die Hörfähigkeit (Flüstersprache auf wieviel Meter)?	Rechts: Links:
VI. Bestehen Krankheiten des Herzens oder des Gefäßsystems?	
VII. Bestehen Krankheiten der Atmungsorgane?	
VIII. Besteht nach dem aufgenommenen Befunde Verdacht auf chronischen Alkoholismus?	
IX. Sonstige Bemerkungen.	
X. Ist vor Abgabe eines abschließenden Urteils noch eine Untersuchung durch einen Facharzt geboten? In welcher Beziehung?	

XI. 1. Ist der Untersuchte auf Grund seiner Angaben und des vorstehend verzeichneten Befundes als Führer von Kraftfahrzeugen jeder Art in jeder Hinsicht geeignet?	
2. Verneinenden Falles: a) Ist er schlechthin ungeeignet?	
b) Ist er — in Übereinstimmung mit dem Gutachten des Sachverständigen (vgl. II,2) — nur zum Führen eines bestimmten Kraftfahrzeugs und für welches als geeignet anzusehen?	
c) Ist er im Hinblick auf sein Sehvermögen nur zum Führen von Kraftwagen der Klasse 3a und Krafträdern geeignet?	

...., den .... 19......

(Stempel) .... (Unterschrift des Arztes)

Anlage 3

Plan für die Kennzeichnung der Kraftfahrzeuge

I. Reich

1.	Wehrmacht	RW
2.	Reichspost	RP

II. Länder.

1.	Preußen	Ziffer I und Buchstaben A, B usw.
2.	Bayern	Ziffer II und Buchstaben A, B usw.
3.	Sachsen	Die Ziffern I, II, III, IV, V
4.	Württemberg	Ziffer III und Buchstaben A, B usw.
5.	Baden	IV B
6.	Thüringen	Th
7.	Hessen	Ziffer V und die Buchstaben O, R, S
8.	Hamburg	HH
9.	Mecklenburg-Schwerin	M I
10.	Oldenburg	O und die Ziffern I, II, III
11.	Braunschweig	B
12.	Anhalt	A
13.	Bremen	H B
14.	Lippe	L
15.	Lübeck	H L
16.	Mecklenburg-Strelitz	M II
17.	Waldeck	W
18.	Schaumburg-Lippe	S L

Anlage 4

Anweisung für die Beurteilung der Wirkung von Scheinwerfern

I. Als übermäßig stark wirkend gelten:

a) mit Gas betriebene und mit Glühkörpern versehene Scheinwerfer, bei denen dem Gas verdichtete Luft oder Sauerstoff zugefügt wird;

b) elektrische Scheinwerfer mit Glühlampen von mehr als 20 bis einschließlich 35 Watt (entsprechend 40 bis 70 Hefnerkerzen), wenn weder die Glühlampen mattiert, noch die Scheiben mattiert oder geriffelt, noch ähnliche Dämpfungsmittel angewandt sind;

c) elektrische Scheinweefer mit Glühlampen von mehr als 35 Watt (entsprechend 70 Hefnerkerzen).

II. Als stark wirkend gelten:

a) Azetylenscheinwerfer mit einem Brenner von mehr als 21 Liter Stundenverbrauch, wenn die Lichtkegelmitte die Fahrbahn in einer Entfernung von mehr als 60 Meter vor dem Fahrzeug trifft;

b) elektrische Scheinwerfer mit Glühlampen von mehr als 10 bis einschließlich 20 Watt (entsprechend 10 bis 40 Hefnerkerzen), wenn die Lichtkegelmitte die Fahrbahn in einer Entfernung von mehr als 30 Meter vor dem Fahrzeug trifft, sofern die Lichtstärke nicht auf $^1/_4$ oder weniger herabgesetzt ist;

c) elektrische Scheinwerfer mit Glühlampen von mehr als 20 bis einschließlich 35 Watt (entsprechend 40 bis 70 Hefnerkerzen), wenn die Lichtkegelmitte die Fahrbahn in einer Entfernung von

1. mehr als 15 Meter, aber innerhalb 60 Meter vor dem Fahrzeug trifft, sofern die Lichtstärke nicht auf $^1/_4$ oder weniger herabgesetzt ist;

2. mehr als 60 Meter vor dem Fahrzeug trifft, sofern die Lichtstärke nicht auf $^1/_9$ oder weniger herabgesetzt ist,

in beiden Fällen jedoch nur dann, wenn entweder die Glühlampen mattiert oder die Scheiben mattiert oder geriffelt oder ähnliche Dämpfungsmittel angewandt sind.

Stark wirkende Scheinwerfer gelten als abgeblendet, wenn die unter II a bis c angegebenen Grenzen unterschritten sind. Stark wirkende elektrische Scheinwerfer, bei denen keine erkennbare Lichtkegelmitte, dagegen eine Grenzlinie zwischen einer unteren hellen und einer oberen dunklen Zone des Lichtstroms vorhanden ist, beispielsweise solche mit Zweifadenlampen mit Abdeckschirm, gelten ferner als abgeblendet, wenn die Grenzlinie in der Entfernung von 5 Metern vor dem Fahrzeug wenigstens 5 Zentimeter unter der parallel zur Fahrbahn durch die Glühlampenmitte gehenden Ebene liegt und wenn der das Abblendlicht aussendende Glühkörper nicht mehr als 25 Watt Leistungsaufnahme hat. Auch nach Abblendung müssen die Scheinwerfer die Erfordernisse von § 4 Abs. 1 Nr. 5 der Verordnung über Kraftfahrzeugverkehr vom 16. März 1928 noch erfüllen.

Anforderungen an die Sachverständigen für die Prüfung von Kraftfahrzeugen und Kraftfahrzeugführern

Für die Anerkennung als Sachverständiger für die Prüfung von Kraftfahrzeugen und Kraftfahrzeugführern gilt folgendes

A

Wer von einer höheren Verwaltungsbehörde als Sachverständiger anerkannt werden will, muß folgenden Vorschriften genügen:

I. Er hat seine Sachkunde und Unparteilichkeit darzutun:

a) durch den Nachweis:

1. eines abgeschlossenen Studiums auf einer technischen Hochschule,
2. einer längeren, mindestens insgesamt zweijährigen praktischen Ingenieurtätigkeit vor oder nach beendigtem Hochschulstudium; davon muß mindestens ein halbes Jahr auf die Tätigkeit in einer Kraftfahrzeugfabrik oder einem von der obersten Landesbehörde als geeignet anerkannten Kraftfahrbetrieb entfallen,
3. eingehender Kenntnis des Baues und Betriebs derjenigen Betriebsarten von Kraftfahrzeugen, für deren Prüfung die Anerkennung als Sachverständiger beantragt ist,
4. völliger Sicherheit und Gewandtheit in der Führung der Betriebsarten und Klassen von Kraftfahrzeugen, für die der Bewerber die Anerkennung als Sachverständiger für die Abnahme von Führerprüfungen beantragt; die Vorlage des Führerscheins genügt nicht,
5. eingehender Kenntnis der gesetzlichen und polizeilichen Vorschriften über Kraftfahrzeugverkehr;

b) durch die Versicherung, daß er in keinem Abhängigkeitsverhältnisse zur Kraftfahrzeugindustrie steht.

II. Der Nachweis zu I a 3, 4, 5 ist durch eine Prüfung vor einer von der obersten Landesbehörde bestimmten Stelle zu erbringen.

III. Die Vorschriften unter I und II gelten nicht für Angehörige der staatlichen Polizei. Wer einer staatlichen Polizei angehört und von einer höheren Verwaltungsbehörde als Sachverständiger für den Dienstbereich dieser staatlichen Polizei anerkannt werden will, muß

a) seiner Persönlichkeit nach dazu von seiner vorgesetzten Dienststelle für geeignet erachtet werden,
b) im praktischen Kraftfahrdienst einer staatlichen Polizei mindestens sieben Jahre tätig gewesen sein, den Führerschein für Klasse 2 und 3 b besitzen, sich als Fahrlehrer bewährt und eingehende Kenntnisse des Baues und Betriebes von Kraftfahrzeugen und der gesetzlichen und polizeilichen Vorschriften über Kraftfahrzeugverkehr vor einer von der obersten Landesbehörde bestimmten Dienststelle nachgewiesen haben.

B

Wer der Wehrmacht angehört und vom Reichswehrminister oder einer von diesem bestimmten Stelle als Sachverständiger für den Dienstbereich der Wehrmacht anerkannt werden will, muß

a) seiner Persönlichkeit nach dazu von seiner vorgesetzten Dienststelle für geeignet erachtet werden,
b) im praktischen Kraftfahrdienste der Wehrmacht mindestens sieben Jahre tätig gewesen sein, den Führerschein für Klasse 2 und 3 b besitzen, sich als Fahrlehrer bewährt und eingehende Kenntnisse des Baues und Betriebes von Kraftfahrzeugen und der gesetzlichen und polizeilichen Vorschriften über Kraftfahrzeugverkehr vor einer vom Reichswehrminister bestimmten Dienststelle nachgewiesen haben. Für Ingenieuroffiziere der Marine, die eine wenigstens siebenjährige Gesamtdienstzeit in der Ingenieuroffizier-Laufbahn besitzen, genügt statt der siebenjährigen Tätigkeit im Kraftfahrdienste der Nachweis einer wenigstens einjährigen gründlichen Ausbildung im Kraftfahrdienste.

C

Wer der Reichspost angehört und vom Reichspostminister oder einer von diesem bestimmten Stelle als Sachverständiger für den Dienstbereich der Reichspost anerkannt werden will, muß

a) seiner Persönlichkeit nach dazu von seiner vorgesetzten Dienststelle für geeignet erachtet werden,

b) den Vorschriften unter A I genügen. Der Nachweis zu A I a 3, 4 und 5 ist durch eine Prüfung vor einer von dem Reichspostminister bestimmten Stelle zu erbringen. Bei beamteten Personen fällt die Versicherung unter A I b fort.

D

Abweichungen von den Bedingungen unter A bis C bedürfen der Zustimmung des Reichsverkehrsministers. Dieser setzt auch Uebergangsvorschriften für die Sachverständigen der Wehrmacht im Einvernehmen mit dem Reichswehrminister und solche für die Sachverständigen der staatlichen Polizei im Einvernehmen mit der obersten Landesbehörde fest.

Anlage 6

Gebührenordnung für die Prüfung von Kraftfahrzeugen, Kraftfahrzeugführern, Fahrlehrern, Lehrwagen und Lehrmitteln

Artikel I

Für die Prüfung von Kraftfahrzeugen, Kraftfahrzeugführern, Fahrlehrern, Lehrwagen und Lehrmitteln stehen den amtlich anerkannten Sachverständigen unter Ausschluß von anderen Entschädigungen, insbesondere von Reisekosten, folgende Gebühren zu:

A. Für die Prüfung von Kraftfahrzeugen:

Ziffer	Angabe des Prüfungsgeschäfts	Gebührensatz RM
I.	Für die Typenprüfung	
	eines Kraftwagens	100
	eines Kraftrads	50
II.	Für die Prüfung einzelner Kraftfahrzeuge	
	1. am Wohnsitz des Sachverständigen:	
	für einen Kraftwagen	20
	für ein Kleinkraftrad	10
	für ein anderes Kraftrad	15
	2. außerhalb des Wohnsitzes d. Sachverständigen:	
	für einen Kraftwagen	25
	für ein Kleinkraftrad	15
	für ein anderes Kraftrad	20

Im übrigen gelten folgende Bestimmungen:

a) Bei Typenprüfungen — Ziffer I — ist es gleichgültig, ob die Prüfung am Wohnsitz oder außerhalb des Wohnsitzes des Sachverständigen stattfindet, oder ob sie in einem oder mehreren Prüfungsterminen erledigt wird.

b) Werden mehrere Kraftfahrzeuge desselben Eigentümers am gleichen Tage im gleichen Gemeinde- oder Gutsbezirke geprüft — Ziffer II —, so stehen dem Sachverständigen für die Prüfung jedes Kraftfahrzeugs vier Fünftel der Gebührensätze nach Ziffer II, 1 mit der Maßgabe zu, daß bei einer Prüfung außerhalb des Wohnsitzes des Sachverständigen ein Zuschlag von 5 RM erhoben wird.

c) Kann die Prüfung eines einzelnen Kraftfahrzeugs — Ziff. II — ohne Verschulden des Sachverständigen am festgesetzten Tage nicht beendet werden, so sind die unter Ziffer II, 1 oder 2 angegebenen Beträge fällig; für die Fortsetzung einer derart unterbrochenen Prüfung steht dem Sachverständigen die Hälfte der Gebührensätze nach Ziffer II, 1 mit der Maßgabe zu, daß bei einer Prüfung außerhalb des Wohnsitzes des Sachverständigen ein Zuschlag von 5 RM erhoben wird. Diese Vorschriften gelten entsprechend, wenn die Prüfung mehrerer Kraftfahrzeuge desselben Eigentümers für einen Tag vereinbart ist und ohne Verschulden des Sachverständigen am vereinbarten Tage nicht beendet werden kann.

d) Kann an einem vereinbarten Tage ohne Verschulden des Sachverständigen die Prüfung — Ziffer II — überhaupt nicht begonnen werden, so ist der unter Ziffer II, 1 oder 2 angegebene Betrag fällig; waren mehrere Kraftfahrzeuge zur Prüfung angemeldet, so ist der Betrag nur für eins dieser Kraftfahrzeuge, und zwar bei Beteiligung verschiedener Kraftfahrzeugarten für ein solches der Art, für die die höchste Gebühr festgesetzt ist, fällig.

B. Für die Prüfung von Kraftfahrzeugführern

Ziffer	Angabe des Prüfungsgeschäfts	Gebührensatz bei Prüfung der Führer von Kraft- wagen RM	Gebührensatz bei Prüfung der Führer von Kraft- rädern RM
I	Für die erste Prüfung von Führern am Wohnsitz des Sachverständigen	15	10
	außerhalb des Wohnsitzes des Sachverständigen	20	15
II	Für jede weitere im gleichen Prüfungstermine mit demselben Prüfling abgehaltene Prüfung für ein Kraftfahrzeug einer anderen Betriebsart oder Klasse	10	5

Ist der Prüfling bereits im Besitze der Fahrerlaubnis für einen Kraftwagen und findet die Prüfung zwecks Ausdehnung der Fahrerlaubnis auf ein Kraftfahrzeug einer anderen Betriebsart oder Klasse statt, so stehen dem Sachverständigen für diese Ergänzungsprüfung die Gebührensätze nach Ziffer II mit der Maßgabe zu, daß bei einer Prüfung außerhalb des Wohnsitzes des Sachverständigen ein Zuschlag von 5 RM erhoben wird.

C. Für die Prüfung von Fahrlehrern, Lehrwagen und Lehrmitteln

Ziffer	Angabe des Prüfungsgeschäfts	Gebührensatz RM
I	Für die erste Prüfung eines Fahrlehrers für eine bestimmte Betriebsart	
	am Wohnsitz des Sachverständigen	15
	außerhalb des Wohnsitzes des Sachverständigen . .	20
II	Für jede weitere im gleichen Prüfungstermine mit demselben Prüfling abgehaltene Prüfung für eine andere Betriebsart	10
III	Für die Prüfung	
	1. eines Kraftwagens auf seine Brauchbarkeit als Lehrwagen	
	am Wohnsitz des Sachverständigen	10
	außerhalb des Wohnsitzes des Sachverständigen	15
	2. jedes weiteren am gleichen Tage auf seine Brauchbarkeit als Lehrwagen geprüften Kraftwagens desselben Eigentümers im gleichen Gemeinde- oder Gutsbezirke	5
IV	Für die Prüfung der Lehrmittel eines Ausbildungsunternehmens (ausschließlich Lehrwagen)	
	am Wohnsitz des Sachverständigen	10
	außerhalb des Wohnsitzes des Sachverständigen . .	15

Im übrigen gelten folgende Bestimmungen:

a) Ist der Prüfling bereits im Besitze des Fahrlehrerscheins für eine bestimmte Betriebsart, und findet die Prüfung zwecks Ausdehnung des Fahrlehrerscheins auf eine andere Betriebsart statt, so stehen dem Sachverständigen für diese Ergänzungsprüfung die Gebührensätze nach Ziffer II mit der Maßgabe zu, daß bei einer Prüfung außerhalb des

Wohnsitzes des Sachverständigen ein Zuschlag von 5 RM erhoben wird.

b) Kann die Prüfung eines einzelnen Lehrwagens ohne Verschulden des Sachverständigen am festgesetzten Tage nicht beendet werden, so sind die unter Ziffer III, 1 angegebenen Beträge fällig; für die Fortsetzung einer derart unterbrochenen Prüfung stehen dem Sachverständigen die Gebührensätze nach Ziffer III, 2 mit der Maßgabe zu, daß bei einer Prüfung außerhalb des Wohnsitzes des Sachverständigen ein Zuschlag von 5 RM erhoben wird.

c) Kann an einem vereinbarten Tage ohne Verschulden des Sachverständigen die Prüfung eines Lehrwagens überhaupt nicht begonnen werden, so sind die unter Ziffer III, 1 für **einen** Lehrwagen angegebenen Beträge fällig.

Artikel II

Für Sachverständige, die ihren Wohnsitz im besetzten Gebiete haben, können die höheren Verwaltungsbehörden eine Erhöhung bis zu 10 vom Hundert der Sätze des Artikels I anordnen.

Bayrische Vollzugsbekanntmachungen zur Verordnung über Kraftfahrzeugverkehr.

Vorbemerkung. Die Bek. v. 18. 5. 1923 ist durch die Bek. v. 9. 5. 1924 (MABl 97), v. 29. 12. 1925 (MABl 1926, 1), 11. 8. 1926 (MABl. 76), 2. 7. 1927 (MABl 34), 22. 2. 1928 (MABl 25), 30. 3. 1928 (MABl 39) ergänzt und geändert worden, ohne daß entgegenstehende oder gegenstandslose Bestimmungen ausdrücklich aufgehoben wurden. Hierauf wurde beim Abdruck nach Möglichkeit Rücksicht genommen.

Bek. d. Staatsmin. d. Inn. v. 18. 5. 23 Nr. 2507 a 62 zum Vollzug d. V. über Kraftfahrzeugverkehr v. 15. 3. 23 (MABl S. 33).

[1]) Zum Vollzuge der Verordnung und der Bekanntmachung über den Kraftfahrzeugverkehr wird im Einverständnisse mit den Staatsministerien der Finanzen und für Handel, Industrie und Gewerbe die Ministerialbekanntmachung vom 17. 3. 10 (MABl S. 195) zum Vollzuge der Verordnung über den Verkehr mit Kraftfahrzeugen vom 3. 2. 10 (RGBl S. 389) in der Fassung der Bek. vom 2. 12. 11 letzter Abs. (MABl S. 865), vom 20. 4. 21 Ziff. 3 (MABl S. 77) und vom 22. 7. 22 (MABl S. 221) abgeändert und folgendermaßen neu gefaßt:

I. Allgemeine Bestimmungen.

1. Unter der Bezeichnung „Polizeibehörde" und „höhere Verwaltungsbehörde" sind die Bezirksverwaltungsbehörden, in München[2]) die Polizeidirektion, zu verstehen, soweit nicht im folgenden anderes bestimmt ist.

Der Instanzenzug bestimmt sich nach den für Polizeisachen maßgebenden Vorschriften. In den Fällen des Rekurses gegen die Versagung oder Entziehung der Fahrerlaubnis hat gemäß § 5 Abs. 2 des RG vom 3. 5. 09 (RGBl S. 437) / 23. 12. 22 (RGBl 1923 S. 1) bei den Regierungen, Kammern des Innern, das in § 53 der Verordnung vom 29. 3. 92 (GVBl. S. 61) angeordnete Verfahren einzutreten.

---

[1]) Abs. 1 gegenstandslos durch Abs. 1 Bek. v. 30. 3. 1928 (MABl 39).

[2]) Und Nürnberg-Fürth (VO v. 24. 8. 23, Bek. v 29. 10. 1923 [§ 10] GVBl 282, 369, 370).

2. Zur amtlichen Anerkennung der Sachverständigen für die Prüfung von Führern und Kraftfahrzeugen sind die Regierungen, Kammern des Innern, zuständig. Sie haben hierbei künftighin die vom Reichsverkehrsminister festgesetzten Anforderungen zu stellen (§ 38 Abs. 4 der VO vom 15. 3. 23 und Anlage 4 A I der Bek. vom 15. 3. 23 [1]).

Zu einer Abweichung von diesen Anforderungen ist die Genehmigung des Staatsministeriums des Innern erforderlich, das hierzu jeweils die Zustimmung des Reichsverkehrsministers erholt.

Die Sachverständigen sind zu verpflichten, die Gebührenordnung (§ 39 der V. v. 15. 3. 23 und Anlage 5 der Bek. v. 15. 3. 23 [2]) einzuhalten und der Regierung, KdI., alljährlich einen Bericht über ihre Tätigkeit zu erstatten.

Des Beirats der anerkannten Sachverständigen werden sich die Polizeibehörden auch in sonstigen Fragen des Automobilwesens bedienen. Wenn z. B. aus einzelnen Orten auffallend viele Anzeigen über Schnellfahren eingehen, empfiehlt es sich, das von den betreffenden Polizeiorganen zur Feststellung der Uebertretungen angewendete Verfahren einer Prüfung durch den anerkannten Sachverständigen zu unterziehen; ferner empfiehlt es sich, diesem die Erhebungen über Automobilunfälle jeweils zur Kenntnisnahme und etwaigen Aeußerung mitzuteilen.

3. Nach Ziff. I Nr. 4 der Anlage zur VO vom 15. 3. 23 [3]) ist zur Erlangung des Führerscheins der Nachweis erforderlich, daß der Antragsteller den Fahrdienst bei einer durch die zuständige höhere Verwaltungsbehörde zur Ausbildung von Führern ermächtigten Person oder Stelle (Fahrschule, Kraftfahrzeugfabrik) erlernt hat. Unter der Bezeichnung „höhere Verwaltungsbehörde" sind hier die Regierungen, Kammern des Innern, zu verstehen. Für die Ausbildung von Kraftfahrzeugführern gelten die Verordnung vom 1. 3. 21 RGBl S. 212 ff [4]) und die Vollz.-Bek. v. 20. 4. 21 (MABl S. 77.)

---

[1]) Jetzt § 45 Abs. 4 VO v. 16. 3. 1928 und Anlage 5 A I der Bek. v. 16. 3. 1928 (RMBl 121).

[2]) Jetzt § 46 VO v. 16. 3. 1928 und Anlage 6 der Bek. v. 16. 3. 1928.

[3]) Jetzt Ziff. II Nr. 4 der Anlage zur VO vom 16. 3. 1928.

[4]) Geändert durch VO v. 15. 3. 1923 (RGBl 169); 21. 10. 1923 (RGBl 988).

4. Zur Sicherung eines gleichmäßigen Vollzugs der vorstehenden Bestimmungen werden sich die Regierungen, Kammern des Innern, des Beirats des Polytechnischen Vereins in München bedienen. Sie werden ihm zu diesem Zwecke vor Erteilung der Anerkennung oder Ermächtigung die Gesuche zur gutachtlichen Aeußerung übersenden und jeweils die Tätigkeitsberichte der amtlich anerkannten Sachverständigen zur etwaigen Erinnerung mitteilen, ferner seine Mitwirkung bei der Ueberwachung der zur Ausbildung von Führern ermächtigten Personen und Stellen in Anspruch nehmen. Auch zur Beratung in allen sonstigen technischen Fragen des Verkehrs mit Kraftfahrzeugen wird der Polytechnische Verein empfohlen.

5. Für die Zulassung von Kraftfahrzeugen zum Verkehr auf öffentlichen Wegen und Plätzen gelten nunmehr ausschließlich die Vorschriften der Verordnung vom 15. 3. 23[1]) (Art. VI Abs. I c VO über Aenderungen der Regelung des Kraftfahrzeugverkehrs vom 15. 3. 23).

6. Zur Ausübung der den höheren Verwaltungsbehörden zugewiesenen Befugnisse im Sinne des § 38[2]) Abs. II a—c VO vom 15. 3. 23[1]) hat für Bayern der Reichswehrminister das Wehrkreiskommando VII und der Reichspostminister das Verkehrsamt des Reichspostministeriums, Abteilung München, bestimmt.

Für die Kraftfahrzeuge und Kraftfahrzeugführer der Landespolizei ist die Polizeidirektion München ausschließlich höhere Verwaltungsbehörde im Sinne des Abschnitts I Ziffer I dieser Bek.

7. Bezüglich des Verkehrs mit der für das deutsche Reich bestehenden „Sammelstelle für Nachrichten über die Führer von Kraftfahrzeugen" (Polizeipräsidium in Berlin) wird auf die Anlage der V., Ziff. I Abs. 2, Ziff. VI Abs. 4 verwiesen.[3])

II. Besondere Bestimmungen zur Verordnung vom 15. 3. 20.

Zu § 1.[4])

Zu § 2. 1. Unter den in Abs. 1 angeführten „Vorschriften"

---

[1]) Jetzt VO v. 16. 3. 1928.

[2]) Jetzt § 45.

[3]) Jetzt Ziff. II Abs. 2 und Ziff. VII Abs. 4; vgl. Bek. v. 29. 12. 1925 Abschn. I Ziff. 7.

[4]) Gegenstandslos durch Bek. v. 30. 3. 1928.

sind nicht allein orts-, bezirks- und oberpolizeiliche Vorschriften, sondern auch gesetzliche Bestimmungen zu verstehen.

2. Durch die VO vom 15. 3. 23[1]) wird § 32 der oberpol. Vorschriften vom 17. 9. 06 (GVBl. S. 729)[2]) insoweit nicht berührt, als hiernach auf Straßenlokomotiven und schwere Vorspannmaschinen die oberpol. Vorschriften vom 7. 5. 02 (GVBl. S. 173) anzuwenden sind.

3.[3])

Zu § 3. Gleitschutzvorrichtungen von normaler Beschaffenheit (Stahlniete auf der Reifendecke sind zulässig (zu vergleichen Anlage der Verordnung unter II Abs. 3).[4])

Zu § 4. 1. Durch die V. vom 15. 3. 23[1]) wird § 33 der oberpol. Vorschriften vom 17. 9. 06 (GVBl. S. 729) nicht berührt, wonach der Gebrauch von Huppensignalen für andere Fahrzeuge als Kraftfahrzeuge verboten ist.

2. Die Vorschriften über Signalinstrumente sind geändert (Abs. 1 Ziff. 4, Abs. 2 und Abs. 7). Die Unterscheidung zwischen hoch tönenden Huppen für Krafträder und tief tönenden für Kraftwagen ist fortgefallen. Die Benützung der Zylinderpfeife ist außerhalb geschlossener Ortsteile freigegeben.

3. Der Zweck der an den Kraftfahrzeugen anzubringenden Laternen ist ein doppelter. Einerseits sollen sie im Interesse der allgemeinen Verkehrssicherheit das Nahen des Fahrzeugs und dabei gleichzeitig dessen Abmessungen erkennen lassen; anderseits sollen sie im Interesse des Führers für eine ausreichende Beleuchtung der Fahrbahn sorgen. Soweit diesem Zwecke nicht durch 2 Laternen genügt werden kann — was in der Regel der Fall sein wird — bedarf es der Anbringung weiterer Laternen.[5])

---

[1]) Jetzt VO v. 16. 3. 1928.

[2]) Dieser lautet: Vom 1. Oktober 06 an finden die oberpolizeilichen Vorschriften über den Verkehr mit Motorfahrzeugen auf öffentlichen Wegen, Straßen und Plätzen vom 7. Mai 02 (GVBl. 173) im allgemeinen nur mehr auf Straßenlokomotiven und schwere Vorspannmaschinen Anwendung; jedoch bleibt § 2 III für K ohne Gummibeschuhung und § 10 für K, deren Gewicht bei voller Belastung 4000 kg übersteigt, in Geltung.

[3]) Gegenstandslos durch Bek. v. 9. 5. 24 MABl 97.

[4]) Jetzt Anlage Abschn. III Abs. 3.

[5]) Satz 3 gegenstandslos durch § 4 Abs. 1 Nr. 5, Satz 2 VO v. 31. 1. 1928.

4. Als Vorrichtungen, die der Vorschrift in Nr. 6 genügen, sind beispielsweise anzusehen:

Schloß zum Feststellen des Schalthebels,

Kette zum Festlegen eines Wagenrads,

herausnehmbarer Kontakt der Zündleitung (bei Verbrennungsmaschinen),

abnehmbarer Griff des Brennstoffleitungsverschlusses,

herausnehmbarer Stromunterbrecher bei elektrisch betriebenen Fahrzeugen.

Zu § 5. 1. Um das Schreibwerk zu vermindern und um zeitraubende Rückfragen zu vermeiden, empfiehlt es sich, daß der Antrag auf Zulassung eines Kraftfahrzeugs bei der höheren Verwaltungsbehörde (Bezirksverwaltungsbehörde) auf Formular — nach anliegendem Muster[1]) — erfolgt.

Das Verfahren bei der Zulassung eines Kraftfahrzeugs soll an einem Musterbeispiel erläutert werden; hierbei sind Bestimmungen der §§ 7 und 11 des Kraftfahrzeugsteuergesetzes vom 8. 4. 22 (RGBl. S. 396)[2]) berücksichtigt.

N. N., wohnhaft in Hersbruck, hat in Nürnberg ein Kraftfahrzeug gekauft und will es dort in Betrieb setzen. Er richtet unter Verwendung des vorbezeichneten Musters und Beifügung der dort angegebenen Anlagen an die für seinen Wohnort Hersbruck zuständige höhere Verwaltungsbehörde (das Bezirksamt Hersbruck) den Antrag auf Zulassung des Fahrzeugs.

Die höhere Verwaltungsbehörde bewirkt, wenn sie den Antrag und seine Anlagen für ordnungsgemäß befunden hat,

die Eintragung des Fahrzeugs in die Spalten 1—10[3]) der Liste (Muster 1 der Bek.),

die Ausfertigung einer Zulassungsbescheinigung für das Fahrzeug (Muster 2 der Bek.),

die Benachrichtigung des Antragstellers von dem Geschehenen (wobei insbesondere das demnächst von dem Fahrzeug zu führende Kennzeichen anzugeben ist) und übersendet den Antrag mit seinen Anlagen sowie die ausgefertigte Zulassungs-

---

[1]) Das Muster ist im MABl 1923 S. 41 abgedruckt, berücksichtigt aber nicht die durch die VO v. 16. 3. 1928 erfolgten Aenderungen.

[2]) Jetzt KStG v. 21. 12. 1927.

[3]) Jetzt 1—13, 15.

bescheinigung an die für den Wohnort des Antragstellers zuständige Amtsstelle zur Erteilung von Steuerkarten für Kraftfahrzeuge (das Finanzamt Hersbruck) zur weiteren Veranlassung in steuerlicher Hinsicht und zur demnächstigen Weitergabe an die Polizeibehörde für Nürnberg (Stadtrat [1]) Nürnberg) zur weiteren Veranlassung gemäß § 6 Abs. 2 S. 2 und § 9 der VO.

Das Finanzamt Hersbruck prüft die Anmeldung nach, setzt die zu zahlende Kraftfahrzeugsteuer fest, bewirkt darauf die Ausfertigung einer Steuerkarte für das Fahrzeug, die Eintragung des Fahrzeugs in die Bezirksliste, die Benachrichtigung des Antragstellers mit der Aufforderung, den festgesetzten Steuerbetrag an sie einzuzahlen, übersendet unter Zurückbehaltung der steuerlichen Anmeldung den Zulassungsantrag nebst den verbleibenden Anlagen sowie die ausgefertigte Steuerkarte an den Stadtrat [1]) Nürnberg zur weiteren Veranlassung (siehe oben) und verbindet damit das Ersuchen, nach erbrachtem Nachweise von der Zahlung der Kraftfahrzeugsteuer die Steuerkarte dem Antragsteller auszuhändigen.

Der Stadtrat [1]) Nürnberg fordert den Antragsteller schriftlich auf, an dem von ihm festgesetzten Termin das Fahrzeug vorzuführen (§ 33 [2]) der VO) und dabei den Nachweis von der Zahlung der Kraftfahrzeugsteuer zu erbringen. In dem Termin hat der Stadtrat [1]) unter Beobachtung der Vorschriften im § 9 der VO die Abstempelung der Kennzeichen zu veranlassen und Zulassungsbescheinigung sowie Steuerkarte auszuhändigen; in der Zulassungsbescheinigung ist zuvor auf S. 3 der Aushändigungsvermerk einzutragen. Der Stadtrat [1]) Nürnberg gibt dem Finanzamte Hersbruck von dem Tage der Aushändigung der Steuerkarte Nachricht und sendet alsdann dem Bezirksamte Hersbruck die übrigen Vorgänge gleichzeitig unter Mitteilung zurück, wann die Aushändigung der Zulassungsbescheinigung erfolgt ist.

Das Bezirksamt Hersbruck bewirkt die Ausfüllung der Spalte 11 [3]) der Liste (Muster 1 der Bek.) und nimmt die entstandenen Vorgänge zu den Akten.

---

[1]) Jetzt Polizeidirektion Nürnberg-Fürth.
[2]) Jetzt § 39 VO.
[3]) Jetzt 14.

2. Das vorstehend angegebene Verfahren ändert sich dann, wenn eine Steuerpflicht nach dem Kraftfahrzeugsteuergesetze nicht begründet ist, dahin, daß die Steuerbehörde die Verhandlungen einfach mit der Bescheinigung der Steuerfreiheit an die Polizeibehörde weitergibt. Alsdann findet die Abstempelung des Kennzeichens und die Aushändigung der Zulassungsbescheinigung ohne den Nachweis der Steuerentrichtung statt und entfällt die weitere Mitteilung an die Steuerbehörde.

3. Kraftomnibusse, Lastkraftwagen und Zugmaschinen ohne Güterladeraum werden nach dem Eigengewichte versteuert.[1]) Da sich die Typenprüfung nur auf das Fahrgestell erstreckt, kann der amtlich anerkannte Sachverständige bei ihr das Eigengewicht des fertigen Fahrzeugs noch nicht feststellen. Es genügt nicht, daß die Kraftfahrzeugwerke in der Ergänzungsbescheinigung dieses Eigengewicht angeben. Es wird deshalb im Abs. 3 S. 5 vorgeschrieben, daß bei den genannten Fahrzeugen, wenn sie nicht für die höchste Steuerstufe angemeldet werden, ein amtlicher Wiegeschein oder eine Bescheinigung über die unter behördlicher Ueberwachung vorgenommene Wägung vorzulegen ist.

Zu § 6.[2]) 1. Zweckmäßig erscheint es, für die Kraftzweiräder und für die übrigen Kraftfahrzeuge getrennte Listen zu führen. Daneben empfiehlt sich die Anlegung je einer Hilfsliste, die enthalten muß in einer Spalte 1 fortlaufend die sämtlichen im Bezirke zur Ausgabe gelangenden Erkennungsnummern (nach der Zahlenreihe) und daneben in einer Spalte 2, die für Aenderungen genügend Raum bietet, die jeweilige Nummer, unter der das mit dem in Spalte 1 angegebenen Kennzeichen versehene Fahrzeug in der Hauptliste erscheint. Die Hilfsliste ermöglicht einmal die sofortige Auffindung einer gesuchten Erkennungsnummer in der Hauptliste und zweitens macht sie ohne weiteres ersichtlich, welche Erkennungsnummern im Bezirke noch verfügbar oder wieder frei geworden sind.

2. Hinsichtlich derjenigen Einträge, welche in die Liste der zugelassenen Kraftfahrzeuge mit Rücksicht auf die Zwecke der Automobilstatistik zu machen sind, wird auf die bezüglichen besonderen Bestimmungen verwiesen.

---

[1]) Siehe jetzt § 5 Abs. 3 Satz 5 VO.
[2]) Ergänzung durch Bek. v. 29. 12. 1925 Abschn. II Ziff. 1.

3. Der in den Fällen des Abs. 4 angegangenen Bezirksverwaltungsbehörde wird es obliegen, die bisher zuständige höhere Verwaltungsbehörde unter Uebersendung der eingezogenen Zulassungsbescheinigung zu verständigen, damit diese in die Lage kommt, ihre Liste zu berichtigen.

Ebenso wird in den Fällen des Abs. 6 zu verfahren sein, wenn der neue Eigentümer im Bezirke einer anderen Bezirksverwaltungsbehörde als der bisherige Eigentümer seinen Wohnsitz hat.

4. Die Bezirksverwaltungsbehörden haben den zuständigen Finanzämtern in den Fällen des Abs. 3, 4, 5 S. 1 und 6[1]) unter Beifügung der berichtigten oder neuen Zulassungsbescheinigung schriftlich Mitteilung zu machen. Der Beifügung der Zulassungsbescheinigung bedarf es nicht, wenn lediglich Aenderungen im Wohnort des Eigenbesitzers des Kraftfahrzeugs vorliegt oder dieses zum Verkehr auf öffentlichen Wegen und Plätzen nicht mehr verwendet wird.

Zu § 8. 1. Nach dem „Plan für die Kennzeichnung der Kraftfahrzeuge" (Anlage 3 der Bek. vom 15. 3. 23[2]) besteht das bayerische Kennzeichen aus der römischen Ziffer II in Verbindung mit einem Unterscheidungsbuchstaben; die Unterscheidungsbuchstaben sind:

A für den Stadtbezirk München,
B für den übrigen Regierungsbezirk Oberbayern,
C für den Regierungsbezirk Niederbayern,
D für den Regierungsbezirk der Pfalz,
E für den Regierungsbezirk der Oberpfalz und von Regensburg,
H für den Regierungsbezirk Oberfranken,
N für den Stadtbezirk Nürnberg,
S für den übrigen Regierungsbezirk Mittelfranken,
U für den Regierungsbezirk Unterfranken und Aschaffenburg,
Z für den Regierungsbezirk Schwaben und Neuburg,
ferner RW für die Kraftfahrzeuge der Wehrmacht,
RP für die Kraftfahrzeuge der Reichspost.

---

[1]) Wohl auch im Falle des Abs. 7.
[2]) Jetzt Anlage 3 zur Bek. v. 16. 3. 1928.

2. Bei der Polizeidirektion München wird ein Verzeichnis der den bayrischen Bezirksverwaltungsbehörden zugewiesenen Erkennungsnummern geführt. Bei etwaigem Bedarfe haben sich daher die Bezirksverwaltungsbehörden mit der Polizeidirektion ins Benehmen zu setzen.

3. Im Hinblick auf die Sonderkennzeichen der Kraftzweiräder ist es angängig, die gleichen Nummern einerseits für Kraftzweiräder und anderseits für die übrigen Arten von Kraftfahrzeugen auszugeben.

4. Einzeilige hintere Kennzeichen sollen nach Abs. 3 in Zukunft zugelassen werden, weil zweizeilige Kennzeichen wegen ihrer größeren Höhe oft durch Gepäck verdeckt werden.

Zu § 9. Nicht allein das hintere, sondern auch das vordere Kennzeichen muß abgestempelt werden. Für die Abstempelung sind zweckmäßig Schablonen zu verwenden.[1])

Zu § 10. Je weiter das hintere Kennzeichen vom Erdboden entfernt ist, um so besser wird seine jederzeitige Erkennbarkeit gewahrt sein. Die Polizeibehörden werden daher darauf zu halten haben, daß da, wo es die Bauart des Fahrzeugs gestattet, das hintere Kennzeichen möglichst hoch angebracht wird.

Ebenso wird darauf zu achten sein, daß das vordere Kennzeichen nicht durch die Antriebskurbel des Motors, das hintere Kennzeichen durch Gepäckstücke oder durch Vorrichtungen zur Aufnahme von Gepäck u. dgl. in der Erkennbarkeit beeinträchtigt werden. Dem ersteren vielfach beobachteten Uebelstande wird dadurch mit Leichtigkeit zu begegnen sein, daß die Kurbel während der Fahrt durch eine einfache Vorrichtung, z. B. Lederschleife, wagerecht befestigt wird.

Zu § 11. Die Polizeibehörden haben mit aller Strenge darauf zu achten, daß unzureichende oder vorschriftswidrige Beleuchtungsvorrichtungen nicht zugelassen werden. Als unzureichend müssen insbesondere angesehen werden Beleuchtungsvorrichtungen, deren Lichtquelle nicht ausreicht, das Kennzeichen in seiner ganzen Fläche gleichmäßig hell zu beleuchten, als vorschriftswidrig solche, die das Kennzeichen irgendwie verdecken. Die Beseitigung der-

---

[1]) Ergänzung Bek. v. 29. 12. 1925 Abschn. II Ziff. 2.

artiger Vorrichtungen ist mit allen den Polizeibehörden zur Verfügung stehenden Mitteln durchzusetzen.

Die Polizeibehörden haben ferner darauf zu bringen, daß die Laternen der im Betriebe befindlichen Fahrzeuge stets ausreichend hell brennen. Vorrichtungen zum Abstellen der Beleuchtung vom Sitze des Führers oder vom Innern des Wagens aus sind künftig gestattet, wenn beim Abstellen gleichzeitig sämtliche Laternen (§ 4 Abs. 1 Nr. 5) erlöschen. Falls am hinteren Ende des Fahrzeugs zwei seitliche Kennzeichen vorhanden sind, müssen beide bei Dunkelheit beleuchtet werden.

Zu § 13. Die Vorschrift im § 13 schließt nicht aus, daß an Kraftfahrzeugen mit besonderem Verwendungszwecke (Droschken, Omnibusse, Geschäftswagen und dergl.) außer dem polizeilichen Kennzeichen der Verwendungszweck dieser Fahrzeuge durch eine entsprechende Bezeichnung (Wagennummer, Firma usw.) ersichtlich gemacht wird. Unerläßliche Voraussetzung ist jedoch, daß Verwechslungen mit dem polizeilichen Kennzeichen ausgeschlossen bleiben.

Zu § 14.[1])

Zu § 15. Nach § 12 des Kraftfahrzeugsteuer-Gesetzes vom 8. 4. 22[2]) hat der Führer des Kraftfahrzeugs auch die Steuerkarte oder die Bescheinigung über die Steuerfreiheit unterwegs stets bei sich zu führen. Er ist verpflichtet, sie auf Verlangen den sich durch ihre Dienstkleidung oder sonst ausweisenden Grenz- und Steueraufsichtsbeamten sowie den Aufsichtsbeamten der Polizeiverwaltung vorzuzeigen und nötigenfalls die erforderliche Auskunft zu geben. Ein in der Fahrt begriffenes Fahrzeug darf indessen lediglich aus diesem Anlaß außer im Grenzbezirk nicht angehalten werden.

Zu § 17. Eine starke Belästigung des Publikums, insbesondere auch während der Nacht, wird dadurch verursacht, daß Führer von Kraftfahrzeugen auch beim Halten des Fahrzeugs den Motor weiter laufen lassen. Namentlich tritt dieser Uebelstand an den Haltestellen von Automobildroschken und -Omnibussen in die Erscheinung.[3])

---

[1]) Gegenstandslos durch Abschn. I der Anlage zur VO v. 16. 3. 1928.

[2]) Jetzt KStG v. 21. 12. 1927.

[3]) Abs. 1 Satz 2 und Abs. 2 und 3 sind gegenstandslos durch II Ziff. 3 Bek. v. 29. 12. 1925 sowie Anlage 4 zur Bek. v. 16. 3. 1928.

Zu § 18. Die in Abs. 2 [1]) vorgesehenen Fahrgeschwindigkeiten sind der technischen Entwickelung des Kraftfahrwesens entsprechend erhöht worden. Auf deren Einhaltung werden die Polizeibehörden nunmehr besonderes Augenmerk richten und Ueberschreitungen unnachsichtlich zur Strafanzeige bringen.

Zu § 22.[2]) Zu der in Satz 2 [3]) vorgesehenen Genehmigung sind auch die Ortspolizeibehörden innerhalb ihrer Zuständigkeit ermächtigt.

Zu § 23.[4]) 1. Es ist davon auszugehen, daß der Verkehr mit Kraftfahrzeugen im allgemeinen auf allen denjenigen Wegen zuzulassen ist, welche für den übrigen Fuhrwerksverkehr freigegeben sind. Hauptverkehrsstraßen werden nur in Ausnahmefällen und nur dann zu sperren sein, wenn der Verkehr auf hinreichend benutzungsfähigen, nicht zu großen Umwegen umgeleitet werden kann.

Auch soll nicht die Durchfahrt durch ganze Orte unmöglich gemacht werden.

2[5].)

Eine Wegesperrung wird zwar in der Regel nur anzuordnen sein, wenn hierfür in der gefährlichen Beschaffenheit des zu sperrenden Weges oder seiner Umgebung zwingende Gründe vorliegen, insbesondere, wenn es sich um schmale oder unübersichtliche Wege oder um Wege mit steilen Böschungen oder ungünstigen Steigungsverhältnissen handelt. Sie kann aber insbesondere auch, wie durch den ausdrücklichen Hinweis auf den Fußgängerverkehr klargestellt wird, aus Gründen der Volksgesundheit zum Schutze des Sonntagsausflugsverkehrs erfolgen.

Die Voraussetzungen müssen für jeden einzelnen Weg besonders geprüft werden; die Sperrung sämtlicher Wege eines Orts- oder Gemeindebezirkes oder aller Wege einer bestimmten Klasse ist unzulässig.

---

[1]) Jetzt Abs. 3.
[2]) Jetzt § 29.
[3]) Jetzt Satz 3.
[4]) Jetzt § 30.
[5]) Neufassung des 1. Satzes durch Bek. v. 29. 12. 1925 Abschn. II Ziff. 4 a.

3. Die Sperrung hat sich auf das Notwendige zu beschränken. Krafträder werden häufig dort zugelassen werden können, wo Kraftwagen auszuschließen sind.

Bei der Erlassung der polizeilichen Vorschriften oder Anordnungen ist darauf Rücksicht zu nehmen, daß jenen Besitzern von Kraftfahrzeugen, von denen eine ruhige und rücksichtsvolle Fahrweise erwartet werden darf, Ausnahmen widerruflich und unter besonderen Bedingungen gestattet werden können. Für solche Ausnahmen kommen vornehmlich die Besitzer der an den gesperrten Straßenstrecken gelegenen Anwesen, sowie Personen in Betracht, die in dem Polizeibezirk oder seiner Umgebung wohnen und Kraftfahrzeuge in der Ausübung ihres Berufes oder Gewerbes benutzen. (Aerzte, Sanitätskolonnen usw.)

4.[1])

5.[1])

6. Es empfiehlt sich, vor der Erlassung von Verkehrsbeschränkungen den amtlich anerkannten Sachverständigen (s. o. Abschn. I Ziffer 2) gutachtlich zu hören, sowie dem Bayer. Automobilklub Gelegenheit zur Aeußerung zu geben.

7. Jede gesperrte Wegestrecke usw. ist am Anfang und am Ende durch Tafeln zu kennzeichnen.[2])

8. Um eine rechtzeitige Veröffentlichung der Sperrungen und Beschränkungen in den Fachzeitschriften sicherzustellen, sind sie, jeweils ungesäumt, dem Bayerischen Automobilklub München, Residenzstraße 27, und dem Allgem. Deutschen Automobilklub, München, Neuturmstraße 5, mitzuteilen.

Das gleiche hat bei Aufhebung der Sperrungen und Beschränkungen zu geschehen.

9. Die polizeilichen Vorschriften, die Bestimmungen über die Fahrgeschwindigkeit der Kraftfahrzeuge enthalten, sind einer Prüfung zu unterstellen, ob sie mit § 18 Abs. 2 [3]) und § 23 Abs. 2 [4]) d. V. zu vereinbaren und auch für die Zukunft aufrechtzuerhalten sind.

---

[1]) Neufassung durch Bek. v. 29. 12. 1925 Abschn. II Ziff. 4 b.
[2]) Abs. 2 mit 4 gegenstandslos durch Bek. v. 24. 8. 1927 (StAnz 194).
[3]) Jetzt Abs. 3.
[4]) Jetzt § 30 Abs. 2.

Zu § 24.[1]) Wie aus dem Wortlaute der Vorschrift hervorgeht, ist zu unterscheiden zwischen Wettfahrten und Zuverlässigkeitsfahrten. Während jene das Ziel verfolgen, mit den an der Veranstaltung teilnehmenden Fahrzeugen die größtmögliche Geschwindigkeit zu erzielen, dienen diese hauptsächlich dazu, die Dauerhaftigkeit der Wagen und die Betriebssicherheit der Maschinen zu erproben.[2])

Zu § 25.[3]) Zur Erteilung der in Abs. 4 vorgesehenen polizeilichen Erlaubnis sind die Bezirksverwaltungsbehörden zuständig.

Zu § 28.[4]) Die Vorschrift des § 28[4]) gibt den Behörden eine Handhabe, um die durch den Gebrauch abgenützten und deshalb nicht mehr verkehrssicheren oder durch Entwicklung von Geräusch, Rauch und üblem Geruch besonders lästigen Fahrzeuge aus dem öffentlichen Verkehr auszumerzen.

Die Anordnung einer periodischen Prüfung aller Kraftfahrzeuge wird im Hinblick auf die verschiedenartige Benützung der Fahrzeuge nicht durchführbar sein; dagegen ist eine solche regelmäßige Nachuntersuchung für die im öffentlichen Fuhrverkehr verwendeten Fahrzeuge (Droschken, Omnibusse u. dgl.) geboten, da eine einmalige Prüfung vor der Ingebrauchnahme nicht genügende Gewähr für diejenige Verkehrssicherheit bietet, die von diesen Fahrzeugen auf die Dauer verlangt werden muß.

Mit Hilfe der Bestimmung im § 28[4]) ist ferner durchzusetzen, daß die Eigentümer und Führer von Kraftfahrzeugen ihrer Verpflichtung, die polizeilichen Kennzeichen und die Beleuchtungsvorrichtungen des hinteren Kennzeichens stets in ordnungsmäßigem Zustand zu erhalten, gerecht werden. Hiebei wird auch auf die Strafbestimmung im § 25 des Gesetzes über den Verkehr mit Kraftfahrzeugen vom 3. 5. 09 und 23. 12. 22 verwiesen.

Zu § 29.[5]) Die Prüfungsordnung (Ziff. I 2 der Anlage z. V.)[6]) enthält die wichtige Bestimmung, daß jeder, der zum Führen von Kraftwagen zugelassen werden will, seine körperliche Taug-

[1]) Jetzt § 31.
[2]) Abs. 2 und 3 neu gefaßt durch Bek. v. 29. 12. 1925 Abschn. II Ziff. 5.
[3]) Jetzt § 32.
[4]) Jetzt § 35.
[5]) Jetzt § 36 VO.
[6]) Jetzt Ziff. II 2.

lichkeit nachzuweisen hat. Es wird zu erwägen sein, inwieweit die im gewerbsmäßigen Fuhrverkehr beschäftigten Führer von Kraftwagen einer periodischen Nachuntersuchung über ihre körperliche Tauglichkeit zu unterwerfen sind. Im übrigen werden die Polizeibehörden eine erneute ärztliche Prüfung in solchen Fällen anzuordnen haben, in denen zu einer solchen Maßnahme begründeter Anlaß vorliegt.

Zu § 30.[1])

Zu § 34.[2]) Ueberführungsfahrten werden den Probefahrten gleichgestellt. Für Ueberführungsfahrten ist eine Begriffsbestimmung gegeben.

Bei Zuteilung von Probefahrtkennzeichen haben die Bezirkspolizeibehörden den Antragsteller auf Abs. 3—7 hinzuweisen und ihn zur genauen Führung der vorgeschriebenen Listen unterschriftlich zu verpflichten. Der Verpflichtungsnachweis ist zu den Amtsakten zu nehmen.

Die von den Bezirkspolizeibehörden zu führenden Listen über ausgegebene Probefahrtkennzeichen müssen mit Rücksicht auf die Verschiedenheit der Steuersätze erkennen lassen, ob das einzelne Kennzeichen für Kraftfahrzeuge jeder Art oder nur für Krafträder gilt.

Dem zuständigen Finanzamt ist von der Zuteilung eines Probefahrtkennzeichens sowie darüber schriftliche Mitteilung zu machen, ob das Kennzeichen nur für Krafträder oder für Kraftfahrzeuge jeder Art gilt. Die polizeiliche Abstempelung oder Aushändigung des Kennzeichens darf erst erfolgen, nachdem der Nachweis der Steuerzahlung durch Vorlegung der Steuerkarte erbracht ist. Wird die Steuerkarte nicht rechtzeitig erneuert, so ist auf Antrag des Finanzamts nach § 6 Abs. 5 S. 4 d. V. v. 15. 3. 23 [3]) zu verfahren. Von der Rückgabe des Probefahrtkennzeichens ist dem Finanzamte Mitteilung zu machen.

Zu Verlust geratene Probefahrtkennzeichen sind für 3 Jahre zu sperren, um eine mißbräuchliche Verwendung nach Möglichkeit zu vermeiden.

---

[1]) Aufgehoben durch VO v. 16. 3. 1928.
[2]) Jetzt § 41.
[3]) Jetzt VO v. 16. 3. 1928.

III.[1])

IV. Anweisung über die Prüfung von Kraftfahrzeugen (Anl. 1 d. Bek. v. 15. 3. 23)

1.[2])

2. Mit Rücksicht auf die erhöhte Bedeutung, die die Feststellung des Eigengewichts wegen der Besteuerung der Kraftomnibusse, Lastkraftwagen und Zugmaschinen ohne Güterladeraum nach dem Eigengewichte hat, ist in Ziffer VIII eine Vorschrift darüber, welches Gewicht als Eigengewicht zu gelten hat, gegeben.

V. Schlußbestimmung[3])

Bek. d. Staatsmin. d. Inn. v. 29. 12. 25 Nr. 2507 a 376 über Kraftfahrzeugverkehr (MABl 1926 S. 1)

Die Verordnung des Reichsverkehrsministers v. 5. 12. 1925 (RGBl I S. 435) bringt eine große Anzahl von Aenderungen der Kraftfahrzeugverordnung. Zugleich ist auch die Bek. über Kraftfahrzeugverkehr v. 15. 3. 1923 entsprechend abgeändert und neu gefaßt worden.[4])

I.

1.—6.[5])

7. Nach den bisherigen Vorschriften hatten die Bezirkspolizeibehörden der Sammelstelle in Berlin nicht bloß von jeder Versagung, sondern auch von jeder Erteilung eines Führerscheins Mitteilung zu machen. Im Interesse der Geschäftsvereinfachung wurde die Ziff. IV Abs. 4[6]) der Anlage zur Kraftfahrzeug-

---

[1]) Gegenstandslos durch Ziff. IV Abs. 1 der Anlage zur VO v. 16. 3. 1928.
[2]) Gegenstandslos durch Ziff. VII der Anlage 1 zur Bek. v. 16. 3. 1928.
[3]) Gegenstandslos.
[4]) Satz 3 betrifft die Bestellung des RMinBl. durch die beteiligten Behörden.
[5]) Enthalten eine allgemeine Einführung in die neuen Vorschriften.
[6]) Jetzt Ziff. VIII Abs 4.

verordnung dahin abgeändert, daß die Erteilung eines Führerscheins nicht mehr mitzuteilen ist.

8.[1])

II.

Im übrigen bleibt für den Vollzug der Kraftfahrzeugverordnung in der Fassung vom 5. 12. 1925 die Ministerialbekanntmachung vom 18. 5. 1923 (MABl. S. 33) und 9. 5. 1924 (MABl. S. 97) mit folgender Maßgabe in Geltung:

1. In den Vollzugsvorschriften zu § 6 der Kraftfahrzeugverordnung ist die Führung getrennter Listen für Kraftzweiräder und die übrigen Kraftfahrzeuge, sowie einer nach den Erkennungsnummern geordneten Hilfsliste empfohlen. Bei der starken Vermehrung der zugelassenen Kraftfahrzeuge wird für die größeren Bezirkspolizeibehörden die Anlegung einer Kraftfahrzeugkartei zweckmäßig sein. Die Vorschrift in § 6 a. O., wonach die zugelassenen Kraftfahrzeuge in eine Liste einzutragen sind, steht dem nicht entgegen. Denn darin ist die Führung der Liste nicht in gebundener Form vorgeschrieben; vielmehr genügt auch die Karteiform, wenn das Karteiblatt den in dem Muster des Reichsverkehrsministers vorgesehenen Inhalt hat. In einer solchen Kartei können dann auch die Beanstandungen und Nachuntersuchungen nach § 28[2]) der Kraftfahrzeugverordnung vorgetragen werden. Noch mehr als die Kraftfahrzeugkartei wird eine Führerscheinkartei die Geschäftsbehandlung bei großen Bezirkspolizeibehörden vereinfachen. Hiebei ist insbesondere zu beachten, daß die Mitteilungen, die die Staatsanwaltschaften von jeder rechtskräftigen Verurteilung nach §§ 21, 22, 23 und 25 des Kraftfahrzeuggesetzes der für den Wohnort des Verurteilten zuständigen Bezirkspolizeibehörde zu machen haben, in der Kartei vorgetragen werden können, sofern die Bezirkspolizeibehörde des Wohnorts den Führerschein ausgestellt hat. Soweit Bezirkspolizeibehörden polizeiliche Verwarnung wegen verkehrspolizeilicher Uebertretungen erteilen, haben sie künftig ebenfalls die für den Wohnort des Kraftfahrers zuständige

[1]) Neufassung durch Bek. v. 2. 7. 27 (MABl. S. 34.)
[2]) Jetzt § 35 VO.

Bezirkspolizeibehörde hiervon zu verständigen. Durch eine karteimäßige Registrierung der Strafen und Verwarnungen wird die Handhabung der Verkehrspolizei erheblich erleichtert werden können. Der Bayer. Kommunalschriftenverlag in München hat entsprechende Karteiblätter für eine Kraftfahrzeugkartei (Kraftfahrzeugbesitzer- und Kennzeichenkartei), sowie für eine Führerscheinkartei ausgearbeitet, die von dort bezogen werden können.

2. Vor der Abstempelung des Kennzeichens nach § 9 der Kraftfahrzeugverordnung ist insbes. zu prüfen, ob die Tongebung der Huppe, die Beleuchtungsvorrichtung sowie die Lage des Auspuffrohres den Vorschriften entspricht, und ob beim Fahren nicht unzulässiger Rauch und Lärm entwickelt wird. Bestehen Beanstandungen nach dieser Richtung, so ist die Abstempelung zu verweigern, bis die Mängel behoben sind.

   Eine bestimmte Stelle für die Anbringung des Kennzeichens ist zwar nicht vorgeschrieben; um eine Beschmutzung des Kennzeichen beim Fahren möglichst zu verhindern, empfiehlt es sich jedoch, darauf hinzuwirken, daß das Kennzeichen beim Kraftwagen vorne an einer Verbindungsstange zwischen den Laternen und hinten auf dem linken Kotflügel angebracht wird.

3. Die Vollzugsvorschriften zu § 17 sind durch die neuen Vorschriften teilweise überholt. Der Kraftfahrer ist nunmehr für jede Belästigung der Allgemeinheit durch Rauch und Lärm verantwortlich. Die polizeilichen Vollzugsbeamten haben daher die Möglichkeit, allen Auswüchsen des Kraftfahrverkehrs in dieser Richtung mit weit größerem Nachdruck als bisher entgegenzutreten. Die Wiedereinführung des Verbots der Anbringung von Auspuffklappen und die Verpflichtung, an bereits zugelassenen Kraftfahrzeugen die Auspuffklappen bis längstens 1. März 1926 zu entfernen, macht es den Polizeibehörden zur Pflicht, gegen Kraftfahrer, die trotzdem mit offenem Auspuff durch geschlossene Ortsteile fahren, mit den schärfsten Mitteln vorzugehen.

4. Die Vollzugsvorschriften zu § 23 [1]) der Kraftfahrzeugverordnung werden wie folgt abgeändert:

---

[1]) Jetzt § 30 VO.

a) Ziff. 2 Satz 1 erhält folgende Fassung:

Voraussetzung eines Verbots oder einer Beschränkung des Verkehrs mit Kraftfahrzeugen ist, daß entweder

α) Der Zustand der Wege oder anliegender Gebäude oder die Eigenart des Verkehrs, insbesondere Rücksichten auf den Fußgängerverkehr, oder

β) andere besondere Verhältnisse das Verbot oder die Beschränkung erfordern.

b) an die Stelle der Ziffern 4 und 5 tritt folgende Bestimmung:

Die Verbote und Beschränkungen erfolgen entweder durch allgemeine polizeiliche Vorschriften oder durch besondere für den einzelnen Fall getroffene Anordnungen.

Allgemeine polizeiliche Vorschriften ergehen in der Form ober-, bezirks- oder ortspolizeilicher Vorschriften. Besondere Anordnungen können von dem Staatsministerium des Innern, den Regierungen, K.d.J., den Bezirks- und den Ortspolizeibehörden innerhalb ihres Wirkungskreises erlassen werden.

Verbote und Beschränkungen auf Grund des § 23 [1]) Abs. I können jedoch für Wegestrecken, die dem Durchgangsverkehr dienen, nur vom Staatsministerium des Innern oder von den Regierungen, K.d.J., erlassen werden. Allgemeine Normen dafür, was unter „Wegestrecken, die dem Durchgangsverkehr dienen", zu verstehen ist, lassen sich nicht aufstellen. Es wird vielmehr hierzu einer Entscheidung von Fall zu Fall bedürfen.

Ferner sind nur die Bezirkspolizeibehörden und die ihnen vorgesetzten Stellen zuständig zum Erlasse polizeilicher Vorschriften oder Anordnungen, die auf Grund des § 23 [1]) Abs. 1 Satz 2 ergehen oder die ausschließlich Kraftfahrzeuge in ihrer Fahrgeschwindigkeit beschränken. Auf Durchgangsstraßen sind jedoch wiederum nur das Staatsministerium des Innern oder die Regierungen, K.d.J., zu derartigen Fahrgeschwindigkeitsbeschrän-

[1]) Jetzt § 30 VO.

kungen berechtigt. Die Zustimmung zu solchen Vorschriften und Anordnungen der Regierungen wird allgemein insoweit erteilt, als der Regierung im einzelnen Falle eine zwingende Notwendigkeit für deren Erlaß dargetan ist und es sich nicht um eine Beschränkung der Geschwindigkeit an Kraftfahrzeugen bis zu 5,5 Tonnen Gesamtgewicht auf weniger als 30 Kilometer in der Stunde handelt.

Was die Fahrgeschwindigkeitsbeschränkungen im Rahmen von Vorschriften für den allgemeinen Fuhrwerksverkehr betrifft, so wird die Zustimmung zu ortspolizeilichen Vorschriften für den allgemeinen Fuhrwerksverkehr, die die Fahrgeschwindigkeit von Kraftfahrzeugen auf Durchgangsstraßen beschränken, oder für Kraftfahrzeuge bis zu 5,5 Tonnen Gesamtgewicht eine Höchstgeschwindigkeit von weniger als 30 Kilometer in der Stunde vorschreiben, von den Regierungen, K.d.J., insoweit erteilt, als es sich um eine fortdauernd geltende Anordnung handelt; im übrigen erteilt die Zustimmung die Bezirkspolizeibehörde. Die Zustimmung darf nur erteilt werden, wenn die Fahrgeschwindigkeitsbeschränkungen aus besonderen örtlichen Verhältnissen unbedingt geboten erscheinen.

c[1])

5. Die Vollzugsvorschriften zu § 24 [2]) der Kraftfahrzeugverordnung erhalten in ihrem Abs. 2 und 3 folgende Fassung:

Die Wettfahrten sind im allgemeinen verboten; nur innerhalb des in Abs. 2 bestimmten eng begrenzten Rahmens können sie als Geschwindigkeitsprüfungen auf kurzen, für den übrigen Verkehr vorübergehend gesperrten Wegestrecken mit behördlicher Genehmigung abgehalten werden.

Die Motorprüfungsfahrten haben für die Entwicklung des Kraftfahrwesens eine gewisse Bedeutung, bringen aber notwendigerweise immer eine Störung des öffentlichen Verkehrs usw. mit sich. Sie müssen daher in wohlbemessenen Grenzen gehalten werden. Für die Genehmigung der Motorprüfungsfahrten einschließlich der Geschwindigkeitsprüfungen, die sich

---

[1]) Gegenstandslos durch Bek. v. 24. 8. 1927 (StAnz. 194.)

[2]) Jetzt § 31 VO.

innerhalb Bayerns auf nicht mehr als drei Regierungsbezirke erstrecken, ist die Regierung, K. d. I., zuständig, in deren Bezirk die Fahrt beginnen oder von einem außerbayerischen Ort zuerst auf bayerisches Staatsgebiet übertreten soll. Die für die Genehmigung zuständige Regierung entscheidet bei Mitbeteiligung einer andern Regierung im Einvernehmen mit dieser. Abdruck des Regierungsbescheids ist dem Staatsministerium des Innern vorzulegen. Sind mehr als drei Regierungsbezirke beteiligt, so entscheidet das Staatsministerium des Innern. Ziff. II und III der M. E. vom 7. 6. 1924 Nr. 2507 a 65 wird aufgehoben.

6.[1])

7. In der Unterbeilage[2]) zur Anlage der M. E. vom 18. 5. 1923 werden in Nr. 1 nach dem Worte „Name" eingeschaltet die Worte „Beruf (Gewerbe)"; ferner wird folgende Nr. 9 angefügt: Angabe der gewerblichen oder landwirtschaftlichen Berufsgenossenschaft, falls der Eigentümer einer solchen angehört.

Bek. d. Staatsmin. d. Inn. vom 11. 8. 26 Nr. 2507 a 147 über Kraftfahrzeugverkehr

(MABl S. 76.)

I. Mit Reichsverordnung vom 28. 7. 26 (RGBl I S. 425) ist die Kraftfahrzeugverordnung der Aenderung des Kraftfahrzeugsteuergesetzes (vgl. Ges. vom 15. 5. 26 RGBl I S. 223) und der von den deutschen Länderregierungen vereinbarten neuzeitlichen Regelung des allgemeinen Straßenverkehrs (vgl. die Straßenverkehrsordnung vom 8. 5. 26 (GVBl. S. 315) angepaßt worden.

Vor allem sind im Abschnitt C b die besonderen Pflichten des Kraftfahrzeugführers entsprechend den Anforderungen des neuzeitlichen Straßenverkehrs genauer geregelt worden. Auch über die Ladung der Kraftfahrzeuge wurden Vor-

---

[1]) Gegenstandslos durch Aufhebung des § 30 VO. (Art. I Nr. 19 VO. v. 16. 3. 1928.)

[2]) Hier nicht abgedruckt.

schriften in den § 4 der Kraftfahrzeugverordnung aufgenommen. Die Verpflichtung des Führers zur Führung eines Rückspiegels ist auf Lastkraftwagen mit einem Eigengewicht von mehr als 3,5 Tonnen beschränkt worden. Hervorzuheben ist ferner noch die eingehendere Ausgestaltung des Zulassungsverfahrens für Kraftfahrzeuge und die Erweiterung des Begriffs der Ueberführungsfahrten.[1] [2])

II. 1.[3])

2.[4])

Bek. d. Staatsmin. d. Inn. vom 2. 7. 27 Nr. 2507 a 71 über Kraftfahrzeugverkehr.

(MABl S. 34.)

Ziffer I, 8 der MB. über Kraftfahrzeugverkehr vom 29. 12. 1925 (MABl 1926 S. 1) erhält folgende Fassung:

Auf Grund des § 38[5]) Kraftfahrzeugverordnung werden die Kraftwagen der Bergwacht in München für ihre Ueberlandfahrten im alpinen Rettungsdienst von den Vorschriften über die einzuhaltende Fahrgeschwindigkeit (§ 18) und über das Halten, Ueberholen und Vorfahren in den §§ 21 a[6]) bis 21 c[7]) und 21 g[8]) genannten Fällen befreit. Voraussetzung für die Befreiung ist, daß die Kraftwagen bei den genannten Fahrten am rechten Scheinwerfer eine 33×38 cm große Flagge mit dem Bergwachtabzeichen (weißes BW auf rotem Grunde) und am linken Scheinwerfer eine Flagge mit dem gleichen Zeichen in einem grünen Kreuze führen; bei Nacht sind diese Flaggen durch eine an der linken Seite der Windschutzscheibe aufgesteckte beleuchtete Scheibe

---

[1]) Abs. 3 als reine Uebergangsvorschrift nunmehr gegenstandslos.

[2]) Abs. 4 gegenstandslos durch Bek. v. 2. 7. 1927 (MABl 34) über Kraftfahrzeuge der Bergwacht.

[3]) Gegenstandslos durch Bek. v. 22. 2. 1928 (MABl 25).

[4]) Gegenstandslos durch Bek. v. 24. 8. 1927 (StAnz 194).

[5]) Jetzt § 44 VO.

[6]) Jetzt § 22 VO.

[7]) Jetzt § 24 VO.

[8]) Jetzt § 28 VO.

mit dem BW-Zeichen in einem grünen Kreuze zu ersetzen. Außerdem ist das BW-Zeichen unter der hinteren Erkennungsnummer anzubringen.

Die für die alpinen Rettungsfahrten der Bergwacht in Betracht kommenden oberbayerischen und schwäbischen Bezirkspolizeibehörden haben die Bevölkerung und insbes. die polizeilichen Vollzugsbeamten auf vorstehende Befreiung entsprechend hinzuweisen.

Bek. d. Staatsmin. d. Inn. vom 22. 2. 28 Nr. 2507 a 31 über Kraftfahrzeugverkehr.

(MABl S. 25.)

I.

Die Reichsverordnung vom 31. 1. 1928 (RGBl. I S. 14) ändert in einigen wichtigen Punkten die Kraftfahrzeugverordnung. Im Zusammenhang damit ist auch die Bekanntmachung über Kraftfahrzeugverkehr sowie die Gebührenordnung für behördliche Maßnahmen im Kraftfahrzeugverkehr abgeändert worden. Das diese Abänderungen enthaltende Reichsministerialblatt Nr. 7 v. 10. 2. 1928 wolle von den beteiligten Polizeibehörden und Herren Amtsärzten umgehend bei dem Reichs- und Staatsverlage, Berlin W 8, Mauerstr. 44, bestellt werden.

Bezüglich der Abänderungen der Kraftfahrzeugordnung ist folgendes zu bemerken:

a) In Art. I Ziff. 1 [1]) der Verordnung vom 31. 1. 1928 ist der Höchstabstand zwischen Außenkante des Kraftfahrzeugs und Laterne auf 40 Zentimeter gesetzlich festgelegt. Die Ziff. II, 1 der MB v. 11. 8. 1926 Nr. 2507 a 147 (MABl S. 76) ist damit hinfällig geworden.

b) In Art. I Ziff. 2 [2]) ist die erneute polizeiliche Zulassung vorübergehend aus dem Verkehr gezogener Kraftfahrzeuge erleichtert worden.

---

[1]) Einschaltung des vorletzten Satzes in § 4 Abs. 1 Nr. 5 VO.
[2]) Einschaltung des Abs. 7 in § 6 VO.

c) Mit Art. I Ziff. 5 sowie mit Art. II Ziff. 1 und 4 bis 7[1]) sind die ministeriellen Anweisungen, die in den Bekanntmachungen über die amtsärztliche Untersuchung der Kraftwagenführer v. 5. 3. 1921 (MABl S. 37), v. 14. 5. 1925 (MABl S. 81) und v. 23. 11. 1925 (MABl S. 183) und in der ME v. 14. 3. 1927 Nr. 2508 b 39 gegeben waren, durch allgemein verbindliche Rechtsnormen der Kraftfahrzeugverordnung und ihrer Anlage ersetzt worden.

d) In Art. I Ziff. 6[2]) sind neue Bestimmungen für selbsttätige Bremsen an Anhängewagen getroffen. Da es sich um eine vorläufig noch wenig erprobte technische Neuerung handelt, ist in jedem Einzelfalle die Prüfung der Betriebssicherheit der Bremse durch einen amtlich anerkannten Sachverständigen vorgesehen.

e) Von besonderer Wichtigkeit für die Ausbildung von Kraftfahrzeugführern ist die in Art. II Ziff. 3[3]) enthaltene Abänderung der Zuständigkeitsbestimmungen für die Ausstellung der Führerscheine. Mit der Vorschrift, daß die für den Ort der Ausbildung zuständige höhere Verwaltungsbehörde den Führerschein nur ausstellen darf, wenn die höhere Verwaltungsbehörde des Wohnorts zustimmt, ist der letzteren Behörde eine ausreichende Handhabe gegeben, der Abwanderung der Kraftfahrschüler nach Orten mit geringeren Anforderungen in bezug auf Ausbildung wirksam entgegenzutreten.

II

Mit einer am gleichen Tage ergangenen Reichsverordnung v. 31. 1. 1928 (RGBl I S. 12) ist auch die Verordnung über den internationalen Verkehr mit Kraftfahrzeugen abgeändert worden. Während bisher für ausländische Kraftfahrzeuge, die zum vorübergehenden Aufenthalt nach Deutschland kamen, internationale Fahrausweise nur ausgestellt werden konnten, nachdem zuvor für das Kraftfahrzeug eine deutsche Zulassungs-

---

[1]) Einschaltung des § 15 Abs. 2 und des Abschn. I sowie Aenderung des Abschn. II.

[2]) Einschaltung in § 32 Abs. 2 Satz 2 VO.

[3]) Aenderung des Abschn. II Abs. 1 der Anlage zu § 14 Abs. 4 VO.

bescheinigung und für den Führer ein deutscher Führerschein ausgestellt worden war, können nun für solche Kraftfahrzeuge internationale Fahrausweise auf Grund der heimatlichen Zulassungsbescheinigung und des heimatlichen Führerscheins ausgestellt werden, wenn diese mit dem Anerkennungsvermerk des zuständigen deutschen Konsuls versehen sind. Die MB v. 20. 5. 1911 betr. internationalen Verkehr mit Kraftfahrzeugen (MABl S. 310) ist damit hinfällig geworden.

Bek. d. Staatsmin. d. Inn. vom 30. 3. 1928 Nr. 2507a 44 über Kraftfahrzeugverkehr.

(MABl S. 39.)

Mit Reichsverordnung v. 16. 3. 1928 (RGBl I S. 66) ist die Kraftfahrzeugverordnung mit dem am 1. 4. ds. Js. in Kraft tretenden neuen Kraftfahrzeugsteuerges. v. 21. 12. 27 (RGBl I S. 509) in Uebereinstimmung gebracht worden. Zugleich ist im Interesse einer größeren Schonung der Straßen die Verwendung gewöhnlicher Vollgummireifen weitgehend eingeschränkt und die Verwendung von Luftreifen, soweit es die Verhältnisse gestatten, vorgeschrieben worden. Im Anschluß an diese Abänderung der Kraftfahrzeugverordnung ist auch die Bekanntmachung über Kraftfahrzeugverkehr abgeändert worden. Die diese Abänderung enthaltende nächste Nummer des Reichsmin.-Blattes ist von den beteiligten Behörden und Sachverständigen, die das Reichsmin.-Blatt nicht schon ohnedies beziehen, umgehend beim Reichs- und Staatsverlag Berlin W 8, Mauerstr. 44, zu bestellen.

Im einzelnen ist zu der Reichsverordnung v. 16. 3. 28 (RGBl I S. 66) folgendes zu bemerken:

I.

Aenderungen im Hinblick auf die Neuregelung der Kraftfahrzeugsteuer (Art. I Nr. 1, 2, 4 bis 15, 23 und 25 bis 31).

Zu Nr. 1.[1]) Die Aenderung bezweckt eine Angleichung der verkehrspolizeilichen an die steuerliche Begriffsbestimmung für

[1]) Ersatz der Zahlen 200 und 300 jeweils durch 350 in § 1 Nr. 2 VO.

Krafträder (vgl. § 4 Abs. 1 Nr. 1 des Kraftfahrzeugsteuergesetzes.)

Zu Nr. 2.[1]) Eine Begriffsbestimmung für Luftreifen ist im Hinblick auf § 4 Abs. 3 des Kraftfahrzeugsteuerges. geboten. Sogen. Kissenreifen mit Luftreifen gelten hiernach nicht als Luftreifen.

Zu Nr. 4, 7, 25 bis 28 und 31.[2]) Da die Besteuerung der Krafträder und Personenkraftwagen mit Antrieb durch Verbrennungsmaschine nach dem Kraftfahrzeugsteuergesetze nicht mehr nach der Nutzleistung des Fahrzeugs in Steuerpferdestärken, sondern nach dem Hubraum erfolgt, ist die Steuernutzleistung auch in den verkehrspolizeilichen Vorschriften, soweit es sich um Kraftfahrzeuge mit Verbrennungsmaschine handelt, durch den Hubraum ersetzt worden.

Zu Nr. 5.[3]) Bei Fahrzeugen, die mit wechselnden Aufbauten verwendet werden können, sogen. Kombinationswagen, hat die Bezirksverwaltungsbehörde im Einvernehmen mit der Steuerbehörde die Fahrzeugart zu bestimmen.

Zu Nr. 8.[4]) Da im § 4 Abs. 3 des Kraftfahrzeugsteuerges. eine steuerliche Vergünstigung für gewisse Fahrzeugarten vorgesehen ist, bei denen alle Räder mit Luftreifen versehen sind, ist eine entsprechende Angabe auch in den Zulassungsanträgen zu machen.

Zu Nr. 10.[5]) Bei der großen Bedeutung, die der Hubraum für die steuerliche Behandlung von Kraftfahrzeugen hat, kann eine Firmenbescheinigung hierüber in Zukunft nicht mehr als Ersatz für ein Sachverständigengutachten angesehen werden.

Zu Nr. 13.[6]) Für den Nachweis des Bereifungswechsels wird nicht immer ein Sachverständigengutachten erforderlich sein; vielmehr wird häufig die Vorführung des Fahrzeugs oder eine polizeiliche Bescheinigung ausreichen.

---

[1]) Ergänzung des § 1 VO durch die Nr. 7.

[2]) Aenderungen in §§ 4 Abs. 5 Satz 1; 5 Abs. 1 Nr. 5; 41; 42 Nr. 1 Satz 1; 42 Nr. 1 Satz 2; 42 Nr. 2 Abs. 1 Abschnitt c; Ziff. IV Abs. 1 Satz 2 der Anlage zu § 14 Abs. 4 VO

[3]) Aenderung des § 5 Abs. 1 Nr. 3 VO.

[4]) Einfügung der Nr. 9 in § 5 Abs. 1 VO.

[5]) Wegfall des Satzes 2 in § 5 Abs. 2 VO.

[6]) Ergänzung des Satzes 1 in § 6 Abs. 3 VO.

Zu Nr. 14 [1]) und 15.[2]) Die bisher auf die Steuernutzleistung abgestellten Vorschriften in § 8 Abs. 5 und § 14 Abs. 1 Satz 1 sind auf das Eigengewicht gegründet worden.

Zu Nr. 23.[3]) Da im § 9 des Kraftfahrzeugsteuerges. die Ausstellung von Steuerkarten für Probefahrten auch für die Dauer von 4 bis 15 Tagen vorgesehen ist, sind die Obersten Landesbehörden ermächtigt worden, für die Abbeförderung von Kraftfahrzeugen von Orten, an denen eine Massenherstellung erfolgt, auf Antrag besondere Erleichterungen zu schaffen. Einschlägige Anträge sind von den Bezirksverwaltungsbehörden mit gutachtlicher Aeußerung dem Staatsministerium des Innern auf dem Dienstwege vorzulegen. Für die polizeilichen Amtshandlungen zur Durchführung des erleichterten Verfahrens sind die Bezirksverwaltungsbehörden gem. Abschn. I Ziff. 1 Abs. 1 der Min.-Bek. v. 18. 5. 23 (MABl S. 33) zuständig. Verfällt die vom Ueberführer hinterlegte Sicherheit von 25 RM, so fließt sie bei unmittelbaren Gemeindebehörden in die Gemeindekasse; im übrigen verfällt sie zugunsten der Staatskasse und ist an das zuständige Finanzamt abzuführen.

II.

Aenderung der Bereifungsvorschriften (Art. I Nr. 3, 16 bis 22 und 24).

Zu Nr. 3, 17 und 18.[4]) Die Verwendung gewöhnlicher Vollgummireifen soll für Kraftwagen und deren Anhängewagen, sowie für Krafträder und deren Anhänger, Bei- oder Vorsteckwagen vorbehaltlich der in Nr. 22 vorgesehenen Ausnahmen in Zukunft unzulässig sein.

Zu Nr. 16.[5]) Die Aenderung ergibt sich aus dem Verbot gewöhnlicher Vollgummireifen. Sie greift erst dann Platz, wenn dieses Verbot in Geltung tritt. (Vgl. Art. II Einleitung und Nr. 5 Abs. 2).

---

[1]) Aenderung des § 8 Abs. 5 VO.
[2]) Aenderung des § 14 Abs. 1 Satz 1 VO.
[3]) Einfügung des Abs. 11 in § 35 VO.
[4]) Aenderung des §§ 3 Abs. 2; 32 Abs. 1 Nr. 2; 33 Abs. 1 VO.
[5]) Aenderung des § 18 Abs. 3 Satz 2 VO.

Zu Nr. 19. Die in § 30 Kraftfahrzeugverordnung zugelassenen Ausnahmen von den Bereifungsvorschriften kommen in Wegfall. Etwa noch bestehende Ausnahmebewilligungen sind von den Bezirkspolizeibehörden unverzüglich mit Bezug auf die veränderte Rechtslage zurückzunehmen.

Zu Nr. 20 bis 22.[1]) Die Möglichkeit, bei Zugmaschinen ohne Güterladeraum, deren betriebsfertiges Eigengewicht 2,75 Tonnen und deren Höchstgeschwindigkeit auf ebener Bahn 8 Kilometer in der Stunde nicht übersteigt, Eisenreifen und gewöhnliche Vollgummireifen zu verwenden, ist für land- und forstwirtschaftliche Betriebe offen gelassen. In diesen Betrieben ist es auch für die Zukunft möglich, eisenbereifte Anhänger in Verbindung mit den vorstehend näher bezeichneten Zugmaschinen zu verwenden. Für Zugmaschinen ohne Güterladeraum, die in gewerblichen Betrieben verwendet werden, gilt dies nicht.

III.

Uebergangsbestimmungen (Art. II.)

Mit Ausnahme der Erleichterungen für die Ueberführung von Kraftfahrzeugen treten die durch die Neuregelung der Kraftfahrzeugsteuer notwendig gewordenen Aenderungen gleichzeitig mit dem Kraftfahrzeugsteuergesetz am 1. 4. d. J. in Kraft. Das gleiche gilt für den Wegfall der Ausnahmen von der nicht elastischen Bereifung. Die übrigen Vorschriften des Art. I erlangen erst am 1. 7. d. J. ihre Wirksamkeit.

Für die vor dem 1. 4. d. J. zum Verkehre zugelassenen Kraftfahrzeuge sind eine Reihe von Uebergangsbestimmungen vorgesehen; die Bezirkspolizeibehörden haben für fristgerechte Durchführung dieser Uebergangsbestimmungen Sorge zu tragen.

---

[1]) Aenderung des § 40 VO.

nternationales Abkommen über den Verkehr mit Kraftfahrzeugen vom 11. Oktober 1909.

(RGBl 1910 S. 603.)

(Uebersetzung.)

Die unterzeichneten Bevollmächtigten der weiterhin aufgeführ-n Regierungen, die vom 5. bis 11. Oktober 1909 in Paris ı einer Konferenz versammelt waren, um den internationalen erkehr mit Kraftfahrzeugen nach Möglichkeit zu erleichtern, haben ıs folgende Abkommen getroffen:

Artikel 1.

Anforderungen, denen Kraftfahrzeuge zu genügen haben, um zum Verkehr auf öffentlichen Wegen zugelassen zu werden.

Jedes Kraftfahrzeug muß, um zum internationalen Verkehr ıf öffentlichen Wegen zugelassen zu werden, entweder nach Prü-ng, sei es durch die zuständige Behörde, sei es durch einen von eser damit betrauten Verein, als für den Verkehr geeignet an-kannt sein oder einem auf die gleiche Weise genehmigten Typ ıgehören.

Die Prüfung hat sich insbesondere auf folgende Punkte zu strecken:

die Vorrichtungen müssen betriebssicher und derart angelegt sein, daß jede Feuers- und Explosionsgefahr nach Möglich-keit ausgeschlossen ist, daß Reit- und Zugtiere durch das Geräusch nicht scheu werden, daß auch sonst keine Gefahr für den Verkehr entsteht und bei der Begegnung eine ernstliche Belästigung durch Rauch oder Dampf vermieden wird.

Das Kraftfahrzeug muß mit folgenden Vorrichtungen ver-sehen sein:

A. mit einer kräftigen Lenkvorrichtung, die leicht und sicher zu wenden gestattet;

B. mit zwei voneinander unabhängigen, hinreichend wirksamen Bremseinrichtungen, von denen wenigstens eine sofort wirksam sein und unmittelbar auf die Räder oder auf fest mit ihnen verbundene Umfassungen einwirken muß;

C. mit einer Vorkehrung, die selbst bei starken Steigungen jede Rückwärtsbewegung zu verhindern vermag, sofern nicht eine der Bremseinrichtungen dieser Anforderung genügt.

Jedes Kraftfahrzeug, dessen Eigengewicht 350 Kilogramm übersteigt, muß mit einer derartigen Einrichtung ausgestattet sein, daß man es vom Führersitz aus mit Hilfe des Motors in Rückwärtsgang bringen kann.

3. Die Griffe zur Bedienung des Fahrzeuges müssen derart angeordnet sein, daß der Führer sie sicher handhaben kann, ohne sein Augenmerk von der Fahrtrichtung abzulenken.

4. Jedes Kraftfahrzeug muß mit Schildern versehen sein, welche die Firma, die das Fahrgestell hergestellt hat, und die Fabriknummer des Fahrgestells sowie die Anzahl der Pferdestärken des Motors oder die Zahl und die Bohrung der Zylinder und das Eigengewicht des Fahrzeugs angeben.

Artikel 2.

Anforderungen, denen die Führer von Kraftfahrzeugen zu genügen haben.

Der Führer eines Kraftfahrzeugs muß diejenigen Eigenschaften besitzen, die eine hinreichende Gewähr für die öffentliche Sicherheit bieten.

Im internationalen Verkehre darf niemand ein Kraftfahrzeug führen, ohne zu diesem Behufe nach erbrachtem Nachweis seiner Befähigung die Erlaubnis der zuständigen Behörde oder eines von dieser damit betrauten Vereins erhalten zu haben.

Die Erlaubnis darf Personen unter 18 Jahren nicht erteilt werden.

Artikel 3.

Ausstellung und Anerkennung der internationalen Fahrausweise.

Zum Nachweise, daß den in den Artikeln 1 und 2 vorgesehenen Anforderungen genügt ist, werden für den internationalen Verkehr internationale Fahrausweise nach dem anliegenden Muster und den beigefügten Angaben (Anlagen A und B) ausgestellt.

Diese Ausweise sind vom Zeitpunkt ihrer Ausstellung an ein Jahr gültig. Die darin enthaltenen handschriftlichen Angaben sollen stets mit lateinischen Druck- oder Schriftzeichen geschrieben werden.

Die internationalen Fahrausweise, die von den Behörden eines der Vertragsstaaten oder von einem durch diese damit betrauten Verein unter Gegenzeichnung der Behörde ausgestellt sind, gewähren freie Zulassung zum Verkehr in allen anderen Vertragsstaaten und werden dort ohne neue Prüfung als gültig anerkannt.

Die Anerkennung der internationalen Fahrausweise kann versagt werden:

1. wenn den Anforderungen, auf Grund deren sie nach den Grundsätzen der Artikel 1 und 2 erteilt sind, augenscheinlich nicht mehr genügt wird;
2. wenn der Besitzer oder Führer eines Kraftfahrzeugs nicht Angehöriger eines des Vertragsstaaten ist.

Artikel 4.

Anbringung der Kennzeichen an den Kraftfahrzeugen.

Kein Kraftfahrzeug wird zum Uebertritt aus einem Lande in das andere zugelassen, wenn es nicht augenfällig an der Rückseite außer einem heimatlichen Kennzeichen mit einer Nummer ein Unterscheidungszeichen trägt mit Buchstaben, die seine Staatszugehörigkeit ergeben. Die Abmessungen dieses Zeichens, die Buchstaben sowie ihre Abmessungen sind in einer dem vorliegenden Abkommen beigefügten Beschreibung (Anlage C) festgesetzt.

Artikel 5.

Warnungsvorrichtungen.

Jedes Kraftfahrzeug muß mit einer tieftönenden Huppe zum Abgeben von Warnungszeichen versehen sein. Außerhalb geschlossener Ortsteile ist es gestattet, sich außerdem anderer, den Landesbestimmungen und den Landesgebräuchen entsprechender Warnungsmittel zu bedienen.

Vom Einbruch der Dunkelheit an muß jedes Kraftfahrzeug vorn mit zwei Laternen und hinten mit einer Beleuchtung, die das Kennzeichen und das Unterscheidungszeichen zu lesen ermöglicht, versehen sein. Die Fahrbahn muß nach vorn auf eine hinreichende Entfernung erhellt sein, indessen ist die Verwendung blendender Lichter innerhalb von Ortsteilen mit städtischer Bebauung stets verboten.

Artikel 6.

Besondere Bestimmungen für Kraftdreiräder und Kraftzweiräder.

Die Bestimmungen dieses Abkommens finden auf Kraftdreiräder und Kraftzweiräder mit folgenden Maßgaben Anwendung:

1. Die im Artikel 1 Nr. 2 unter C vorgesehene Vorkehrung zur Verhinderung der Rückwärtsbewegung ist ebensowenig erforderlich wie die Vorkehrung für den Rückwärtsgang;
2. Die Beleuchtung kann auf eine einzige Laterne beschränkt werden, die vorn am Kraftdreirad oder Kraftzweirad anzubringen ist;
3. für Kraftdreiräder und Kraftzweiräder hat das Unterscheidungszeichen für die Staatszugehörigkeit nur 18 Zentimeter in der wagerechten und 12 Zentimeter in der senkrechten Richtung zu messen; die Buchstaben sollen in der Höhe 8 Zentimeter messen, während die Breite ihrer Striche 10 Millimeter beträgt;
4. Die Huppe der Kraftdreiräder und Kraftzweiräder muß hochtönend sein.

Artikel 7.

Begegnung und Ueberholung von Fahrzeugen.

Um an anderen Fahrzeugen bei der Begegnung oder Ueberholung vorbeizukommen, müssen sich die Führer von Kraftfahrzeugen auf das Strengste nach den Gebräuchen der Gegend richten, in der sie sich befinden.

Artikel 8.

Aufstellung von Hinweistafeln an öffentlichen Wegen.

Jeder der Vertragsstaaten verpflichtet sich, soweit es in seiner Macht steht, darüber zu wachen, daß längs der Wege zur Kennzeichnung gefährlicher Stellen nur diejenigen Zeichen angebracht werden, deren Abbildung diesem Abkommen beigefügt ist (Anlage D).

Indessen können Abweichungen von diesem System durch die Regierungen der Vertragsstaaten im allseitigen Einvernehmen herbeigeführt werden.

Es ist statthaft, diesem Systeme von Zeichen ein auf ein Zollamt hinweisendes und Halt gebietendes Zeichen sowie ein anderes auf eine Wegegeld- oder Steuerhebestelle hinweisendes Zeichen hinzuzufügen.

Die Regierungen werden mit der gleichen Maßgabe über die Beachtung folgender Grundsätze wachen:

1. Im allgemeinen ist die Kennzeichnung von Hindernissen durch Hinweistafeln in geschlossenen Ortsteilen nicht statthaft;
2. Die Tafeln sind ungefähr 250 Meter von der zu kennzeichnenden Stelle anzubringen, falls nicht die örtlichen Verhältnisse dem entgegenstehen. Wenn die Entfernung des Zeichens von dem Hindernisse sehr erheblich von 250 Metern abweicht, werden besondere Anordnungen getroffen;
3. Die Hinweistafeln sind im rechten Winkel zur Fahrtrichtung anzubringen.

Artikel 9.

Allgemeine Bestimmungen.

Der Führer eines Kraftfahrzeugs ist bei dem Verkehr in einem Lande gehalten, sich nach den in diesem Lande für den Verkehr auf öffentlichen Wegen geltenden Gesetzen und Bestimmungen zu richten.

Ein Auszug aus diesen Gesetzen und Bestimmungen kann dem Inhaber des Kraftfahrzeugs beim Eintritt in ein Land durch die mit der Erledigung der Zollförmlichkeiten befaßte Stelle ausgehändigt werden.

Artikel 10.

a) Dieses Abkommen soll ratifiziert werden und die Hinterlegung der Ratifikationsurkunden soll am 1. März 1910 stattfinden.

b) Die Ratifikationsurkunden sollen im Archive der Französischen Republik hinterlegt werden.

c) Die Hinterlegung der Ratifikationsurkunden wird durch ein Protokoll festgestellt, das von den Vertretern der daran teilnehmenden Mächte und von dem Minister der auswärtigen Angelegenheiten der Französischen Republik unterzeichnet wird.

d) Die Mächte, die nicht in der Lage sind, ihre Ratifikationsurkunden am 1. März 1910 zu hinterlegen, können dies mittels einer schriftlichen, an die Regierung der Französischen Republik gerichteten Anzeige tun, der die Ratifikationsurkunde beizufügen ist.

e) Beglaubigte Abschrift des Protokolls über die erste Hinterlegung von Ratifikationsurkunden, der im vorstehenden Absatz erwähnten Anzeigen sowie der ihnen beigefügten Ratifikationsurkunden wird durch die Französische Regierung den Mächten, die dieses Abkommen unterzeichnet haben, auf diplomatischem Wege unverzüglich mitgeteilt werden. In den Fällen des vorstehenden Absatzes wird die bezeichnete Regierung ihnen zugleich bekanntgeben, an welchem Tage sie die Anzeige erhalten hat.

Artikel 11.

a) Dieses Abkommen findet ohne weiteres nur auf die Stammländer der Vertragsstaaten Anwendung.

b) Wünscht ein Vertragsstaat die Inkraftsetzung des Abkommens in seinen Kolonien, Besitzungen oder Protektoraten, so hat er seine Absicht in der Ratifikationsurkunde selbst ausdrücklich zu erklären oder in einer besonderen, an die Französische Regierung gerichteten schriftlichen Anzeige kundzugeben, die im Archive dieser Regierung hinterlegt werden wird. Wählt er den letzteren Weg, so wird die bezeichnete Regierung unverzüglich allen anderen Vertragsstaaten beglaubigte Abschrift der Anzeige übersenden und zugleich angeben, an welchem Tage sie die Anzeige erhalten hat.

Artikel 12.

a) Die Mächte, die dieses Abkommen nicht unterzeichnet haben, können ihm später beitreten.

b) Die Macht, die beizutreten wünscht, hat ihre Absicht der Französischen Regierung schriftlich anzuzeigen und ihr dabei die Beitrittsurkunde zu übersenden, die im Archive der bezeichneten Regierung hinterlegt werden wird.

c) Diese Regierung wird unverzüglich allen anderen Vertragsmächten beglaubigte Abschrift der Anzeige wie der Beitrittsurkunde übersenden und zugleich angeben, an welchem Tage sie die Anzeige erhalten hat.

Artikel 13.

Dieses Abkommen wird wirksam für die Mächte, die an der ersten Hinterlegung von Ratifikationsurkunden teilgenommen haben, am 1. Mai 1910 und für die später ratifizierenden oder beitretenden Mächte ebenso wie hinsichtlich der nicht in den Ratifikationsurkunden erwähnten Kolonien, Besitzungen und Protektorate an dem 1. Mai nach Ablauf des Jahres, in dem die französische Regierung die im Artikel 10 Abs. d, im Artikel 11 Abs. b und im Artikel 12 Abs. b vorgesehenen Anzeigen erhalten hat.

Artikel 14.

Sollte eine der Vertragsmächte dieses Abkommen kündigen wollen, so soll die Kündigung schriftlich der Französischen Regierung erklärt werden, die unverzüglich beglaubigte Abschrift der Erklärung allen anderen Mächten mitteilt und ihnen zugleich bekanntgibt, an welchem Tage sie die Erklärung erhalten hat.

Die Kündigung soll nur in Ansehung der Macht wirksam sein, die sie erklärt hat, und erst ein Jahr, nachdem die Erklärung bei der Französischen Regierung eingegangen ist.

Artikel 15.

Die Staaten, die auf der eingangs erwähnten Konferenz vertreten waren, werden zur Zeichnung dieses Abkommens bis zum 15. November 1909 zugelassen.

Geschehen in Paris am 11. Oktober 1909 in einer einzigen Ausfertigung, wovon beglaubigte Abschrift jeder der Signatarregierungen übermittelt werden wird.

Anlage A.[1])

Anlage B.

(Uebersetzung.)

In den internationalen Fahrausweisen, wie sie in einem einzelnen Vertragsstaat ausgestellt werden, wird die Umschlags-

[1]) Siehe Muster 1 zur VO über Int. Kraftfahrzeugverkehr.

seite sowie das erste eingelegte und das letzte Blatt in der durch die Gesetzgebung dieses Staates vorgeschriebenen Sprache abgefaßt. Die anderen eingelegten Blätter, deren Anzahl der Zahl der anderen Vertragsstaaten gleichkommt, werden ein jedes in der Sprache des Landes, dem es entspricht, abgefaßt.

Die endgültige Uebersetzung der Abschnitte des Ausweisheftes in die verschiedenen Sprachen wird der Regierung der Französischen Republik von einer jeden der übrigen Regierungen, soweit es sie angeht, mitgeteilt werden.

Anlage C.[1])

Anlage D.[2])

Verordnung über internationalen Kraftfahrzeugverkehr vom 5. Dezember 1925.

(RGBl I S. 453), geändert durch VO v. 31. 1. 1928 (RGBl I S. 12) und Art. IV VO v. 16. 3. 1928 (RGBl I S. 66.)

A. Allgemeine Vorschriften.

§ 1.

Für den internationalen Verkehr mit Kraftfahrzeugen innerhalb des Reichsgebiets gelten die Vorschriften der Verordnung über Kraftfahrzeugverkehr vom 16. März 1928, soweit nicht nachfolgend ein anderes bestimmt ist.

§ 2.

Im Zollgrenzbezirke haben die Beamten der Grenzzollverwaltung hinsichtlich der Kraftfahrzeuge die gleichen Befugnisse wie die Polizeibeamten.

---

[1]) Siehe Anlage A und Muster 2 u. 3 zur VO über Int. Kraftfahrzeugverkehr.

[2]) Siehe jetzt VO über Warnungstafeln für den Kraftfahrzeugverkehr v. 8. 7. 1927 (RGBl 177).

B. Deutsche Kraftfahrzeuge im internationalen Verkehr.

Vorbemerkung.

Der internationale Fahrausweis vereinigt Zulassungsbescheinigung und Führerschein in einer Urkunde. Er wird ausgestellt auf Grund einer gültigen Zulassungsbescheinigung und eines gültigen Führerscheins. Nach Artikel 3 Abs. 3 des Abkommens beträgt die Gültigkeit der internationalen Fahrausweise ein Jahr.

§ 3.

(1) Der Eigentümer eines Kraftfahrzeugs, das gemäß § 6 der Verordnung vom 16. März 1928 zum Verkehr auf öffentlichen Wegen und Plätzen im Reichsgebiete zugelassen ist, hat, um die Zulassung des Fahrzeugs zum internationalen Verkehre[1]) zu erlangen, die Ausstellung des im Artikel 3 des Internationalen Abkommens über den Verkehr mit Kraftfahrzeugen vom 11. Oktober 1909 (RGBl 1910 S. 603) vorgesehenen internationalen Fahrausweises zu beantragen.

(2) Der Antrag ist an die für den Wohn- oder Aufenthaltsort des Antragstellers zuständige höhere Verwaltungsbehörde[2]) zu richten.[3]) Dem Antrag sind beizufügen

1. die Zulassungsbescheinigung für das Kraftfahrzeug, sowie die Angaben über die Anzahl der Zylinder des Motors, die Form und Farbe der Aufbauten (Karosserie) und die Gesamtzahl der Plätze des Fahrzeugs,
2. der Führerschein für jede Person, die das Fahrzeug im internationalen Verkehre führen soll, und deren Lichtbild (unaufgezogen, Brustbild in Größe von etwa $4^1/_2$ Zentimeter im Quadrat).

(3) Personen unter 18 Jahren[4]) dürfen als Führer in den internationalen Fahrausweis nicht aufgenommen werden.

---

[1]) Soll das Fahrzeug mit eigener Triebkraft in das Ausland zum dauernden Verbleib gebracht werden, so greift, sofern es noch nicht zugelassen ist, § 15 dieser VO Platz.

[2]) Bez.-Verw.-Behörde usw.

[3]) Der Antrag auf Ausstellung eines internationalen Fahrausweises kann mündlich oder schriftlich angebracht werden. Zulassungsbescheinigung und Führerschein sind, um den Antragsteller in der Benutzung seines Fahrzeugs nicht zu behindern, sofort zurückzugeben. (Bek. v. 28. 4. 10).

[4]) Gegensatz zu § 14 Abs. 2 der VO.

Muster 1 (4) Die höhere Verwaltungsbehörde[1]) stellt nach Prüfung der Unterlagen den internationalen Fahrausweis (Muster 1) aus; hierbei sind die erforderlichen handschriftlichen Angaben auf der Umschlagseite, dem ersten eingelegten und dem letzten Blatte in deutscher Sprache mit lateinischen Druck- und Schriftzeichen einzutragen.

§ 4.

Beim Verkehr in solchen außerdeutschen Staaten, in denen das Internationale Abkommen gilt, müssen deutsche Kraftwagen mit einer tieftönenden, Kraftdreiräder und Kraftzweiräder mit einer hochtönenden Huppe versehen sein[2]); auch müssen Kraftzweiräder das polizeiliche Kennzeichen am hinteren Ende in ein- oder zweizeiliger Ausführung führen.

§ 5.

(1) Der Eigentümer eines deutschen Kraftfahrzeugs, der sich im Besitz eines gemäß § 3 ausgestellten internationalen Fahrausweises befindet[3]), ist berechtigt, im Gebiete des Deutschen Reichs neben dem polizeilichen Kennzeichen, unbeschadet der Vorschrift im § 13 der Verordnung vom 16. März 1928, ein die deutsche Staatszugehörigkeit des Kraftfahrzeugs anzeigendes Unterscheidungszeichen[4]) (Nationalitätszeichen) zu führen, das an der Rückseite des Fahrzeugs an leicht sichtbarer Stelle mittels Schrauben, Nieten oder Nägel zu befestigen und so anzubringen ist, daß es in deutlich erkennbarer Weise beleuchtet werden kann.

Muster 2 Muster 3 (2) Das deutsche Nationalitätszeichen für Kraftwagen (Muster 2) und Krafträder (Muster 3) besteht gemäß der Anlage C und Artikel 6 Nr. 3 des Internationalen Abkommens aus einem länglichrunden Schilde, das auf weißem Grunde in schwarzer

---

[1]) Bez.-Verw.-Behörde usw.

[2]) Entgegen § 4 Ziffer 4 der VO.

[3]) Vielfach wird das Nationalitätszeichen von K. geführt, deren Eigentümer entweder überhaupt niemals im Besitze des internationalen Fahrausweises waren, oder die ihn zwar besessen hatten, aber längst nicht mehr in seinem Besitze sind. Dies ist nach dem § 13 der VO., § 21 des G. strafbar. Das Mitführen des int. Fahrausweises ist jedoch nicht erforderlich.

[4]) Eine amtliche Abstempelung des Nationalitätszeichens ist hier nicht erforderlich. Dagegen im Falle des § 11 b der int. VO.

Balkenschrift den Buchstaben D trägt. Die Abmessungen betragen
bei Kraftwagen: Schildbreite 30 Zentimeter, Schildhöhe 18 Zentimeter, Schrifthöhe 10 Zentimeter bei einer Strichbreite von 15 Millimeter,
bei Krafträdern: Schildbreite 18 Zentimenter, Schildhöhe 12 Zentimeter, Schrifthöhe 8 Zentimeter bei einer Strichbreite von 10 Millimeter.

C. Außerdeutsche Kraftfahrzeuge mit einem internationalen Fahrausweis.

Vorbemerkung.

An die Stelle der Zulassungsbescheinigung und des Führerscheins tritt hier gleichfalls der internationale Fahrausweis. Die Artikel 1 bis 6 des Abkommens haben im wesentlichen den gleichen Inhalt wie §§ 3 bis 16 der VO. Die Gültigkeitsdauer des internationalen Fahrausweises beträgt nach Artikel 3 Abs. 3 des Abkommens ein Jahr.

§ 6.

(1) Auf die aus dem Ausland zu vorübergehendem[1]) Aufenthalt in das Reichsgebiet gelangenden außerdeutschen Kraftfahrzeuge und deren Führer finden die Vorschriften in den §§ 3 bis 15 der Verordnung vom 16 März 1928 keine Anwendung, sofern den Anforderungen in den Artikeln 1 bis 6 des Internationalen Abkommens genügt wird.

(2) Zum Nachweis, daß den Anforderungen des Artikel 1 in Verbindung mit Artikel 6 Nr. 1 und des Artikel 2 des Internationalen Abkommens genügt ist, dient der internationale Fahrausweis, der gemäß Artikel 3 des Internationalen Abkommens von der zuständigen Stelle des Auslandes ausgestellt ist.

(3) Die mit diesem Ausweis versehenen Kraftfahrzeuge müssen an der Rückseite augenfällig außer einem heimatlichen Kennzeichen mit einer Nummer (der im Fahrausweis angegebenen Erkennungsnummer des Kennzeichens) ein die Staatszugehörigkeit des Kraftfahrzeugs anzeigendes Unterscheidungszeichen (Nationalitätszeichen) tragen. Die Nationalitätszeichen für die verschiedenen dem Internationalen Abkommen beigetretenen Län-

[1]) Gegensatz hierzu dauernder Verbleib im Sinne des § 14 dieser VO.

der haben gemäß Anlage C und Artikel 6 Nr. 3 des Internationalen Abkommens den im § 5 Abs. 2 dieser Verordnung für das deutsche Nationalitätszeichen angegebenen Erfordernissen zu entsprechen. Die von dem Schilde zu tragenden Buchstaben sind aus Anlage A ersichtlich.

Anlage A

(4) Während der Dunkelheit[1]) sind das Nationalitätszeichen und das heimatliche Kennzeichen so zu beleuchten, daß sie deutlich erkennbar sind (Artikel 5 Abs. 2 des Internationalen Abkommens); der Dunkelheit ist starker Nebel gleich zu achten. Kraftdreiräder und Kraftzweiräder sind von dieser Vorschrift befreit und bedürfen zu ihrer Beleuchtung nur einer einzigen vorn anzubringenden Laterne (Art. 6 Nr. 2 des Internationalen Abkommens).

§ 7.

Beim Eintritt in das Reichsgebiet ist das Kraftfahrzeug dem nächsten Grenzzollamt vorzuführen. Die Beamten der Grenzzollverwaltung haben zu prüfen, ob die im § 6 dieser Verordnung aufgeführten Voraussetzungen für die Zulassung des Fahrzeugs und seines Führers erfüllt sind und der für das Fahrzeug und Führer ausgestellte internationale Fahrausweis noch Gültigkeit besitzt.

§ 8.

(1) Der Führer hat den internationalen Fahrausweis bei der Benutzung des Fahrzeugs auf öffentlichen Wegen und Plätzen bei sich zu führen[2]) und auf Verlangen den zuständigen Beamten vorzuzeigen.

(2) Das Oeffnen etwa am Fahrzeug vorhandener Auspuffklappen ist verboten.

§ 9.

(1) Die Anerkennung eines im Ausland ausgestellten internationalen Fahrausweises kann durch die höhere Verwaltungsbehörde versagt werden, wenn den Anforderungen, auf Grund deren er nach den Grundsätzen der Artikel 1 und 2 des Internationalen Abkommens erteilt ist, augenscheinlich nicht mehr ge-

---

[1]) Siehe § 1 Nr. 6 VO.
[2]) Vergl. § 15 der VO.

nügt wird, oder wenn der Besitzer oder Führer des Kraftfahrzeugs nicht Angehöriger eines der Staaten ist, auf die das Internationale Abkommen Anwendung findet. Welches diese Staaten sind, wird durch den Reichskanzler im Reichsgesetzblatt bekannt gemacht. Im Falle der Versagung hat der Besitzer des Kraftfahrzeugs die Kosten der Feststellungen zu tragen, die zur Versagung geführt haben.

(2) Hat die Versagung der Anerkennung durch die höhere Verwaltungsbehörde in der Beschaffenheit des Kraftfahrzeugs ihren Grund, so ist das Fahrzeug vom Verkehr auf öffentlichen Wegen und Plätzen ausgeschlossen; der Fahrausweis ist der Behörde, die ihn ausgestellt oder gegengezeichnet hat, zurückzusenden.

(3) Wenn die Versagung der Anerkennung durch die höhere Verwaltungsbehörde in den Eigenschaften des Führers ihren Grund hat, so hat die Behörde diesem zugleich die Führung des Kraftfahrzeugs im Gebiete des Deutschen Reichs zu untersagen.[1]) Der Ausschluß des Führers ist in dem internationalen Fahrausweis durch Ausfüllung des dafür auf der Rückseite des Einlageblatts für das Deutsche Reich (Muster 4) befindlichen Vordrucks (in deutscher Sprache mit lateinischen Buchstaben) ersichtlich zu machen. In gleicher Weise ist auf dem daneben befindlichen Vordruck die Zulassung eines neuen Führers ersichtlich zu machen; dem Antrag auf Zulassung eines solchen ist von der höheren Verwaltungsbehörde gebührenfrei zu entsprechen, falls ihm die im § 3 Abs. 2 Nr. 2 dieser Verordnung bezeichneten Anlagen beigefügt sind. Muster 4

(4) Wird die Anerkennung versagt, weil der Besitzer des Kraftfahrzeugs nicht Angehöriger eines der Vertragsstaaten ist, so ist mit dem Fahrausweis gemäß Abs. 2 zu verfahren und das Fahrzeug wie ein Kraftfahrzeug ohne internationalen Fahrausweis (Abschnitt D) zu behandeln.

(5) Erfolgt die Versagung, weil der Führer des Fahrzeugs nicht Angehöriger eines der Vertragsstaaten ist, so hat der Besitzer die Wahl, ob nach Abs. 3 oder 4 vorzugehen ist.

---

[1]) Ob gegen die Versagung der Anerkennung Rekurs nach § 5 des G zulässig ist, ist strittig. Verneint wird dies von Oberländer (323), Seuffert (23).

§ 10.

Aenderungen der Anlage A und des Musters 1 dieser Verordnung, die dadurch erforderlich werden, daß das Internationale Abkommen auf später ratifizierende oder beitretende Mächte oder auf Kolonien, Besitzungen oder Protektorate einer der Vertragsmächte Anwendung findet oder von einer der Vertragsmächte gekündigt wird, erfolgen durch eine Anordnung des Reichskanzlers, die im Reichsgesetzblatt bekanntzumachen ist.

D. Außerdeutsche Kraftfahrzeuge ohne einen internationalen Fahrausweis.

Vorbemerkung.

An die Stelle der Zulassungsbescheinigung tritt hier eine mit dem Anerkennungsvermerk eines deutschen Konsuls versehene Bescheinigung der zuständigen Behörde oder Stelle des Auslandes (§ 11 a). An die Stelle des Führerscheins treten entsprechende ausländische Zeugnisse, die jedoch gleichfalls mit dem Anerkennungsvermerk versehen sein müssen (§ 11 c). Die Fahrzeuge erhalten ein Kennzeichen besonderer Art (§ 11 b), sofern dem Eigentümer nicht gestattet wird, das deutsche Kennzeichen zu führen (§ 12). Ausnahmen siehe § 13. Die Ausstellung eines int. Fahrausweises auch für diese K ist nunmehr möglich (VO v. 31. 1. 1928).

§ 11.

(1) Für die Zulassung und Kennzeichnung der aus dem Ausland zu vorübergehendem Aufenthalt in das Gebiet des Deutschen Reichs gelangenden außerdeutschen Kraftfahrzeuge und für die Zulassung der Führer solcher Fahrzeuge gelten, wenn ein internationaler Fahrausweis gemäß Art. 3 des Internationalen Abkommens nicht vorgelegt werden kann, folgende besondere Bestimmungen:

a) Die Vorschriften über die Zulassung von Kraftfahrzeugen zum Verkehr auf öffentlichen Wegen und Plätzen in den §§ 5, 6 der Verordnung vom 16. März 1928 finden auf diese Kraftfahrzeuge keine Anwendung, sofern der Führer durch eine Bescheinigung der zuständigen Behörde oder einer hierzu behördlich ermächtigten Stelle des Auslandes nachweisen kann, daß das Fahrzeug den an dem betreffenden Orte gültigen polizeilichen Vorschriften entspricht; Bescheinigungen dieser Art müssen den Namen und

Wohnort des Eigentümers, die Firma, die das Fahrgestell hergestellt hat, die Fabriknummer des Fahrgestells, die Art des Antriebs, die Anzahl der Pferdestärken der Maschine oder des Motors, das Eigengewicht des Fahrzeugs und die zulässige Belastung (Kilogramm oder Personenzahl einschließlich Führer) angeben und mit dem Anerkennungsvermerk einer deutschen Behörde versehen sein.

b) Die Kraftfahrzeuge müssen an Stelle der durch §§ 8, 11 der Verordnung vom 16. März 1928 vorgeschriebenen polizeilichen Kennzeichen ein besonderes länglichrundes, mit dem Dienststempel der Ausgabestelle versehenes Kennzeichen (Muster 5) führen, das nach Maßgabe der besonderen hierüber ergehenden Anordnungen auf den Grenzzollämtern oder den besonders hierfür bestimmten Zoll- und Steuerämtern im Innern ausgegeben wird; sofern für das Kraftfahrzeug eine Steuerkarte nicht gelöst ist, ist über die Zuteilung des Kennzeichens eine Bescheinigung nach anliegendem Muster 6 auszustellen. Das Kennzeichen ist an der Rückseite des Fahrzeugs nach außen hin an leicht sichtbarer Stelle fest anzubringen und bei Kraftwagen während der Dunkelheit und bei starkem Nebel so zu beleuchten, daß es deutlich erkennbar ist; die Beleuchtungsvorrichtung darf das Kennzeichen nicht verdecken. Etwa vorhandene ausländische Kennzeichen sind zu entfernen oder zu überdecken. Muster 5 Muster 6

Für die Zuteilung des Kennzeichens wird eine Gebühr erhoben; für die Rückgabe des Kennzeichens in brauchbarem Zustand ist Sicherheit zu leisten. Der Reichsminister der Finanzen trifft nähere Bestimmung über die Höhe der Gebühr sowie über Art, Höhe und Rückgabe der Sicherheit. Die Sicherheit verfällt zugunsten des Reichs, sobald feststeht, daß das Kennzeichen nicht beim Ausgang aus dem Reichsgebiet in brauchbarem Zustand abgeliefert worden ist, spätestens jedoch einen Monat nach Ablauf der Gültigkeitsdauer der Steuerkarte.

Entrichtung der Gebühr, Leistung sowie Rückgabe der Sicherheit sind auf der Steuerkarte oder der Bescheinigung nach Muster 6 zu vermerken; der Vermerk ist bei Umschreibung der Steuerkarte auf die neue Karte zu übertragen.

Beim Ausgang eines außerdeutschen Kraftfahrzeugs aus dem Reichsgebiet ist das Kennzeichen und, soweit über seine Zuteilung eine Bescheinigung ausgestellt ist, auch diese an die nächste zur Ausgabe von Kennzeichen befugte Amtsstelle behufs Rücksendung an die Eingangsamtsstelle abzuliefern. Erfolgt infolge dauernden Verbleibs im Inland später die Zulassung des Fahrzeugs gemäß § 6 der Verordnung vom 16. März 1928, so hat die Rücksendung auf Ersuchen der höheren Verwaltungsbehörde durch Vermittlung der bei der Zulassung mitwirkenden Polizeibehörde (§ 9 ebenda) zu geschehen.

c) Die durch § 14 Abs. 3 der Verordnung vom 16. März 1928 vorgeschriebenen Führerscheine können für die Führer außerdeutscher Kraftfahrzeuge durch entsprechende ausländische Zeugnisse ersetzt werden, sofern diese von einer deutschen Behörde mit einem Anerkennungsvermerk versehen sind.

(2) Zur Erlangung des länglichrunden Kennzeichens sind die in das Reichsgebiet mit eigener Triebkraft eingehenden Kraftfahrzeuge dem nächsten Grenzzollamt vorzuführen. Die Beamten der Grenzzollverwaltung haben die im Absatz 1 unter a und c bezeichneten Bescheinigungen und Zeugnisse auf ihre Gültigkeit sowie dahin zu prüfen, ob sie sich auf das vorgeführte Fahrzeug und seinen Führer beziehen.

(3) Für Kraftfahrzeuge, denen gemäß Abs. 1 und 2 ein länglichrundes Kennzeichen zugeteilt worden ist, kann die Ausstellung eines internationalen Fahrausweises (Muster 1) beantragt werden. Der Antrag ist vom Eigentümer des Fahrzeugs an die für den Sitz der Ausgabestelle des Kennzeichens zuständige inländische höhere Verwaltungsbehörde zu richten; die Vorschriften der §§ 3 und 5 finden sinngemäß Anwendung mit der Maßgabe, daß die deutsche Zulassungsbescheinigung durch die mit dem Anerkennungsvermerk einer deutschen Behörde versehene ausländische Zulassungsbescheinigung und der deutsche Führerschein durch den mit dem Anerkennungsvermerk einer deutschen Behörde versehenen ausländischen Führerschein ersetzt

werden. In den internationalen Fahrausweis ist als Erkennungsnummer des Kennzeichens die Nummer des länglichrunden Kennzeichens einzutragen. An dem Fahrzeug etwa vorhandene ausländische Kennzeichen sind zu entfernen; beim Ausgang des Fahrzeugs aus dem Reichsgebiet ist das länglichrunde Kennzeichen nicht abzunehmen. Ist für das Fahrzeug bereits eine Steuerkarte ausgestellt, so hat die Zulassungsbehörde diese einzufordern, eine Bescheinigung nach Muster 7 auszustellen und Muster 7
mit der Steuerkarte zu verbinden. Von der Ausstellung des internationalen Fahrausweises hat die höhere Verwaltungsbehörde der Ausgabestelle des länglichrunden Kennzeichens Mitteilung zu machen. Werden Kennzeichen (Muster 5), internationaler Fahrausweis und Steuerkarte oder Bescheinigung (Muster 6) spätestens ein Jahr nach Erteilung des länglichrunden Kennzeichens an die Zoll- oder Steuerbehörde abgeliefert, die das Kennzeichen zugeteilt hat, so ist die Sicherheit an eine vom Hinterleger zu bezeichnende inländische Stelle zurückzugeben; andernfalls verfällt die Sicherheit zugunsten des Reichs.

(4) Als „deutsche Behörde", deren Anerkennungsvermerk nach Abs. 1 unter a und c und Abs. 3 die ausländischen Bescheinigungen und Zeugnisse tragen müssen, gilt der zuständige deutsche Konsul. Sind die Schriftstücke nicht in deutscher Sprache abgefaßt, so muß ihr Inhalt aus dem Anerkennungsvermerk ersichtlich sein.

§ 12.

Den Eigentümern außerdeutscher Kraftfahrzeuge kann von der zuständigen höheren Verwaltungsbehörde auf Antrag gestattet werden, das deutsche Kennzeichen zu führen. Die betreffenden Kraftfahrzeuge sind in diesem Falle in polizeilicher Beziehung als deutsche anzusehen und unterliegen demgemäß insbesondere den Vorschriften der §§ 5, 6, 8 und 11 der Verordnung vom 16. März 1928.

§ 13.

(1) Bei Benutzung von öffentlichen Wegen, die die einzige oder die gegebene Verbindung zwischen verschiedenen Orten des Aus-

landes bilden und das Reichsgebiet auf kurzen Strecken durchschneiden, kann nach Maßgabe der Bestimmungen der obersten Landesbehörde im Falle des örtlichen Bedürfnisses und unter Anordnung der erforderlichen Sicherungsmaßnahmen von der Zuteilung eines länglichrunden Kennzeichens (§ 11 Abs. 1 b) abgesehen werden, sofern die im Inland gelegene Strecke ohne Abweichung und willkürlichen Aufenthalt zurückgelegt wird. Die Befreiung darf nur zugelassen werden, falls nach den örtlichen Verhältnissen oder nach den getroffenen Sicherungsmaßnahmen ein Mißbrauch nicht zu besorgen ist.

(2) Nach Maßgabe der Bestimmungen der obersten Landesbehörde kann ferner bei Kraftfahrzeugen, die im Betriebe von Grenzlinien verwandt werden, von der Zuteilung eines länglichrunden Kennzeichens (§ 11 Abs. 1 b) und bei den Führern dieser Kraftfahrzeuge von dem Anerkennungsvermerk einer deutschen Behörde auf dem ausländischen Führerzeugnis (§ 11 Abs. 1 c) abgesehen werden.

E. Besondere Vorschriften.

§ 14.

Werden Kraftfahrzeuge solcher Personen, die ihren Wohnsitz oder dauernden Aufenthalt im Gebiete des Deutschen Reichs haben, mit eigener Triebkraft aus dem Ausland zum dauernden Verbleib in das Inland eingeführt,[1]) so hat die Prüfung und Kennzeichnung der Fahrzeuge in Gemäßheit der Bestimmungen in den §§ 6, 8 der Verordnung vom 16. März 1928 innerhalb 30 Tagen nach dem Grenzübertritt oder nach der Ingebrauchnahme des Fahrzeugs im Inland zu erfolgen.

---

[1]) Diese Fahrzeuge befinden sich nicht wie in den Fällen der §§ 6, 11 dieser VO nur zu vorübergehendem Aufenthalt in Deutschland und genießen daher die in dieser VO vorgesehenen Rechte nur innerhalb eines Zeitraums von 30 Tagen nach dem Grenzübertritt oder nach der Gebrauchnahme im Inland. Vor Ablauf dieses Zeitraums sind sie ordnungsgemäß zuzulassen, andernfalls erlischt mit Ablauf des Zeitraums die Zulassung.

§ 15.[1])

Soll ein im Inland erworbenes, zum Verkehr noch nicht zugelassenes Kraftfahrzeug mit eigener Triebkraft in das Ausland zum dauernden Verbleib verbracht werden, so kann mit dem gemäß §§ 5, 6 der Verordnung vom 16. März 1928 bei der zuständigen höheren Verwaltungsbehörde zu stellenden Antrag auf Zulassung des Fahrzeugs zum Verkehr auf öffentlichen Wegen und Plätzen gleichzeitig der Antrag auf Ausstellung des internationalen Fahrausweises gemäß § 3 dieser Verordnung angebracht werden. Die Zulassung des Fahrzeugs erfolgt in diesem Falle nach den Vorschriften der Verordnung vom 16. März 1928 mit der Maßgabe, daß an Stelle der Zulassungsbescheinigung der internationale Fahrausweis tritt und daß das Fahrzeug nicht das Kennzeichen für inländische Kraftfahrzeuge, sondern das länglichrunde Kennzeichen gemäß § 11 Abs. 1 b dieser Verordnung durch Vermittlung der zuständigen Zoll- oder Steuerbehörde im Innern erhält; beim Ausgang des Fahrzeugs aus dem Reichsgebiet ist das länglichrunde Kennzeichen nicht abzunehmen. § 11 Abs. 1 Abschnitt b Abs. 2 und 3 gilt entsprechend; werden Kennzeichen, internationaler Fahrausweis und Steuerkarte spätestens einen Monat nach Ablauf der Gültigkeitsdauer der Steuerkarte an die Zoll- oder Steuerbehörde abgeliefert, die das Kennzeichen zugeteilt hat, so ist die Sicherheit an eine vom Hinterleger zu bezeichnende inländische Stelle zurückzugeben, andernfalls verfällt die Sicherheit zugunsten des Reichs.

---

[1]) Der § 15 schafft im Interesse des deutschen Handels dem Ausländer, der in Deutschland ein zum Verkehr noch nicht zugelassenes K erworben hat, die Möglichkeit, dieses mit eigener Triebkraft ins Ausland zu verbringen. (Bek. vom 28. 4. 1910).

Anlage A.
(Zu § 6 Abs. 3.)

Verzeichnis

der dem Internationalen Abkommen über den Verkehr mit Kraftfahrzeugen vom 11. Oktober 1909 beigetretenen Staaten.

Staaten	Unterscheidungszeichen
Deutschland . . .	D
Belgien	B
Bulgarien	BG
Dänemark	DK
Danzig	DA
Finnland	SF
Frankreich nebst Algerien, Marokko (französische Zone) und Tunis	F
Griechenland . . .	GR
Großbritannien nebst Gibraltar u. Malta	GB
Die anglo-normannische Insel Alderney . .	GBA
Die anglo-normannische Insel Guernsey . .	GBG
Die anglo-normannische Insel Jersey . .	GBJ
Britisch-Indien (mit Ausnahme der unter britischer Oberhoheit stehenden Gebiete eingeborener Fürsten u. Stammeshäupter) .	BI
Der Irische Freistaat	SE
Italien	I
Liechtenstein . . .	FL
Litauen	LT
Luxemburg	L
Monaco	MC
Die Niederlande . .	NL
Niederländisch-Indien .	IN
Norwegen	N
Oesterreich	A
Polen	PL
Portugal	P
Rumänien	RM
Rußland	R
Schweden	S
Schweiz	CH
Spanien	E
Die Tschechoslowakische Republik	CS
Ungarn	H

(Einband aus dunkelgrauem Leinwandpapier; Einlageblätter weiß; Breite 12 cm, Höhe 22 cm; Typendruck.)

[1. Seite]

Muster 1
(Zu § 3 Abs. 4.)

Verkehr mit Kraftfahrzeugen.

Internationales Abkommen vom 11. Oktober 1909.

Internationaler Fahrausweis

für den zeitlich beschränkten Verkehr im Ausland.

Dieses Ausweisheft ist in allen Vertragsstaaten*) nur ein Jahr vom Ausstellungstag an gültig.

Ausstellung des Ausweishefts.

Ort: ....

Tag: ....

D ....

....

Stempel der Behörde

*) Dies sind folgende Staaten: Deutschland, Belgien, Bulgarien, Dänemark, Danzig, Finnland, Frankreich nebst Algerien, Marokko (französische Zone) und Tunis, Griechenland, Großbritannien nebst Britisch Indien (mit Ausnahme der unter britischer Oberhoheit stehenden Gebiete eingeborener Fürsten und Stammeshäupter), Gibraltar, den Inseln Alderney, Guernsey, Jersey sowie Malta, ferner der Irische Freistaat, Italien, Liechtenstein, Litauen, Luxemburg, Monaco, die Niederlande nebst Niederländisch-Indien, Norwegen, Oesterreich, Polen, Portugal, Rumänien, Rußland, Schweden, die Schweiz, Spanien, die Tschechoslowakische Republik, Ungarn.

Deutsches Reich.

Angaben

über das Fahrzeug.

Eigentümer des Fahrzeugs: { Name: ……… Vorname: ……… Wohnort: ………

Art des Fahrzeugs (Wagen, Dreirad usw.): ……

Bezeichnung des Herstellers: ………

Angabe des Typs des Fahrgestells: ………

Ordnungsnummer in der Typenreihe oder Fabriknummer des Fahrgestells: ………

Motor: ……… { Anzahl der Zylinder: ……… Anzahl der Pferdestärken des Motors oder Bohrung d. Zylinder: ………

Aufbauten: ……… { Form: ……… Farbe: ……… Gesamtzahl der Plätze: ……

Eigengewicht des Fahrzeugs (in Kilogrammen): ………

Erkennungsnummer des Kennzeichens: ………

………

Angaben

über den oder die Führer.

Name: ………
Vorname: ………
Ort der Geburt: ………
Tag der Geburt: ………
Wohnort: ………

Name: ………
Vorname: ………
Ort der Geburt: ………
Tag der Geburt: ………
Wohnort: ………

Hier folgen die ausländischen Einlageblätter, wie sie nach Anordnung des Reichskanzlers gemäß den Angaben der beteiligten fremden Regierungen zusammenzustellen sind.

(Hier einzufalzen.)

(Hier einzufalzen.)

Lichtbild

Stempel
der
Behörde

Lichtbild

Stempel
der
Behörde

(In verkleinertem Maßstab.)

Muster 2 u. 3

(Zu § 5 Abs. 2)

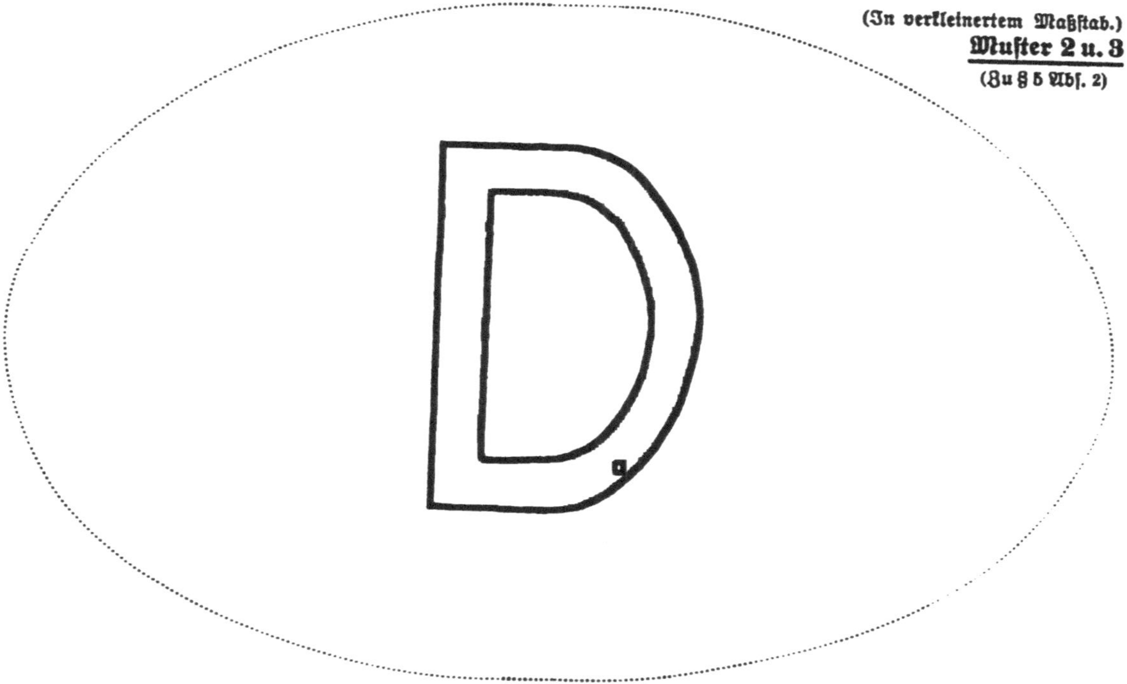

Muster 4
(Zu § 9 Abs. 3)

Deutsches Reich.

Angaben
über das Fahrzeug.

Eigentümer des Fahrzeugs: { Name: ....
Vorname: ....
Wohnort: ....

Art des Fahrzeugs (Wagen, Dreirad usw.): .....
Bezeichnung des Herstellers: ....
Angabe des Typs des Fahrgestells: ....
Ordnungsnummer in der Typenreihe oder Fabriknummer des Fahrgestells: ....

Motor: .... { Anzahl der Zylinder: ....
Anzahl der Pferdestärken des Motors oder Bohrung d. Zylinder: ....

Aufbauten: .... { Form: ....
Farbe: ....
Gesamtzahl der Plätze: ....

Eigengewicht des Fahrzeugs (in Kilogrammen): ....
Erkennungsnummer des Kennzeichens: ....
....

Angaben
über den oder die Führer:

Name: ....
Vorname: ....
Ort der Geburt: ....
Tag der Geburt: ....
Wohnort: ....

Name: ....
Vorname: ....
Ort der Geburt: ....
Tag der Geburt: ....
Wohnort: ....

Deutsches Reich.

Visa beim Eintritt in das Deutsche Reich	Visa beim Austritt aus dem Deutschen Reich
Ort:	Ort: ....
Tag:	Tag: ....
D.......... Zoll	D.......... Zoll ....
Stempel der Zollstelle	Stempel der Zollstelle

Ausschluß eines Führers.

Dem Herrn ....
(Name und Vorname)......................
der nach dem Vorstehenden durch die Behörde von .... (Land) .... ermächtigt worden ist, ist die Führung des Kraftfahrzeugs im Gebiete des Deutschen Reichs durch ....
....
untersagt worden. ....

Stempel der Behörde

......................, den ....
Der (die, das) ....
(Unterschrift)

Zulassung eines neuen Führers.

......................, den ....
Der (die, das) ....
(Unterschrift.)

Lichtbild.

Stempel der Behörde

Name: ....
Vorname: ....
Ort der Geburt: ....
Tag der Geburt: ....
Wohnort: ....

(In verkleinertem Maßstab.)

Muster 5

(Zu § 11 Abs. 1b)

Muster 6

(zu § 11 Abs. 1b)

[Vorderseite]

Das umseitig beschriebene Kraftfahrzeug ist hier eingegangen und unter der Erkennungsnummer ______ eingetragen worden.

.... *RM* Gebühr für die Zuteilung des Kennzeichens ist gezahlt und gebucht unter Nr. ....

.... *RM* Sicherheit für die Rückgabe des Kennzeichens ist in bar geleistet und gebucht unter Nr. ....

...., den .... 19.....

(Amtsstempel) .... (Unterschrift)

Ausgegangen am .... 19.....

Das Kennzeichen ist abgenommen worden. .... *RM* Sicherheit ist zurückgezahlt worden.

(Amtsstempel) .... (Unterschrift)

[Rückseite]

Namen und Wohnort des Eigentümers	
Firma, die das Fahrgestell hergestellt hat	
Fabriknummer des Fahrgestells	
Art der Kraftquelle	
Anzahl der Pferdestärken der Maschine oder des Motors	
Eigengewicht des Fahrzeugs	
Zulässige Belastung (kg oder Personenzahl einschl. Führer)	

Muster 7

(Zu § 11 Abs. 3)

(Auf weißem Papier. Breite 125 mm, Höhe 88 mm).

(Freier Rand)

Für das Kraftfahrzeug mit dem länglichrunden Kennzeichen Nummer .... ist ein internationaler Fahrausweis ausgestellt worden. Das Kennzeichen ist daher beim Ausgang des Fahrzeugs aus dem Reichsgebiete nicht abzunehmen.

.................................., den .... 19.....

(Amtsstempel)

....

(Name der höheren Verwaltungsbehörde)

....

(Unterschrift)

Bekanntmachung der K. Bayer. Staatsministerien des Innern und der Finanzen, den Vollzug der Verordnung über den internationalen Verkehr mit Kraftfahrzeugen vom 28. April 1910 betr.

(MinABl. S. 334.)

Zum Vollzuge der Verordnung über den internationalen Verkehr mit Kraftfahrzeugen vom 21. April 1910 (RGBl. S. 640) wird Nachstehendes bekanntgegeben:

Zu § 3. Die von den höheren Verwaltungsbehörden, d. h. — gemäß Abschnitt I Ziff. 1 der Bekanntmachung vom 17. v. Mts. (MABl. S. 195) — von den Distriktsverwaltungsbehörden auszustellenden internationalen Fahrausweise für den zeitlich beschränkten Verkehr im Ausland werden in der Reichsdruckerei hergestellt und sind durch Vermittlung der K. Polizeidirektion München zu beziehen. Es empfiehlt sich, zunächst nur den Jahresbedarf zu decken, da die Fahrausweise infolge Hinzutritts weiterer Staaten zu dem Internationalen Abkommen voraussichtlich bereits im Jahre 1911 geändert und erweitert werden müssen.

Der Antrag auf Ausstellung eines internationalen Fahrausweises kann mündlich oder schriftlich angebracht werden. Zulassungsbescheinigung und Führerschein sind, um den Antragsteller in der Benutzung seines Fahrzeugs nicht zu behindern, sofort zurückzugeben.

Zu den erforderlichen handschriftlichen Angaben über das Fahrzeug sowie über den oder die Führer sind nur die auf dem letzten Blatte des Fahrausweises vorgesehenen Reihen zu benutzen. Bei der Eintragung dieser Angaben ist das letzte Blatt aus der Falte zu ziehen, damit die Eintragungen sich an den entsprechenden Vordruck auf der ersten Seite der Einlageblätter anschließen.

Zu § 4.[1]) Das deutsche Nationalitätszeichen hat sich der Eigentümer des Kraftfahrzeugs selbst zu beschaffen. Eine amtliche Abstempelung des Nationalitätszeichens ist nicht erforderlich.

Zu § 6.[2]) Behufs Erledigung der ihnen nach § 6 zufallenden Aufgaben werden die Beamten der Grenzzollverwaltung zunächst die Vorlegung des internationalen Fahrausweises verlangen.

---

[1]) Jetzt § 5. [2]) Jetzt § 7.

Alsdann werden sie feststellen, ob der Fahrausweis noch gültig ist, ob er sich auf das vorgeführte Kraftfahrzeug und seinen oder seine Führer bezieht, sowie ob das im Fahrausweis angegebene Kennzeichen nebst dem zugehörigen Nationalitätszeichen ordnungsmäßig am Kraftfahrzeug angebracht ist. Ferner werden sie sich davon zu überzeugen haben, ob das Kraftfahrzeug mit der vorgeschriebenen Hupe sowie mit den erforderlichen Beleuchtungsvorrichtungen ausgestattet ist (Art. 5 und 6 des Internationalen Abkommens).

Von der Eintragung eines Vermerkes über den Eintritt und den Austritt des Kraftfahrzeugs, wie solcher in dem Fahrtausweis auf der Rückseite des Einlegeblatts für das Deutsche Reich vorgesehen ist, ist bis auf weiteres Abstand zu nehmen.

Zu § 8.[1]) Ist die Anerkennung des internationalen Fahrausweises versagt und die Ausschließung des Fahrzeugs vom Verkehr auf öffentlichen Wegen und Plätzen verfügt worden, so hat die höhere Verwaltungsbehörde (Distriktsverwaltungsbehörde) den Fahrausweis einzuziehen und seine Rücksendung auf diplomatischem Wege an die Stelle, die ihn ausgestellt oder gegengezeichnet hat, zu veranlassen. Dabei werden die Gründe, die zur Versagung geführt haben, kurz mitzuteilen sein.

Zu § 10.[2]) Das Verfahren bleibt hinsichtlich derjenigen außerdeutschen Kraftfahrzeuge und Führer, für welche ein internationaler Fahrausweis nicht vorgelegt werden kann, im allgemeinen das gleiche wie bisher. Die Ausstellung einer Bescheinigung nach Muster 6 findet jedoch nur noch bei denjenigen Kraftfahrzeugen statt, für welche eine Steuerkarte nicht zu lösen ist. Die für diese Fahrzeuge auszustellende Bescheinigung zeigt gegen früher einige Aenderungen: auf der Vorderseite (bisher Rückseite) fehlt der Vermerk über die Nummer der Liste, die Eintragungen auf der Rückseite (bisher Vorderseite) ergeben sich aus der für das Fahrzeug nach der Vorschrift unter Abs. 1a vorzulegenden ausländischen Bescheinigung. Die Führung der bisherigen besonderen Liste über die eingegangenen außerdeutschen Kraftfahrzeuge fällt fort. Nach wie vor werden aber die Beamten der

---

[1]) Jetzt § 9.

[2]) Jetzt § 11, siehe hiezu auch Abschn. II der Bek. v. 22. 2. 1928.

Grenzzollverwaltung die vorschriftsmäßige und sichere Anbringung des länglichrunden Kennzeichens sorgsam zu überwachen haben.

Zu § 13.[1]) Im § 13 handelt es sich um außerdeutsche Kraftfahrzeuge, die aus dem Ausland in das Inland zum dauernden Verbleib geführt werden. Auf diese Fahrzeuge finden die Vorschriften für den vorübergehenden Aufenthalt im Deutschen Reiche nur in zeitlich beschränktem Maße Anwendung. Die Fahrzeuge sind, gleichgültig ob ihr Eintritt in das Reichsgebiet auf Grund eines internationalen Fahrausweises oder gemäß den Bestimmungen unter § 10 der Verordnung erfolgt, innerhalb der im § 13 bestimmten Frist bei der für den Wohnort des Eigentümers zuständigen höheren Bewaltungsbehörde (Distriktsverwaltungsbehörde) zwecks endgültiger Zulassung anzumelden.

Zu § 14.[2]) Der § 14 schafft im Interesse des deutschen Handels dem Ausländer, der in Deutschland ein zum Verkehre noch nicht zugelassenes Kraftfahrzeug erworben hat, die Möglichkeit, dieses mit eigener Triebkraft ins Ausland zu verbringen. Als zuständig für die Behandlung des Antrags auf Ausstellung eines internationalen Fahrausweises wird die höhere Verwaltungsbehörde (Distriktsverwaltungsbehörde) anzusehen sein, in deren Bezirk das Kraftfahrzeug in Betrieb gesetzt werden soll. Bei der Erledigung des Antrags wird diese Behörde mit der zuständigen Zoll- oder Steuerbehörde in Benehmen zu treten haben. Da der internationale Fahrausweis nach einem Jahre seine Gültigkeit verliert, wird nach Ablauf dieser Zeit das länglichrunde Kennzeichen erneut ausgegeben werden können.

Verordnung betreffend die Ausbildung von Kraftfahrzeugführern.

Vom 1. März 1921 (RGBl. S. 212) in der Fassung der Verordnungen vom 15. März 1923 (RGBl. I S. 169) und 21. Oktober 1923 (RGBl. I S. 988).

Die Reichsregierung verordnet mit Zustimmung des Reichsrats auf Grund des § 6 des Gesetzes über den Verkehr mit

---

[1]) Jetzt § 14. [2]) Jetzt § 15

Kraftfahrzeugen vom 3. Mai 1909 (RGBl. S. 437) in Verbindung mit Artikel 179 Abs. 2 der Verfassung des Deutschen Reichs vom 11. August 1919 (RGBl. S. 1383) folgendes:

§ 1

(1) Wer Personen zu Führern auf öffentlichen Wegen oder Plätzen verkehrender Kraftfahrzeuge ausbilden will, bedarf der Erlaubnis der höheren Verwaltungsbehörde. Die Erlaubnis berechtigt zur Vornahme von Uebungsfahrten im ganzen Reiche, soweit nicht andere Bestimmungen das Verkehrsgebiet des zur Ausbildung benutzten Fahrzeugs beschränken, und zur Ausstellung von Ausbildungsnachweisen für alle höheren Verwaltungsbehörden. Die Erlaubnis wird nur unter Vorbehalt des Widerrufs, nur zur Ausbildung von Kraftfahrzeugführern auf Fahrzeugen der Betriebsart und Klasse des Führerscheins des Nachsuchenden und nur zuverlässigen über 25 Jahre alten Personen erteilt, die eine umfangreiche, mindestens dreijährige vorwurfsfreie Tätigkeit als Führer nachweisen und für gewissenhafte, gründliche Ausbildung volle Gewähr bieten. Die Erlaubnis zur Ausbildung von Kraftwagenführern ist zu versagen, wenn kein Bedürfnis besteht.

(2) Die Erlaubnis zur Ausbildung von Kraftwagenführern wird, abgesehen vom Sonderfalle der Ausbildung einer einzelnen bestimmten Person, nur erteilt

1. an Angestellte eines von einer Körperschaft des öffentlichen Rechtes betriebenen öffentlichen oder Inhaber oder Angestellte eines gewerbsmäßig betriebenen privaten Ausbildungsunternehmens,
2. an Inhaber einer zuverlässigen, Kraftfahrzeugfabrik, -fabrikniederlassung oder -handlung oder eines zuverlässigen, Kraftfahrzeuge betreibenden Unternehmens oder in deren Diensten oder im Dienste einer Behörde oder Feuerwehr stehende Personen, jedoch nur für das eigene Bedürfnis (Ausbildung von Angestellten, Käufern von Wagen oder deren Angestellten).

(3) Der Fahrlehrer hat die Erlaubnis durch eine Bescheinigung (Fahrlehrerschein) nach beiliegendem Muster nachzuweisen, den

Schein bei Uebungs- und Prüfungsfahrten mit sich zu führen und den zuständigen Beamten und amtlich anerkannten Sachverständigen auf Verlangen vorzuzeigen.

§ 2

Wer ein privates Ausbildungsunternehmen gewerbsmäßig betreiben will, bedarf, unbeschadet der nach § 1 für jeden Fahrlehrer erforderlichen, noch einer besonderen Erlaubnis der höheren Verwaltungsbehörde. Die Erlaubnis wird nur widerruflich erteilt; sie ist zu versagen, wenn kein Bedürfnis besteht. Eine höhere Verwaltungsbehörde, in deren Bezirk eine Körperschaft des öffentlichen Rechtes ein öffentliches Ausbildungsunternehmen betreibt, darf nur nach Anhörung der Leitung dieses Unternehmens (Vorstand, Kuratorium und dergleichen) gewerbsmäßig betriebene private Unternehmen zulassen.

§ 3

Die Erlaubnis zum gewerbsmäßigen Betrieb eines privaten Ausbildungsunternehmens (§ 2) wird von der für den Sitz des Unternehmens zuständigen höheren Verwaltungsbehörde erteilt. Entsprechendes gilt für die Erteilung der Erlaubnis zur Ausbildung von Kraftfahrzeugführern (§ 1 Abs. 1 Satz 1) mit der Maßgabe, daß im Sonderfalle der Ausbildung einer einzelnen bestimmten Person zum Kraftfahrzeugführer die höhere Verwaltungsbehörde des Wohnsitzes des Antragstellers zuständig ist.

§ 4

Im übrigen gelten für die Erteilung der Erlaubnis zur Ausbildung von Kraftfahrzeugführern und zum gewerbsmäßigen Betriebe privater Ausbildungsunternehmen sowie für die Ausbildung die Vorschriften der Anlage.

§ 5

Die höhere Verwaltungsbehörde soll die Erlaubnis zur Ausbildung von Kraftfahrzeugführern und zum gewerbsmäßigen Betriebe privater Ausbildungsunternehmen insbesondere widerrufen, wenn die Leistungen unbefriedigend sind oder sich andere erhebliche Mißstände ergeben; sie hat die Erlaubnis zu widerrufen, wenn die Voraussetzungen, die zur Erteilung geführt haben, nicht mehr erfüllt sind. Die Entziehung der Erlaubnis zum Führen von Kraftfahrzeugen auf öffentlichen Wegen oder Plätzen hat ohne weiteres den Fortfall der Erlaubnis zur Ausbildung von Kraftfahrzeugführern zur Folge; der Fahrlehrerschein ist einzuziehen; dies gilt auch im Falle des Widerrufs der Fahrlehrererlaubnis.

§ 6

Jede höhere Verwaltungsbehörde bildet, soweit nicht die Landeszentralbehörde etwas anderes bestimmt, an ihrem Sitze einen Ausschuß, der aus Vertretern der Kraftfahrzeugfabrikanten, -händler, Kraftfahrzeuge betreibenden Unternehmer, Kraftfahrzeughalter- und Berufsfahrervereinigungen und der amtlich anerkannten Sachverständigen bestehen soll. Der Ausschuß steht der höheren Verwaltungsbehörde bei Durchführung dieser Verordnung beratend zur Seite; seine Tätigkeit ist ehrenamtlich.

§ 7

Welche Behörde unter „höherer Verwaltungsbehörde" zu verstehen ist, bestimmt die Landeszentralbehörde.

§ 8

Für Erteilung und Widerruf der Erlaubnis zur Ausbildung von Kraftfahrzeugführern der Reichspostverwaltung, der Wehrmacht und der staatlichen Polizei und für ihre Ausbildung gilt Ziff. IX der Anlage.

§ 9

Die vor Inkrafttreten dieser Verordnung erteilten Fahrlehrerscheine und die Erlaubnisscheine zum gewerbsmäßigen Betriebe privater Ausbildungsunternehmen bleiben, sofern nicht ein besonderer Anlaß zur Zurücknahme vorliegt, bis zum 31. Juli 1921 gültig. Die Inhaber solcher Scheine haben jedoch, falls Fortführung der Tätigkeit über den 31. Juli 1921 beabsichtigt wird, bis zum 1. Mai 1921 die Erteilung des neuen Scheines gemäß §§ 1 bis 4 zu beantragen. Für seine Zuteilung gilt diese Verordnung mit der Maßgabe, daß vom Erfordernis des im § 1 Abs. 1 vorgesehenen Mindestalters abgesehen werden kann.

Muster

zur Verordnung vom 1. März 1921 (RGBl. S. 212).

(Auf gelbem glattem Papier. Breite 10 cm, Höhe 15 cm. Typendruck.)

[1. Seite]

Fahrlehrerschein

Ausgestellt für ....

....

.... geboren am ......ten........................ 19......

in ....

....

wohnhaft in ....

....

....

.... Straße Nr. ....

(Nichtzutreffendes ist zu durchstreichen)

....

erhält hiermit widerruflich die Erlaubnis zur Ausbildung von Führern auf Kraftfahrzeugen

mit Verbrennungsmaschine Klasse ....

mit elektrischer Batterie Klasse ....

mit Dampfmaschine Klasse ....

Die Erlaubnis gilt nur für die Ausbildung von Führern im Dienste der

(Firma, Ausbildungsunternehmen, Behörden usw.)

....

....

Der Fahrlehrerschein ist bei Übungs- und Prüfungsfahrten mitzuführen; er verliert bei Entziehung des Führerscheins ohne weiteres seine Gültigkeit.

..............................., den ......ten.............................. 19.....

....

(Name der höheren Verwaltungsbehörde)

(Stempel)

Liste Nr. ....

Eigenhändige Namensunterschrift des Inhabers:

....

(Raum für weitere amtliche Eintragungen, insbesondere für Vermerke, betreffend Ausdehnung der Erlaubnis)

[4. Seite]

Anlage
(zu § 4)

Ausbildung von Kraftfahrzeugführern.

I. Antrag auf Erteilung der Erlaubnis zur Ausbildung.

(1) Der Antrag auf Erteilung der Erlaubnis zur Ausbildung von Kraftfahrzeugführern ist an die nach § 3 der Verordnung zuständige höhere Verwaltungsbehörde zu richten. Beizufügen sind

1. ein eigenhändig geschriebener Lebenslauf, der insbesondere Art und Dauer der Beschäftigung mit Kraftfahrzeugen angibt,
2. eine amtlich beglaubigte Abschrift des Führerscheins,
3. Nachweise über die Tätigkeit als Kraftfahrzeugführer,
4. eine Erklärung, für welche Betriebsart und Klasse von Kraftfahrzeugen die Erlaubnis beantragt wird,
5. wenn der Antragsteller im Dienste eines gewerbsmäßigen privaten Ausbildungsunternehmens, einer Kraftfahrzeugfabrik, -fabrikniederlassung oder -handlung, eines Kraftfahrzeuge betreibenden Unternehmens als Fahrlehrer tätig sein will, Befürwortung des Antrags durch den Unternehmer oder Firmeninhaber und dessen Erklärung, daß er bereit ist, die Tätigkeit des Fahrlehrers sorgfältig zu überwachen.

(2) Die Behörde hat die Bedürfnisfrage und ferner zu prüfen, ob die persönlichen und wirtschaftlichen Verhältnisse den Antragsteller als zum Fahrlehrer geeignet erscheinen lassen. Will der Antragsteller im Dienste einer Kraftfahrzeugfabrik, -fabrikniederlassung oder -handlung oder eines Kraftfahrzeuge betreibenden Unternehmens als Fahrlehrer tätig sein, so sind auch deren Zuverlässigkeit und wirtschaftliche Verhältnisse zu prüfen.

(3) Die Behörde hat ferner durch Anfrage bei der für das Deutsche Reich bestehenden Sammelstelle für Nachrichten über Kraftfahrzeugführer (Polizeipräsidium in Berlin) festzustellen, was etwa dort über den Antragsteller als Kraftfahrzeugführer oder Fahrlehrer bekannt ist.

(4) Ergeben die Feststellungen, daß ein Bedürfnis nicht vorliegt oder der Antragsteller als Fahrlehrer ungeeignet erscheint, so ist die Erlaubnis zu versagen. Andernfalls übersendet die Behörde den Antrag nebst Anlagen dem amtlich anerkannten Sachverständigen zum Zwecke der auf Kosten des Antragstellers vorzunehmenden Prüfung über seine Befähigung zur Ausbildung von Kraftfahrzeugführeru und Feststellung, ob ausreichende geeignete Lehrmittel vorhanden sind. Der Antragsteller ist hiervon zu benachrichtigen.

(5) Wird die Erlaubnis nur zur Ausbildung von Kraftradführern beantragt, so fallen die im Abs. 2 vorgeschriebenen Prüfungen, ferner die Fahrlehrerprüfung und die Prüfung der Lehrmittel fort. War die Erlaubnis zur Ausbildung von Kraftwagenführern dem Antragsteller bereits von einer anderen höheren Verwaltungsbehörde in dem beantragten Umfang auf Grund einer durch einen amtlich anerkannten Sachverständigen vorgenommenen Fahrlehrerprüfung erteilt, so fällt eine nochmalige Fahrlehrerprüfung fort. In Fällen besonderer Art, in denen die Erlaubnis zur Ausbildung einer bestimmten Person zum Kraftwagenführer beantragt wird, kann die höhere Verwaltungsbehörde, die nach Lage des Falles gerechtfertigt erscheinenden Erleichterungen gewähren. Steht in anderen Fällen die Geeignetheit des Antragstellers außer Zweifel, so kann die höhere Verwaltungsbehörde auf die Fahrlehrerprüfung und auf die Prüfung der Lehrmittel verzichten.

(6) Für solche Reichs-, Staats- und Gemeindebeamte und Angestellte einer Körperschaft des öffentlichen Rechtes, die als Fahrlehrer verwendet werden sollen, kann der Antrag auf Erteilung der Erlaubnis zur Ausbildung von Kraftfahrzeugführern nur von der vorgesetzten Dienststelle gestellt werden; die Prüfung der persönlichen und wirtschaftlichen Verhältnisse des Fahrlehrers sowie der Bedürfnisfrage und der Lehrmittel fällt fort.

II. Fahrlehrerprüfung.

(1) Die Fahrlehrerprüfung erfolgt durch einen von der höheren Verwaltungsbehörde amtlich anerkannten Sachverständigen.

(2) Der Sachverständige bestimmt den Zeitpunkt der Prüfung. Die Prüfungsgebühr ist auf Verlangen vorauszuleisten.

(3) Der Prüfling hat sich durch Vorlage seines Führerscheins über seine Person auszuweisen.

(4) Die Prüfung ist auf den Nachweis der Befähigung zur Ausbildung von Führern auf Fahrzeugen bestimmter Betriebsarten und Klassen zu richten; sie umfaßt einen schriftlichen und einen mündlichen Teil und erforderlichenfalls eine Fahrprüfung. Der Prüfling hat gründliche Kenntnisse des Kraftwagenbaues und der behördlichen Vorschriften, Vertrautsein mit den örtlichen Verkehrsverhältnissen und insbesondere die Fähigkeit nachzuweisen, in leichtverständlicher Weise sachgemäße Belehrungen über die Gegenstände zu geben, deren Kenntnis in der Führerprüfung verlangt wird.

(5) Prüfungen zwecks Ausdehnung der Ausbildungserlaubnis auf eine andere Betriebsart und Klasse können nach Ermessen des Sachverständigen abgekürzt werden; die Erlaubnis zur Ausbildung von Führern auf Fahrzeugen der Klasse 3 b schließt die auf Fahrzeugen der Klasse 3 a in sich.

(6) Ueber die zur Prüfung zugelassenen Personen und über das Prüfungsergebnis hat der amtlich anerkannte Sachverständige ein Verzeichnis (Fahrlehrerverzeichnis) unter fortlaufender Nummer zu führen.

III. Lehrmittelprüfung.

Bei Prüfung der Lehrmittel, in die erst nach bestandener Fahrlehrerprüfung einzutreten ist, hat der Sachverständige festzustellen, ob die für den Unterricht bestimmten Fahrzeuge geeignet sind, ob Gewähr dafür besteht, daß die Auszubildenden die einzelnen Teile eines Kraftfahrzeugs auch in zerlegtem Zustand sowie die zur Instandhaltung eines Kraftfahrzeugs erforderlichen Arbeiten kennen lernen, sowie daß eine für Unterrichtszwecke brauchbare Sammlung Zeichnungen und entweder genügend Einzelteile und Modelle oder eine ausreichende Instandsetzungswerkstätte vorhanden sind. Fahrzeuge ungewöhnlicher oder veralteter Bauart sind als Lehrwagen nicht zuzulassen. Im Bericht an die höhere Verwaltungsbehörde über die Prüfung der Lehrmittel hat der Sachverständige insbesondere auch Betriebsart und Klasse der für den Unterricht bestimmten Fahrzeuge und ihre polizeiliche Kennzeichnung anzugeben.

IV. Bericht des Sachverständigen.

Nach Abschluß der Prüfungen hat der Sachverständige unter Rücksendung des Antrags und seiner Anlagen unverzüglich der höheren Verwaltungsbehörde über das Ergebnis zu berichten; hierbei ist die Nummer anzugeben, unter der die Eintragung in das Verzeichnis erfolgt ist. Ist die Prüfung bestanden, so ist insbesondere anzugeben, für welche Betriebsart und Klasse von Fahrzeugen der Prüfling sie abgelegt hat.

V. Versagung und Erteilung der Erlaubnis zur Ausbildung.

(1) Ergibt der Bericht des Sachverständigen, daß den Anforderungen nicht genügt ist, sei es, daß der Antragsteller die Prüfung nicht bestanden hat oder daß geeignete und ausreichende Lehrmittel nicht vorhanden sind, so hat die höhere Verwaltungsbehörde die Erlaubnis zu versagen, falls nicht auf Antrag des Prüflings die Entscheidung einstweilen ausgesetzt wird; in diesem Falle kann die höhere Verwaltungsbehörde nach Ablauf einer dreimonatigen Frist den Prüfling erneut zur Prüfung zulassen und innerhalb einer weiteren besonders festzusetzenden Frist zwecks Wiederholung der Prüfung an den Sachverständigen verweisen. Macht der Prüfling von der Wiederzulassung innerhalb der festgesetzten Frist keinen Gebrauch, so ist ihm die Erlaubnis zu versagen.

(2) Ergibt der Bericht des Sachverständigen, daß der Antragsteller die Prüfung bestanden hat und daß geeignete und ausreichende Lehrmittel vorhanden sind, so erteilt die höhere Verwaltungsbehörde den Fahrlehrerschein, falls nicht nach Erteilung des Auftrags zur Vornahme der Prüfung bekanntgewordene Gründe zur Versagung der Erlaubnis führen müssen.

(3) Der Fahrlehrerschein ist stets auf die Ausbildung in der Führung von Fahrzeugen solcher Betriebsarten und Klassen zu beschränken, von denen Lehrfahrzeuge vorhanden sind; dies gilt nicht von der Erlaubnis zur Ausbildung von Kraftradführern. Wird in ausreichend begründet erscheinendem Ausnahmefalle die Erlaubnis nur zur Ausbildung einer bestimmten Person

beantragt, so wird an Stelle des Fahrlehrerscheins eine besondere Bescheinigung ausgestellt. Eine solche kann ausnahmsweise bei dringendem Bedürfnis auch ausgestellt werden, wenn ein Schüler auf einem Fahrzeug einer Betriebsart oder Klasse ausgebildet wird, von der Lehrfahrzeuge bei dem Ausbildungsunternehmen nicht vorhanden sind; ein Gutachten eines amtlich anerkannten Sachverständigen über die Eignung des Fahrzeugs kann vorher verlangt werden; die Bescheinigung nach Satz 2 ist nach abgeschlossener Prüfung des Auszubildenden der Behörde abzuliefern. Wird die Erlaubnis zur Ausbildung von Kraftwagenführern im Dienste eines Ausbildungsunternehmens, einer Kraftfahrzeugfabrik, -fabrikniederlassung oder -handlung oder eines Kraftfahrzeuge betreibenden Unternehmens, einer Behörde oder Feuerwehr beantragt, so ist sie ausdrücklich auf die Ausbildung von Führern im Dienste der genannten Stellen und, abgesehen von Ausbildungsunternehmen des § 1 Abs. 2 Nr. 1, für deren Bedürfnisse (Ausbildung von Angestellten, Käufern von Wagen oder deren Angestellten) zu beschränken.

(4) Ueber die von ihr ausgestellten Fahrlehrerscheine hat die höhere Verwaltungsbehörde ein Verzeichnis mit laufender Nummer zu führen; die Nummer ist im Fahrlehrerschein anzugeben.

(5) Vor Erweiterung eines Fahrlehrerscheins oder Ausstellung einer zweiten Ausfertigung hat die höhere Verwaltungsbehörde durch Anfrage bei der Sammelstelle in Berlin festzustellen, was dort über den Antragsteller als Kraftfahrzeugführer oder Fahrlehrer bekannt ist. Von jeder Versagung der Erlaubnis, Aussetzung der Entscheidung, Erteilung, Erweiterung oder Ausstellung einer zweiten Ausfertigung eines Fahrlehrerscheins sowie von jedem Widerrufe hat die höhere Verwaltungsbehörde unverzüglich der Sammelstelle Mitteilung zu machen. Bei Versagung und Widerruf sind die Gründe kurz mitzuteilen.

(6) Ausbildungsunternehmen, Kraftfahrzeugfabriken, -fabrikniederlassungen, -handlungen, Kraftfahrzeuge betreibende Unternehmen, Behörden und Feuerwehren, die behördlich zugelassene Fahrlehrer beschäftigen, haben den Dienstaustritt eines Fahrlehrers unverzüglich der höheren Verwaltungsbehörde zu melden. Diese zieht den Fahrlehrerschein ein.

VI. Erlaubnis zum gewerbsmäßigen Betrieb eines privaten Ausbildungsunternehmens.

(1) Anträge auf Erteilung der Erlaubnis zum gewerbsmäßigen Betrieb eines privaten Unternehmens müssen enthalten:

a) die Angabe, welchen Namen es führen, in welchen Räumen es betrieben werden soll, welche Lehrfahrzeuge und sonstigen Lehrmittel vorhanden sind oder vor Aufnahme des Unterrichts noch beschafft werden sollen; eine maßstäbliche Zeichnung der Unterrichtsräume ist beizufügen;

b) den Nachweis, daß der Unternehmer die erforderlichen Geldmittel besitzt;

c) die Bezeichnung des Leiters, wenn dies nicht der Unternehmer ist;

d) den Lebenslauf des Leiters und den Nachweis seiner Befähigung;

e) den vollständigen Gebührentarif für die Ausbildung;

f) die Ausbildungsordnung.

(2) Die Erlaubnis ist zu versagen:

1. wenn kein Bedürfnis vorliegt;
2. wenn Tatsachen für die Annahme vorliegen, daß der Unternehmer oder Leiter der Zuverlässigkeit ermangelt;
3. wenn der Leiter nicht die zur Leitung erforderlichen Fähigkeiten nachweist;
4. wenn der Unternehmer nicht die erforderlichen Geldmittel, mindestens zwei Lehrwagen*) und ausreichende sonstige Lehrmittel (vgl. Ziffer fII) nachweist;
5. wenn dem Unternehmer nicht ausreichende und geeignete Räume zur Unterbringung des Unternehmens zur Verfügung stehen;
6. wenn der Unternehmer nicht nachweist, daß er für sämtliche Lehrwagen und Fahrlehrer unter Hinweis auf die Eigenart des Ausbildungsbetriebs eine ausreichende Haftpflichtversicherung bis zur Höhe der Höchstbeträge abgeschlossen hat, die

*) (Amtlich.) Solange der Kraftfahrzeugverkehr aus wirtschaftlichen Gründen gesetzlich eingeschränkt ist, kann die höhere Verwaltungsbehörde das Vorhandensein eines Lehrwagens als ausreichend ansehen.

in den jeweils geltenden gesetzlichen Bestimmungen, zur Zeit im § 12 des Gesetzes vom 3. Mai 1909, für die Haftpflicht aus einem beim Betrieb eines Kraftfahrzeugs entstandenen Schaden festgesetzt sind, und daß sämtliche Lehrwagen mit Geschwindigkeitsmesser und Kilometerzähler versehen sind;

7. wenn Unternehmer oder Leiter das Gewerbe eines Stellenvermittlers betreibt.

(3) Ferner kann die Erlaubnis versagt werden, wenn Unternehmer oder Leiter weder die Reichs- noch die Staatsangehörigkeit in einem deutschen Lande besitzt.

(4) Die Erlaubnis gilt nur für den Unternehmer, dem sie erteilt ist; sie erlischt, wenn das Unternehmen nicht binnen sechs Monaten eröffnet wird oder der Betrieb während der Dauer von sechs Monaten geruht hat. Ein bestimmter Name des Unternehmens ist festzulegen, der Ruf- und Zunamen des Inhabers, gegebenenfalls neben dem des Gründers oder früheren Inhabers und das Wort „Privat" enthält; irreführende Bezeichnungen, wie Hochschule, Akademie, Technikum, sowie solche, die die Eigenschaft als Privatunternehmen verschleiern, sind zu untersagen. Dem Unternehmer ist aufzugeben, bei Verlegung des Unternehmens in andere Räume oder Veränderung im Bestand an Lehrfahrzeugen Anzeige zu erstatten, ferner in etwaigen Veröffentlichungen der Unterrichtsgebühren diese stets vollständig und an einer Stelle zusammengestellt anzugeben und den vollständigen Gebührentarif, nach Weisung der Behörde auch andere Bekanntmachungen, in den Unterrichtsräumen auszuhängen. Die Behörde kann den Umfang der Tätigkeit des Unternehmens (Zahl der Fahrlehrer, Zahl der Auszubildenden) beschränken, auch den Betrieb von Annahmestellen für Auszubildende untersagen; eine Aenderung des Gebührentarifs bedarf ihrer Erlaubnis. Privatunternehmen ist die Führung von Wappen o. dgl. untersagt, die wegen ihrer Aehnlichkeit mit staatlichen oder städtischen geeignet sind, den Anschein zu erwecken, als ob es sich um ein staatliches oder städtisches Unternehmen handelt.

(5) Die höhere Verwaltungsbehörde kann jederzeit den Unterricht, die Unterrichtsräume, Lehrfahrzeuge, Lehrmittel, Listen der Auszubildenden nnd Versicherungsscheine und alle den sonstigen Betrieb des Unterrichts betreffenden Angelegenheiten nach-

prüfen und hierzu Fragen an Leiter, Lehrer und Auszubildende stellen.

(6) Der Mangel der Zuverlässigkeit, der den Widerruf der Erlaubnis zum Betriebe rechtfertigt, liegt beim Unternehmer insbesondere auch dann vor, wenn er auf Täuschung der Oeffentlichkeit berechnete Anpreisungen erläßt oder ohne Erlaubnis der höheren Verwaltungsbehörde den Gebührentarif ändert. Bei Widerruf der Erlaubnis zum Betrieb ist eine angemessene Frist zu setzen, binnen deren der Unternehmer das Unternehmen zu schließen hat.

VII. Ausbildung.

(1) Zur Ausbildung als Kraftwagenführer darf vom Fahrlehrer nur angenommen werden, wer durch amtsärztliches Zeugnis seine körperliche Eignung aufweist, eine Person unter 18 Jahren nur mit besonderer Erlaubnis der höheren Verwaltungsbehörde. Die Auszubildenden sind vor Annahme darauf hinzuweisen, daß die höhere Verwaltungsbehörde die Erlaubnis zum Führen von Kraftfahrzeugen versagt, wenn Tatsachen vorliegen (z. B. schwere Eigentumsvergehen, Neigung zum Trunke oder zu Ausschreitungen, insbesondere zu Roheitsvergehen), die den Nachsuchenden als ungeeignet zum Führen eines Kraftfahrzeugs erscheinen lassen; in zweifelhaften Fällen ist dem Auszubildenden vor Annahme eine Anfrage bei der höheren Verwaltungsbehörde anzuraten. Alle Auszubildenden sind in eine Liste unter fortlaufender Nummer mit genauer Angabe von Ruf- und Zunamen, Anschrift, Tag der Aufnahme und bezahltem Lehrgeld einzutragen; die Liste ist beamteten Personen auf Verlangen vorzuzeigen.

(2) Die Auszubildenden sind in allem, worauf sich die mündliche und praktische Führerprüfung erstreckt, gründlich zu unterweisen; es ist ihnen auch Gelegenheit zu Instandsetzungsarbeiten zu geben. Der Ausbildung im Fahren muß eine Unterweisung über die einschlägigen gesetzlichen und polizeilichen Vorschriften sowie die wichtigsten Bestandteile von Kraftfahrzeugen und ihr Zusammenwirken vorangehen. Die praktische Fahrausbildung als wichtigster Teil der Ausbildung muß besonders gründlich, möglichst auch in verschiedenartigem Gelände erfolgen; hierfür sind zunächst verkehrsarme Straßen (möglichst freie Landstraßen), danach

schwierigere und belebtere (geschlossene Ortsteile) aufzusuchen. Vorrichtungen, die außer dem Führer auch dem Fahrlehrer eine Einwirkung auf Kupplung oder Bremsen ermöglichen, dürfen nur zu Anfang der praktischen Fahrausbildung und keinesfalls bei der Prüfungsfahrt benutzt werden. Ein Nachweis darüber, daß der Auszubildende den Fahrdienst auf Kraftwagen mit mehr als drei Rädern erlernt hat, darf erst ausgestellt werden, nachdem der Auszubildende an mindestens zwölf verschiedenen Tagen über eine Fahrstrecke von im ganzen mindestens 150 Kilometern während eines Zeitraums von im ganzen mindestens acht Stunden unter Verantwortung des Fahrlehrers einen Kraftwagen auf öffentlichen Wegen oder Plätzen gelenkt hat; bei der Ausbildung von Führern auf dreirädrigen und auf Kraftwagen mit elektrischem Antrieb muß der Auszubildende mindestens an sechs verschiedenen Tagen über eine Fahrstrecke von im ganzen mindestens 75 Kilometern während eines Zeitraums von im ganzen mindestens vier Stunden unter Verantwortung des Fahrlehrers einen Kraftwagen auf öffentlichen Wegen oder Plätzen gelenkt haben. Für Personen, die die Ausdehnung ihres Führerscheins für Kraftwagen auf eine andere Betriebsart oder Klasse wünschen, kann die Ausbildungszeit entsprechend abgekürzt werden. Für Personen, die angeblich schon fahren können, dürfen Nachweise über eine kürzere Ausbildung nur nach Einholung der Erlaubnis der höheren Verwaltungsbehörde ausgestellt werden.

(3) Ueber den Gang der Ausbildung hat der Fahrlehrer in jedem Einzelfalle genaue Aufzeichnungen zu machen und auf Verlangen beamteten Personen vorzuzeigen. Die Ausbildungsnachweise sind vom Fahrlehrer eigenhändig zu unterschreiben. Bei Ausbildung von Kraftfahrzeugführern im Dienste eines Ausbildungsunternehmens, einer Kraftfahrzeugfabrik, -fabrikniederlassung oder -handlung oder eines Kraftfahrzeuge betreibenden Unternehmens, einer Behörde oder Feuerwehr haben Leiter, Firmeninhaber oder Behörde zu bescheinigen, daß die Ausbildung in ihrem Auftrag erfolgt ist und, abgesehen von Ausbildungsunternehmen des § 1 Abs 2 Nr. 1, was die Veranlassung zur Ausbildung war. Dem Ausbildungsnachweis ist eine Abschrift der zweiten Seite des Fahrlehrerscheins und im Sonderfalle der Ziffer V Abs. 3 Satz 2 der besonderen Bescheinigung beizufügen.

VIII. Behördliche Ueberwachung der Fahrlehrer und der Ausbildungsunternehmen.

Die höhere Verwaltungsbehörde hat die mit der Prüfung von Kraftfahrzeugführern beauftragten Sachverständigen jährlich mindestens zweimal über die Leistungen der behördlich ermächtigten Fahrlehrer und die Instandhaltung der Lehrfahrzeuge zu befragen und bei unbefriedigenden Leistungen das Erforderliche wegen Entziehung der Erlaubnis zu veranlassen.

IX. Ausbildung von Kraftfahrzeugführern der Reichspostverwaltung, der Wehrmacht und der staatlichen Polizei.

(1) Für die Ausbildung von Kraftfahrzeugführern auf Kraftfahrzeugen der Reichspostverwaltung, der Wehrmacht und der staatlichen Polizei gilt folgendes:

(2) Reichspost- und Reichswehrministerium und die zuständigen obersten Landesbehörden bestimmen für ihren Geschäftsbereich Dienststellen, die zur Abhaltung der Fahrlehrerprüfung sowie zur Erteilung und Entziehung der Erlaubnis zur Ausbildung von Kraftfahrzeugführern berechtigt sind. Fahrlehrerprüfung und Ausbildung erfolgen sinngemäß nach Ziffer II, V Abs. 1 bis 4 und VII Abs. 1 und 2. Die Erlaubnis erstreckt sich auf bestimmte Betriebsarten und Klassen. Der Fahrlehrerschein entspricht dem allgemein vorgeschriebenen Muster; er gibt dem Inhaber die Berechtigung zur Ausbildung von Führern nur mit Fahrzeugen der betreffenden Verwaltung. Der Schein gilt für die Dauer der Dienstzeit und wird nach ihrer Beendigung eingezogen. In den Entlassungspapieren wird vermerkt, für welche Betriebsart und Klasse von Kraftfahrzeugen dem Inhaber ein Fahrlehrerschein erteilt war.

(3) Beantragt der Inhaber eines von der Reichspostverwaltung, der Wehrmacht oder einer staatlichen Polizei ausgestellten Fahrlehrerscheins nach Dienstentlassung einen Fahrlehrerschein gemäß Ziffer V, so hat die nach § 3 zuständige höhere Verwaltungsbehörde nach Ziffer I zu verfahren. Die Fahrlehrerprüfung fällt fort, wenn die Erlaubnis zur Ausbildung von Kraftfahrzeugführern dem Antragsteller bereits von der Reichspostverwaltung oder der Wehrmacht im beantragten Umfange erteilt war.

X. Prüfungsgebühren[1]).

Der Reichsverkehrsminister setzt die Gebühren fest, die den amtlich anerkannten Sachverständigen für die Prüfung von Fahrlehrern, Lehrwagen und Lehrmitteln zustehen; er hat davon dem Reichsrat unverzüglich Kenntnis zu geben. Erhebt der Reichsrat innerhalb eines Monats Widerspruch, so hat der Reichsverkehrsminister diese Gebühren aufzuheben und die bisherigen wieder in Kraft zu setzen.

---

[1]) Siehe Anlage 6 zur Bek. v. 16. 3. 1928 (oben S. 138).

Bek. d. Staatsmin. d. Inn. v. 20. 4. 1921 Nr. 2098 b 32 die Ausbildung von Kraftfahrzeugführern betreffend. (MABl. S. 77.)

Zum Vollzug der Verordnung der Reichsregierung vom 1. März 1921 (RGBl S. 212) betreffend die Ausbildung von Kraftfahrzeugführern wird im Einverständnis mit den Staatsministerien der Finanzen und für Handel, Industrie und Gewerbe bekanntgegeben:

1. Unter der Bezeichnung „höhere Verwaltungsbehörde" im Sinne der Verordnung vom 1. März 1921 sind die Regierungen, Kammer des Innern, zu verstehen.
2. Von der Bildung eines Ausschusses nach § 6 der genannten Verordnung ist bis auf weiteres abzusehen.
3. [1]
4. Die Regierungen, Kammer des Innern, haben für den richtigen Vollzug von § 9 der genannten Verordnung vom 1. März 1921 zu sorgen.

Bek. d. Staatsmin. d. Inn. v. 16. 10. 24 Nr. 2508 b 46 über die Ausbildung von Kraftfahrzeugführern. (MABl S. 135.)

In teilweiser Abänderung der Ziff. 1 der Bek. v. 20. 4. 21, die Ausbildung von Kraftfahrzeugführern betr. (StAnz. Nr. 94, MABl. S. 77) wird die Zuständigkeit zur Erteilung der Erlaubnis zur Ausbildung von Personen unter 18 Jahren nach Abs. I Satz 1 des Abschn. VII der Anlage zur VO v. 1. 3. 21 (RGBl. S. 212) auf die Bez.-Pol.-Behörden, in München und Nürnberg-Fürth auf die Polizeidirektionen übertragen.

Verordnung über den Beirat für das Kraftfahrwesen vom 11. Juli 1924 (RGBl I S. 667.)

Die Reichsregierung verordnet nach Zustimmung des Reichsrats und eines Ausschusses des Reichstags auf Grund des § 6

---

[1]) Gegenstandslos.

Abs. 1 Nr. 4 des Gesetzes über den Verkehr mit Kraftfahrzeugen vom 3. Mai 1909 (Reichsgesetzbl. I S. 437) und der Verordnung vom 5. Februar 1924 (Reichsgesetzbl. I S. 43) folgendes:

§ 1

Zur Mitwirkung in Angelegenheiten des Kraftfahrwesens wird ein Beirat für das Kraftfahrwesen gebildet.

§ 2

Der Beirat hat die Aufgabe, in grundsätzlichen und sonstigen besonders wichtigen Fragen auf dem Gebiete des Kraftfahrwesens Gutachten abzugeben.

§ 3

Der Vorsitzende des Beirats und sein Stellvertreter werden vom Reichsverkehrsminister aus den Beamten des Reichsverkehrsministeriums für die Dauer ihres Hauptamts ernannt.

Zum Mitglied kann jeder Deutsche bestellt werden, der zum Reichstag wählbar ist.

Die Mitglieder werden vom Reichsverkehrsminister ernannt.

§ 4

Die Mitgliedschaft erlischt, wenn das Mitglied die Fähigkeit zur Bekleidung öffentlicher Aemter verliert oder wenn über sein Vermögen das Konkursverfahren eröffnet wird.

§ 5

Die Mitglieder sind ehrenamtlich tätig; auf Kostenerstattung aus der Reichskasse haben sie keinen Anspruch.

§ 6

Der Beirat wird vom Reichsverkehrsminister nach Bedarf einberufen. Zeit und Ort der Beratung bestimmt der Reichsverkehrsminister.

§ 7

Der Reichsverkehrsminister kann aus den Mitgliedern des Beirats Ausschüsse bilden. Die Vorsitzenden dieser Ausschüsse ernennt der Reichsverkehrsminister.

§ 8

Der Reichsverkehrsminister und die Regierungen der Länder entsenden zu den Beratungen nach Bedarf Beauftragte.

Das gleiche gilt von den obersten Reichsbehörden, soweit sie an den auf der Tagesordnung stehenden Angelegenheiten beteiligt sind.

Der Reichsverkehrsminister zieht zu den Beratungen nach Bedarf Sachverständige hinzu.

Die rechtzeitige Einladung unter Beifügung einer Tagesordnung veranlaßt der Reichsverkehrsminister.

Die Beauftragten und Sachverständigen haben nicht die Stellung von Mitgliedern. Die Beauftragten haben das Recht, jederzeit zu den einzelnen Punkten der Tagesordnung das Wort zu ergreifen. Die Beauftragten der Landesregierungen sind außerdem berechtigt, jederzeit Anträge und Anfragen zu stellen und die Stellungnahme des Beirats hiezu zu erlangen.

Gesetz über Kraftfahrlinien (Kraftfahrliniengesetz) vom 26. 8. 1925 (RGBl. I S. 319.)

Der Reichstag hat das folgende Gesetz beschlossen, das mit Zustimmung des Reichsrats hiemit verkündet wird:

§ 1

Wer über die Grenzen eines Gemeindebezirkes hinaus die Beförderung von Personen oder Sachen mit Kraftfahrzeugen auf bestimmten Strecken gegen Entgelt betreiben will (Unternehmer von Kraftfahrlinien), bedarf der Genehmigung der von der obersten Landesbehörde bestimmten Behörde.

Soll sich das Unternehmen auf das Gebiet mehrerer Länder erstrecken, so sind zur Genehmigung die obersten Landesbehörden gemeinsam zuständig. Jedoch ist jedes Land verpflichtet, die Fortsetzung einer in einem benachbarten Land zugelassenen Kraftfahrlinie in oder durch sein Gebiet zu gestatten, wenn der Reichsrat auf den durch den Reichsverkehrsminister geprüften und zu vermittelnden Antrag anerkennt, daß diese im Interesse des allgemeinen Verkehrs liegt.

§ 2

Die Genehmigung darf nur erteilt werden, wenn Gewähr für die Sicherheit und Leistungsfähigkeit des Betriebs geboten ist und das Unternehmen den öffentlichen Interessen nicht zuwiderläuft.

§ 3

Die Genehmigung kann zurückgenommen werden, wenn gegen die bei der Genehmigung festgesetzten Bedingungen oder gegen die auf Grund des § 5 erlassenen Vorschriften und Anordnungen oder gegen die auf Grund des § 6 des Gesetzes über den Verkehr mit Kraftfahrzeugen vom 3. Mai 1909 in der Fassung des Gesetzes vom 21. Juli 1923 erlassenen Vorschriften in wesentlicher Beziehung verstoßen wird. Die Zurücknahme der Genehmigung bedarf der Zustimmung der obersten Landesbehörde.

Im Falle des § 1 Abs. 2 kann die Zurücknahme nur gemeinsam erfolgen; die nicht erfolgte Zustimmung einer beteiligten obersten Landesbehörde kann in diesem Falle durch die Zustimmung des Reichsverkehrsministers ersetzt werden.

§ 4

Die obersten Landesbehörden können die Vorschriften der §§ 1 bis 4 auf gegenwärtig vorhandene Kraftfahrlinien für anwendbar erklären.

§ 5

Die Reichsregierung erläßt mit Zustimmung des Reichsrats die zur Durchführung der §§ 1 bis 5 erforderlichen Vorschriften.

Für die Ausrüstung und den Betrieb der Kraftfahrlinien können die obersten Landesbehörden allgemeine Anordnungen erlassen.

§ 6

Dienen Linien der Reichspost der Personenbeförderung, so ist die Reichspost zur Einholung der Genehmiguug nach § 1 nicht verpflichtet, sondern nur zu einer mit vierwöchiger Frist vorher zu erstattenden Anzeige an die oberste Landesbehörde des betreffenden Landes. Erhebt die oberste Landesbehörde innerhalb zwei Wochen nach Eingang der Anzeige gegen die beabsichtigte Einrichtung einer solchen Kraftfahrlinie der Reichspost Einspruch, weil nach ihrer Auffassung den öffentlichen Interessen durch Einrichtung der Linie nicht genügend Rechnung getragen sei und kommt eine Einigung nicht zustande, so entscheidet über die Berechtigung des Einspruchs ein Schiedsgericht, zu dem das Reichsgericht aus seiner Mitte den Vorsitzenden, die Reichspost und die oberste Landesbehörde je einen Beisitzer stellen.

Die Bestimmungen des Abs. 1 gelten auch für Linien, die sowohl der Postsachen- wie der Personenbeförderung dienen, es sei denn, daß die Reichspost der obersten Landesbehörde gegenüber unter Anführung der tatsächlichen Verhältnisse dargelegt hat, daß die einzurichtende Kraftfahrlinie für die Postsachenbeförderung erforderlich ist.

§ 7

Wer als Unternehmer oder Angestellter einer Kraftfahrlinie den in der Genehmigung festgesetzten Bedingungen oder den auf Grund des § 5 erlassenen Vorschriften und Anordnungen zuwiderhandelt, wird mit Geldstrafe bis zu 150 Reichsmark oder mit Haft bestraft.

§ 8

Wer den Betrieb einer Kraftfahrlinie ohne die erforderliche Genehmigung unternimmt oder ihn fortsetzt, nachdem die Genehmigung zurückgenommen oder der Weiterbetrieb untersagt worden ist, wird mit Geldstrafe oder mit Gefängnis bis zu drei Monaten bestraft.

§ 9

Die Verordnung betreffend Kraftfahrzeuglinien vom 24. Januar 1919 (Reichsgesetzbl. S. 97), tritt außer Kraft.

Verordnung über Kraftfahrzeuglinien[1] vom 12. Februar 1924. (GVBl S. 28.)

Zur Ausführung der Verordnung der Reichsregierung betreffend Kraftfahrzeuglinien vom 24. Januar 1919 (RGBl. S. 97) wird folgendes bestimmt:

1. Die Genehmigung zum Betriebe von Kraftfahrzeuglinien wird von den Regierungen, Kammern des Innern, im Einverständnisse mit dem Reichspostministerium, Abt. München, erteilt.

   Soll sich das Unternehmen auf mehrere Regierungsbezirke erstrecken, so ist die Regierung zuständig, in deren Bezirk die Kraftfahrzeuglinie beginnt.

2. Die Vorschriften der §§ 1—4 der Reichsverordnung sind auch auf die vorhandenen Kraftwagenlinien anwendbar.

Gegenwärtige Verordnung tritt mit ihrer Verkündung im Gesetz- und Verordnungs-Blatt in Kraft und an Stelle der Verordnung vom 28. April 1920 (GVBl. S. 269).

Verordnung über Warnungstafeln für den Kraftfahrzeugverkehr vom 8. Juli 1927 (RGBl I S. 177).

Auf Grund der §§ 5a und b Abs. 1 Nr. 1 des Gesetzes über den Verkehr mit Kraftfahrzeugen vom 3. Mai 1909 (Reichsgesetzbl. S. 437) in der Fassung des Gesetzes vom 21. Juli 1923 (Reichsgesetzbl. I S. 743) wird hiermit nach Zustimmung des Reichsrats verordnet:

§ 1.

Welche Wegestrecken als dem Durchgangsverkehre dienend anzusehen sind, bestimmen die Behörden der einzelnen Länder, erforderlichenfalls nach Benehmen mit den Behörden des Nachbarlandes.

---

[1]) Die VO hat für den Vollzug des Kraftfahrlinien-G v. 26. 8. 1925 (RGBl. I S. 319) ihre Gültigkeit behalten (Bek. v. 14. 12. 1925, MABl S. 186).

§ 2.

Die Auswahl der gefährlichen und durch Warnungstafeln zu kennzeichnenden Stellen trifft die Behörde nach Anhörung von Sachverständigen aus den am Kraftfahrzeugverkehre beteiligten Kreisen. Bei Aufstellung von Warnungstafeln zur Kennzeichnung von Eisenbahnübergängen ist auch die zuständige Eisenbahnverwaltung zu hören.

§ 3.

Zur Kennzeichnung gefährlicher Stellen sind die in der Anlage abgebildeten schwarzen Zeichen auf weißen, mit signalrotem Rande versehenen Tafeln zu verwenden. Die Tafeln müssen die Form eines gleichseitigen Dreiecks haben, das mit der Grundlinie wagerecht und mit der Spitze nach oben gerichtet aufzustellen ist. Die Seitenlänge des gleichseitigen Dreiecks beträgt 105 Zentimeter, die Breite des roten Randes 12 Zentimeter; die beiden unteren Ecken können leicht abgerundet sein.

§ 4.

Die Warnungstafeln sind je nach Oertlichkeit und Neigungsverhältnis des Weges etwa 150 bis 250 Meter vor der gefährlichen Stelle im rechten Winkel zur Fahrtrichtung gut sichtbar und, soweit nicht besondere Gründe entgegenstehen, auf der rechten Seite des Weges aufzustellen.

Die Tafeln müssen an standsicher aufzustellenden Pfosten zuverlässig befestigt sein. Die Pfosten müssen weiß gestrichen und können mit farbigen Querstreifen versehen sein. Der untere Rand der Tafeln soll sich 2 bis 2,5 Meter über dem Erdboden befinden. Werden die Tafeln in einer erheblich geringeren Entfernung als 150 Meter vor der gefährlichen Stelle aufgestellt, so muß diese Entfernung als schwarze Zahl auf einer weißen unterhalb des Dreiecks anzubringenden rechteckigen Tafel angegeben werden.

§ 5.

Innerhalb geschlossener Ortsteile dürfen Warnungstafeln nur zur Kennzeichnung besonders gefährlicher Stellen aufgestellt werden; hierbei braucht die Seitenlänge des gleichseitigen Dreiecks nur 70 Zentimeter bei einer Breite des signalroten Randes von 8 Zentimeter zu betragen. Nach Bestimmung der Behörde kann der Abstand solcher Tafeln von der zu kennzeichnenden Stelle verkürzt und eine von § 4 Abs. 2 abweichende Art der Anbringung gewählt werden.

§ 6.

Geschäftliche Anpreisungen dürfen mit den Warnungstafeln nicht verbunden werden.

Das Anbringen von Tafeln, die zu Verwechslungen mit den nach Maßgabe dieser Verordnung zur Kennzeichnung gefährlicher Stellen aufgestellten Tafeln Anlaß geben können, ist verboten.

§ 7.

Die obersten Landesbehörden treffen die sonstigen zur Durchführung erforderlichen Anordnungen; sie bestimmen im besonderen, welche Stellen unter der Bezeichnung „Behörden“ zu verstehen sind.

§ 8.

Diese Verordnung tritt am 1. September 1927 in Kraft. Gleichzeitig tritt die Verordnung über die Aufstellung von Warnungstafeln für den Kraftfahrzeugverkehr vom 25. April 1925 (Reichsgesetzbl. I S. 51) außer Kraft. Jedoch bleiben alle bis zum 1. September 1927 nach Maßgabe der Verordnung vom 25. April 1925 aufgestellten Tafeln bis zum 31. Dezember 1930 zulässig.

Anlage

(zu § 3)

Schilder

Warnungstafel zur Kennzeichnung gefährlicher Wegestellen

Bild 1

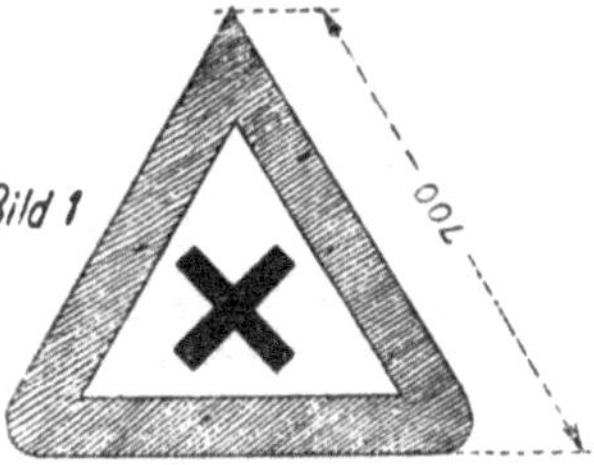

Kreuzung

Bild 2

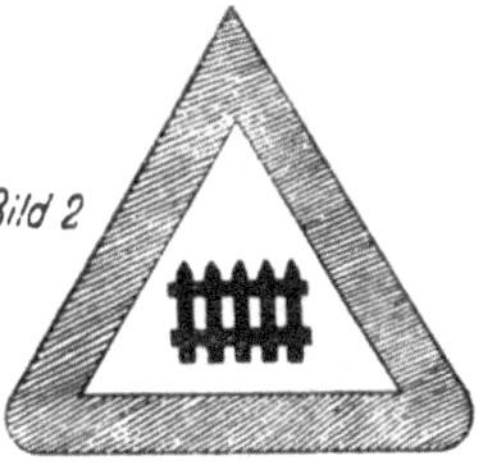

Bewachter Bahnübergang

Bild 3

Unbewachter Bahnübergang

Bild 4

Kurve

Bild 5

Querrinne

Bild 6

Gefährliche Stelle anderer Art

weisser Grund
rote Umrandung
schwarze Schrift

Bild 7

Höchstgeschwindigkeit

Bild 8

Strassenbahn

Anm. Bild 7 und 8 sind keine durch die VO reichsrechtlich vorgeschriebenen Zeichen, sondern beruhen auf Vereinbarungen der Länder und sind in Bayern durch Bek. v. 24. 8. 1927 (StAnz. 194) eingeführt worden.

Zusatzschilder
für dreieckige Warnungstafeln

Wenn die Warnungstafeln in erheblich geringerer Entfernung als 150 Meter von der gefährlichen Stelle aufgestellt werden, sind diese Zusatzschilder noch unter die Warnungstafel anzubringen und auf denselben die Entfernung bis zur gefährlichen Stelle anzugeben.

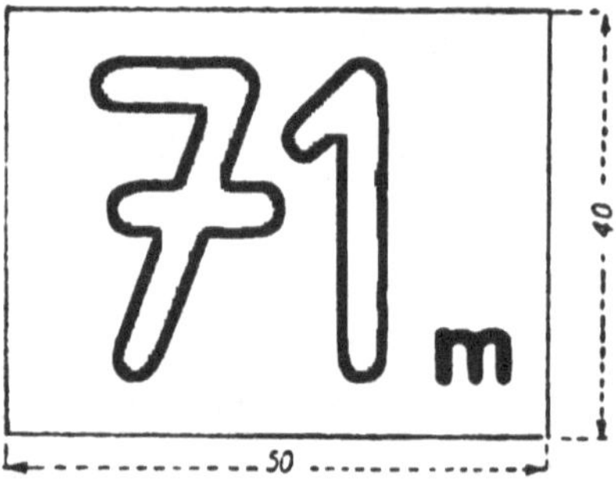

Schilder mit 3 Ziffern 60× 40 cm.
Schilder mit 2 Ziffern 50× 40 cm.

weisser Grund, schwarze Schrift.

Anm. Die Muster der Zusatzschilder sind nicht in der Anlage zur VO enthalten, sondern in der bay. Bek. vom 24. 8. 1927 (StAnz. 194) aufgeführt.

Gebührenordnung für behördliche Maßnahmen im Kraftfahrzeugverkehre vom 16. März 1928

(RMBl S. 155.)

Artikel I

Für Maßnahmen der Landesbehörden im Kraftfahrzeugverkehre werden folgende Gebühren festgesetzt:

A

Bei Durchführung der Verordnung über Kraftfahrzeugverkehr vom 16. März 1928 (Reichsgesetzbl. I S. 91) für:

1. Erteilung einer Typenbescheinigung (§ 5 Abs. 3)
   für Krafträder . . . . 10,00 RM;
   für Kraftwagen . . . . 20,00 „ ,
2. Aenderung einer Typenbescheinigung
   für Krafträder . . . . 3,00 RM,
   für Kraftwagen . . . . 5,00 „ ;
3. Beglaubigung eines Abdrucks einer Typenbescheinigung
   für Krafträder . . . . 0,50 RM,
   für Kraftwagen . . . . 1,00 „ ;
4. Erteilung einer Bescheinigung, Eintragung des Fahrzeugs in die Liste und Zuteilung des Kennzeichens (§ 6 Abs. 2 und § 48 Nr. 3 Abs. 1)
   für Krafträder (einschließl. Kleinkrafträder) 3,00 RM,
   für Kraftwagen . . . . 5,00 „ ;
5. Erneuerung der Bescheinigung bei veränderter Bauart des Fahrzeugs, bei Wechsel des Wohnorts des Eigentümers oder bei Wechsel des Eigentümers (§ 6 Abs. 3 Satz 2, Abs. 4 und 6 und § 48 Nr. 3 Abs. 2)
   für Krafträder (einschließl. Kleinkrafträder) 3,00 RM,
   für Kraftwagen . . . . 5,00 „ ;
6. Berichtigung einer Bescheinigung und der Liste (§ 6 Abs. 3 Satz 1 und § 48 Nr. 3 Abs. 2)
   bei Krafträdern (einschl. Kleinkrafträdern) 1,00 RM
   bei Kraftwagen . . . . 2,00 „

7. erneute Zulassung nach Abmeldung bis zur Dauer von 8 Monaten (§ 6 Abs. 7)

für Krafträder . . . . 3,00 *RM*,

für Kraftwagen . . . . 5,00 „ ;

8. Erteilung einer Bescheinigung (§ 6 Abs. 2 und § 48 Nr. 3 Abs. 1) als Ersatz für eine in Verlust geratene, außer den Kosten einer etwaigen öffentlichen Ungültigkeitserklärung

bei Krafträdern (einschl. Kleinkrafträdern) 3,00 *RM*,

bei Kraftwagen . . . . 5,00 „ ;

9. Einziehung der Bescheinigung und des polizeilichen Kennzeichens oder Vernichtung des darauf befindlichen Dienststempels in den Fällen des § 6 Abs. 5 Satz 3 und 4 und § 48 Nr. 3 Abs. 2

bei Krafträdern (einschl. Kleinkrafträdern) 3,00 *RM*,

bei Kraftwagen . . . . 5,00 „ ;

10. Prüfung eines Fahrzeugs hinsichtlich der Beachtung der Vorschriften der §§ 8, 10 und 11 sowie Abstempelung des Kennzeichens durch die Polizeibehörde (§§ 9 und 12), außer den Kosten einer etwa zugeteilten Metallmarke oder dergleichen

bei Krafträdern (einschl. Kleinkrafträdern) 1,00 *RM*,

bei Kraftwagen . . . . 2,00 „ ;

11. Prüfung eines Antrags auf Erteilung eines Führerscheins (Anlage Ziffer II Abs. 2 Satz 1)

für Krafträder . . . . 1,00 *RM*,

für Kraftwagen . . . . 2,00 „ ;

12. Erteilung eines Führerscheins (§ 14 Abs. 1 und 3)

für Krafträder . . . . 3,00 *RM*,

in anderen Fällen . . . . 5,00 „ ;

13. Ergänzung eines Führerscheins (Anlage Ziffer IV Abs. 2)

auf die Führung von Krafträdern . . . . 1,00 *RM*,

auf die Führung von Kraftwagen . . . . 2,00 „ ;

14. Ausfertigung eines Führerscheins als Ersatz für einen in Verlust geratenen, außer den Kosten einer etwaigen öffentlichen Ungültigkeitserklärung

für Krafträder . . . . 3,00 *RM*,

in anderen Fällen . . . . 5,00 „ ;

15. Erteilung der Genehmigung für eine Zuverlässigkeitsfahrt oder ähnliche Veranstaltung (§ 31 Abs. 2)

a) durch eine oberste Landesbehörde
bei Beschränkung auf Krafträder 30,00 bis 100,00 RM,
in anderen Fällen . . . . 50,00 „ 150,00 „ ;

b) durch eine andere Behörde
bei Beschränkung auf Krafträder 15,00 bis 50,00 RM,
in anderen Fällen . . . . 25,00 „ 75,00 „ ;

16. Erteilung der Erlaubnis zum Mitführen einer Anhängeachse zur Lastenbeförderung oder von mehr als einem Anhängewagen oder zum Mitführen eines Anhängewagens, wenn den Bedingungen im Abs. 1 Nr. 1, 3, 4 oder 5 des § 32 nicht genügt ist (§ 32 Abs. 4 Satz 1) . . . 2,00 RM;

17. Erteilung der Erlaubnis zum Mitführen einer Anhängeachse zur Personenbeförderung (§ 32 Abs. 4 Satz 4) . 2,00 RM;

18. Erteilung einer Bescheinigung zur Veranstaltung von Probefahrten und Zuteilung eines Probefahrtkennzeichens nach § 41 Abs. 1 und § 48 Nr. 6
für Krafträder (einschließl. Kleinkrafträder) 3,00 RM,
für Kraftwagen . . . . 5,00 „ ;

19. Erteilung einer Bescheinigung zur Veranstaltung von Probefahrten nach § 41 Abs. 2 und § 48 Nr. 6
mit Krafträdern (einschl. Kleinkrafträdern) 0,50 RM,
mit Kraftwagen . . . . 1,00 „ ;

20. Zuteilung eines Probefahrtkennzeichens zu wiederkehrender Verwendung (§ 41 Abs. 2 und § 48 Nr. 6)
nur für Krafträder oder nur für Kleinkrafträder . . . . 3,00 RM,
in anderen Fällen . . . . 5,00 „ ;

21. Abstempelung eines Probefahrtkennzeichens (§ 41 Abs. 1 und 2 und § 48 Nr. 6)
nur für Krafträder oder nur für Kleinkrafträder . . . . 1,00 RM,
in anderen Fällen . . . . 2,00 „ ;

22. Erteilung der Ermächtigung zur Ausstellung von Bescheinigungen über Kleinkrafträder (§ 48 Nr. 2) . 15,00 RM;

23. Erteilung eines Ausweises für Kleinkraftführer unter 16 Jahren (§ 48 Nr. 4) . . . . 5,00 *RM*.

B

Bei Durchführung der Verordnung, betreffend die Ausbildung von Kraftfahrzeugführern, vom 1. März 1921 in der Fassung der Verordnung vom 21. Oktober 1923 (Reichsgesetzbl. I S. 988) für:

1. Erteilung eines Fahrlehrerscheins (§ 1)
   a) nur für Ausbildung von Kraftradführern 5,00 *RM*,
   b) in anderen Fällen . . . . 15,00 „ ;
2. Ausdehnung der Gültigkeit eines Fahrlehrerscheins (Anlage Ziffer V Abs. 5) für
   a) Ausbildung von Kraftradführern auf Ausbildung von Kraftwagenführern . . . . . 15,00 *RM*,
   b) Ausbildung von Kraftwagenführern auf Ausbildung von Kraftradführern . . . . . 5,00 „ ,
   c) Ausbildung von Kraftwagenführern auf Ausbildung von Kraftwagenführern auf Fahrzeugen einer anderen Betriebsart oder Klasse . . . . 5,00 „ ;
3. Ausfertigung eines Fahrlehrerscheins als Ersatz für einen in Verlust geratenen (Anlage Ziffer V Abs. 5), außer den Kosten einer etwaigen öffentlichen Ungültigkeitserklärung
   a) nur für Ausbildung von Kraftradführern 5,00 *RM*,
   b) in anderen Fällen . . . . 15,00 „ ;
4. Erteilung der Erlaubnis zum gewerbsmäßigen Betrieb eines privaten Ausbildungsunternehmens (§ 2) 25,00 bis 75,00 *RM*;
5. Ergänzung einer Erlaubnis zum gewerbsmäßigen Betrieb eines privaten Ausbildungsunternehmens (§ 2) 5,00 *RM*.

C

Bei Durchführung der Verordnung über internationalen Kraftfahrzeugverkehr vom 5. Dezember 1925 in der Fassung der Verordnungen vom 31. Januar 1928 und 16. März 1928 (Reichsgesetzbl. I S. 66) für:

1. Erteilung eines internationalen Fahrausweises 15,00 RM;
2. Erteilung eines internationalen Fahrausweises als Ersatz für einen in Verlust geratenen, außer den Kosten einer etwaigen öffentlichen Ungültigkeitserklärung . . . 15,00 RM;
3. Nachträge zu einem internationalen Fahrausweise 5,00 RM.

Artikel II

Außer den Gebühren nach Artikel I können für dort nicht aufgeführte Amtshandlungen Gebühren nach landesrechtlichen Vorschriften erhoben werden.

Verordnung und oberpolizeiliche Vorschriften über Einstellräume für Kraftfahrzeuge und über die Einstellung von solchen

vom 10. 5. 1927 (GVBl S. 129) in der Fassung der Verordnung und oberpolizeilichen Vorschrift vom 14. 10. 1927 (GVBl S. 346).

Staatsministerium des Innern.

Auf Grund Art. 101 Abs. I und II des PolStrGB., §§ 366 Nr. 10 und 368 Nr. 8 des RStrGB mit Art. 2 Ziff. 6 und 14 des PolStrGB werden nachstehende Verordnung und oberpolizeilichen Vorschriften erlassen.

A.

Allgemeine Vorschriften für die Errichtung von Einstellgebäuden.

§ 1.

Anzeigepflicht.

I Wer einen Raum zur Einstellung von Kraftwagen errichten oder verwenden will, hat der Bezirkspolizeibehörde Anzeige zu erstatten und vorbehaltlich besonderer bau- und gewerbepolizeilicher Genehmigung die Anordnungen der Bezirkspolizeibehörde zu erfüllen.

II In Zufahrten, Durchfahrten und Pavillonzwischenräumen dürfen Kraftwagen außer zu vorübergehenden Zwecken nicht eingestellt werden.

§ 2.

Zufahrten.

Sollen in einer Anlage mehr als 20 Kraftwagen eingestellt werden, so muß eine Zufahrt von 4,8 m Breite und 2,7 m Höhe vorgesehen werden. Statt einer Zufahrt können auch zwei Zufahrten von je 2,4 m Breite und 2,7 m Höhe gefordert werden.

§ 3.

Geschützte Gebiete.

In geschützten Wohnvierteln, sowie 200 m im Umkreise von Kirchen, Schulen, Krankenhäusern und Heilanstalten, dann 100 m im Umkreise von öffentlichen Gebäuden sonstiger Art kann die Genehmigung zur Errichtung von Einstellgebäuden für mehr als 10 Wagen versagt werden.

B.

Vorschriften für die Beschaffenheit der Einstellgebäude.

§ 4.

Bauart.

I Auf Einstellgebäude finden die baupolizeilichen Vorschriften und die im Vollzuge der gegenwärtigen Vorschriften getroffenen besonderen Anordnungen Anwendung.

II Ueberschreitet die überbaute Fläche der Gesamtanlage 1000 qm, so sind durch bauordnungsgemäße Brandmauern Brandabschnitte von höchstens 1000 qm herzustellen. Wird die Anlage in Einzelboxen aus feuerbeständigen*) Baustoffen aufgeteilt, so können

*) Als feuerbeständig gelten z. B.:
Gemauerte, mindestens 12 cm starke Wände,
10 cm starke Betonwände,
6 cm starke Eisenbetonwände,
ausgemauertes Eisenfachwerk, dessen Eisenteile glutsicher ummantelt sind, Eisenbetondecken, 12 cm starke Ziegelsteindecken, deren etwaige Eisenteile, Unterzüge und Stützen glutsicher ummantelt sind,
Fußböden aus Beton,
Elektrofliesen oder Drahtglas, das 5 cm tief in die Mauer eingreift,
Treppen aus Eisenbeton,
Dächer aus Eisenbeton oder Eisen, wenn sämtliche Eisenteile glutsicher ummantelt sind.

hinsichtlich der Aufteilung in Brandabschnitte Erleichterungen gewährt werden.

§ 5.

Wände und Nachbarräume.

I Bei Einstellräumen müssen, soferne die Bauordnung keine andere Bauart vorschreibt, mindestens die Wände aus feuerhemmenden*) Baustoffen bestehen. Bei freistehenden Anlagen, insbesondere bis zu zwei Kraftwagen kann hiervon abgesehen werden.

II Einstellräume dürfen weder in unmittelbarer noch in mittelbarer Verbindung mit Räumen stehen, die eine Feuerstätte oder eine Beleuchtung mit offenem Licht haben oder zur Lagerung oder Verarbeitung leichtentzündlicher Stoffe dienen. Ferner darf mit Treppenhäusern, Zugängen, Durchgängen oder Durchfahrten, die zu Wohn- oder Arbeitsräumen führen, oder mit tiefer gelegenen Räumen oder Schächten keine solche Verbindung bestehen.

§ 6.

Decken.

Die Decken der Einstellräume müssen öffnungslos und feuerhemmend sein. Sind Einstellräume in Geschossen übereinander angeordnet oder sind über den Einstellräumen Räume zum Aufenthalt oder Verkehr von Menschen, so müssen die Wände und Decken der Einstellräume feuerbeständig sein. Für einzelne Gelasse für Wagenführer sind bei besonderen Verhältnissen Ausnahmen zulässig.

§ 7.

Fußböden.

Der Fußboden der Einstellräume muß feuerbeständig und flüssigkeitsdicht sein. Bei kleineren freistehenden Einstellgebäuden

---

*) Als feuerhemmend gelten z. B.:
Wände aus ausgemauertem und verputztem Fachwerk, glutsicher ummanteltes Holzwerk,
Rabitzdecken und -wände; Zement- und Gipsdielen; Weißdecken; Holzzement; Zementestrich auf Holzunterlage;
Türen, die hinsichtlich ihrer Bauart dem § 16 der BO entsprechen;
Treppen aus Stein, Eichenholztreppen mit verputzter Untersicht.

kann hiervon abgesehen werden. Entwässerungsschächte in und vor den Einstellräumen müssen Oelabscheider haben.

§ 8.

Arbeitsgruben.

Arbeitsgruben sind nur zulässig, wenn eine wirksame selbsttätige Entlüftung gewährleistet ist.

§ 9.

Heizung.

Die Heizung der Einstellräume muß so beschaffen sein, daß sich Dämpfe der Betriebsstoffe nicht daran entzünden können. Diese Anforderung gilt als erfüllt, wenn die Heizung den vom Ausschusse für die Behandlung feuergefährlicher Angelegenheiten (München, Polytechnischer Verein, Briennerstraße 8, IV. Aufgang) aufgestellten und in der Anlage I abgedruckten Grundsätzen für die Beheizung von Räumen zur Lagerung brennbarer Flüssigkeiten entspricht.

Anlage I

§ 10.

Beleuchtung.

I Einstellräume dürfen nur beleuchtet werden durch:

a) elektrische Glühlampen, wenn sie mindestens 1,5 m über dem Fußboden fest angebracht sind;
b) tragbare elektrische Glühlampen, wenn sie auch die Fassungen umschließende Ueberglocken, Drahtschutzkörbe und eine mit wasserdichten Isolierhüllen umgebene Kabelleitung haben;
c) Außenbeleuchtung jeder Art, wenn sie durch fest eingemauerte starke Glasscheiben von den Innenräumen abgeschlossen ist.

II Elektrische Anlagen müssen den Vorschriften, Regeln, Normen und Leitsätzen des Verbandes deutscher Elektrotechniker entsprechen. Einstellräume sind bis zu einer Höhe von 1,5 m über dem Fußboden als zerknallgefährliche Betriebsstätten nach den Vorschriften des Verbandes deutscher Elektrotechniker zu behandeln. Außerdem gelten die in Anlage II abgedruckten Grundsätze.

Anlage II

§ 11.

Entlüftung.

Jeder Einstellraum muß dicht über dem Fußboden Entlüftungsöffnungen haben. Für größere Einstellräume, besonders im Keller, kann zur Förderung des Luftwechsels künstliche Entlüftung verlangt werden. Funkenbildende Teile elektrisch angetriebener Entlüfter müssen außerhalb der Räume und der Entlüftungsrohre liegen.

§ 12.

Werkstätten und sonstige Räume.

I Ausbesserungs-, Lackier- und sonstige Werkstätten, worin mit Feuer oder offenem Lichte gearbeitet wird oder worin leicht brennbare Stoffe verwendet werden, müssen den baupolizeilichen Bestimmungen entsprechen. Sie dürfen nur in offenen Höfen angelegt werden. Sie sind von anstoßenden Gebäudeteilen durch öffnungslose Mauern und erforderlichenfalls durch feuerbeständige Decken zu trennen.

II Wasch- und sonstige Aufenthaltsräume müssen einen gesicherten Rückzugsweg haben.

C.

Betriebsvorschriften.

§ 13.

Rauchen usw.

Das Rauchen und jede Benützung von offenem Licht, insbesondere von Azetylenlampen aller Art, sowie funkenerzeugende Vorrichtungen sind in den Einstellräumen verboten. Laternen von Kraftwagen sind, wenn sie nicht elektrisches Licht haben, vor Einstellung der Wagen auszulöschen; sie dürfen in Einstellräumen auch nicht angezündet werden. Feldschmieden, Lötvorrichtungen usw. sind nur in besonderen Ausbesserungswerkstätten oder im Freien, 5 m von den Türen der Einstellräume entfernt, zugelassen.

§ 14.

Putzwolle.

Gebrauchte Putzwolle und Putzlappen dürfen in Einstellräumen nur in feuerhemmenden, dichtverschließbaren Behältern aufbewahrt werden.

§ 15.

Karbid.

Karbid darf in Einstellräumen nur in dicht schließenden Gefäßen bis zu einer Höchstmenge von 5 kg aufbewahrt werden; jede Einwirkung von Feuchtigkeit muß ausgeschlossen sein. Die Karbidbehälter der Laterne dürfen nicht in den Einstellräumen aufgefüllt oder entleert werden.

§ 16.

Betriebsstoff.

I Vorräte von Betriebsstoffen sowie leere Behälter sind in gesonderten, den Bestimmungen über die Lagerung brennbarer Flüssigkeiten entsprechenden Lagern oder Behältern unterzubringen. Außer den in den Kraftwagen befindlichen Betriebsstoffen darf nur e i n zerknallsicheres Blechgefäß (Kanister mit höchstens 15 Liter Inhalt) im Einstellraume vorhanden sein.

II Alle zum Um- und Einfüllen von Treibmitteln dienenden Gefäße müssen zerknallsicher sein.

§ 17.

Ausbesserungswerkstätten.

In Ausbesserungswerkstätten, worin mit offenem Feuer gearbeitet wird oder funkenerzeugende Verrichtungen vorgenommen werden, dürfen Kraftwagen nur mit dicht verschlossenen Betriebsstoffbehältern verbracht werden. Auch entleerte Betriebsstoffbehälter müssen dicht verschlossen sein. Jedes Hantieren mit Betriebsstoffen, insbesondere das Füllen und Entleeren von Betriebsstoffbehältern, ist in Ausbesserungswerkstätten verboten.

§ 18.

Löschmittel.

In den Einstellräumen sind wirksame Löschmittel (Handfeuerlöscher, Asbestdecken usw.) bereitzuhalten. Sonstige feuerpolizeiliche Anordnungen, sind zu erfüllen.

§ 19.

Elektrisch betriebene Kraftwagen.

I Kraftwagen mit Verbrennungsmotoren dürfen mit Kraftwagen, die elektrisch mit Akkumulatoren betrieben werden, in einem Raume nicht ständig zusammen eingestellt werden.

II Batterien dürfen in Einstellräumen nicht aufgeladen werden.

§ 20.

Warnungstafeln.

Die Bestimmungen der §§ 13 mit 19 sind in jedem Einstellraum sichtbar und an zugänglicher Stelle anzuschlagen. Am Eingange jedes Einstellraumes ist folgender Anschlag augenfällig und dauerhaft anzubringen:

Einstellraum für Kraftwagen!
Zutritt Unbefugten verboten!
Nicht rauchen!
Kein Feuer! Kein offenes Licht!

D.

Schluß- und Strafbestimmungen.

§ 21.

Krafträder.

I Diese Vorschriften gelten sinngemäß für Krafträder, wobei je fünf Krafträder einem Kraftwagen gleichzuachten sind.

Bestehende Anlagen.

II Bestehende Anlagen müssen mit den gegenwärtigen Vorschriften in Einklang gebracht werden, soferne die öffentliche Sicherheit dies erheischt. Die Bezirkspolizeibehörden können für die Ausführung der erforderlichen Maßnahmen entsprechende Fristen gewähren.

§ 22.

Staatliche usw. Anlagen.

Für Einstellräume im Eigentum des Reiches, des Staates, der Feuerwehren und der Sanitätskolonnen können Ausnahmen zugelassen werden.

§ 23.

Elektrische Kraftwagen, Traktoren usw.

Vorstehende Vorschriften finden abgesehen von § 19 Abs. I keine Anwendung auf elektrisch mit Akkumulatoren betriebene Kraftwagen und auf Kraftwagen, deren Motoren mit Flüssigkeiten betrieben werden, die erst bei einer Erwärmung auf mehr als 55° C entflammbare Dämpfe entwickeln.

§ 24.

Ausnahmen.

Die Bezirksverwaltungsbehörden können auf Antrag unter besonderen Verhältnissen Ausnahmen von einzelnen Bestimmungen dieser Vorschriften, bei Ausnahmen von den Bestimmungen in §§ 4 mit 12 im Benehmen mit der Versicherungskammer, Abteilung für Brandversicherung, zulassen, soweit es ohne Gefährdung der öffentlichen Sicherheit geschehen kann.

§ 25.

Weitergehende ortspolizeiliche Vorschriften bleiben unberührt.

§ 26.

Strafbestimmungen.

Zuwiderhandlungen gegen diese Vorschriften werden nach Art. 101 Abs. I des PStrGB und §§ 366 Nr. 10, 368 Nr. 8 des RStrGB bestraft, soweit nicht andere gesetzliche Vorschriften eine schwerere Strafe androhen.

Anlage I.

Grundsätze für die Beheizung von Räumen zur Lagerung brennbarer Flüssigkeiten.

Die Räume dürfen beheizt werden durch:

a) Fugendichte, von außen zu beheizende Kachelöfen ohne Durchsichten oder Nischen aus Metall, wenn der Ofen keine Vorsprünge oder Flächen aufweist, die zum Auflegen von Gegenständen Gelegenheit bieten.

Der Raum mit der Feuerung darf mit dem Einstellraum in keiner Verbindung stehen. Im Einstellraume darf der Ofen entweder erst in einer Höhe von 1,50 m aus der Wand heraustreten oder er ist auf die gleiche Höhe in 10 cm Abstand vom Ofen durch eine mit dem Fußboden und den Wänden gasdicht verbundene Schutzwand aus Blech, Monier, Rabitz oder sonstigen feuerhemmenden und gasdichten Stoffen zu umgeben.

b) Niederdruckdampf- und Warmwasserheizung mit Feuerung, die außerhalb des Raumes liegt. Wenn die Heizkörper und die Heizrohre tiefer als 2 m liegen, müssen sie in 20 cm Abstand durch Drahtgitter oder durchlochte Eisenbleche so umschlossen werden, daß auf die Schutzvorrichtung nichts abgelegt werden kann.

c) Hochdruckdampfheizung mit Feuerung, die außerhalb liegt, jedoch nur, wenn die Heizrohre mindestens 2 m hoch liegen und mit Schutzvorrichtungen wie unter b versehen sind.

d) Elektrische Heizung. Heizgeräte dürfen auch bei Wärmestauungen an keiner Stelle einen höheren Oberflächenwärmegrad als 110° C aufweisen (Anwendung von Reglern, Drahtgittern oder durchlochten Blechen in mindestens 10 cm Abstand vom Heizgerät). Alle Heizleiter sind gasdicht einzuschließen. Elektrische Strahlungsöfen mit offenen Glühkörpern sind unzulässig.

e) Gasheizung. Gasheizkörper müssen einschließlich der Frischluftzuführungs- und Abzugsleitung gegen den zu beheizenden Raum vollkommen gasdicht sein. Zur Frischluft- und Abzugsleitung dürfen nur dichtverschraubte oder an den Verbindungsstellen geschweißte Eisenrohre verwendet werden. Das Anzünden der Gasflamme darf nur außerhalb des zu beheizenden Raumes möglich sein. Die Mauerbüchse für die Zündöffnung der Gasfeuerung muß in einem Stücke vom Heizkörper bis an die Außenseite der Wand des zu beheizenden Raumes durchgeführt sein. Die Heizkörper müssen in mindestens 1,50 m Höhe über dem Fußboden angebracht und überdeckt sein, so daß keinerlei Gegenstände auf den Heizkörper abgelegt werden können. Der Oberflächenwärmegrad darf selbst bei Luftstauungen nicht mehr als 200° C aufweisen.

Anlage II.

Grundsätze für die elektrische Beleuchtung von Kraftwageneinstellräumen.

1. Festverlegte Leitungen.

a) Leitungen dürfen in Kraftwagenräumen nur soweit verlegt werden, als sie für die Räume unbedingt nötig sind.

b) Festverlegte Leitungen sind nur in geschlossenen Rohren oder als Kabel oder kabelähnliche Leitungen zulässig. Unter 1,50 m Höhe ist nur Stahlpanzerrohr oder eisenbewehrtes Kabel zulässig.

2. Biegsame Leitungen.

Als Anschlußschnüre sind NLH- oder NWK-Leitungen nach den „Vorschriften für isolierte Leitungen in Starkstromanlagen" zu verwenden.

3. Schalter, Steckvorrichtungen, Sicherungen und Lampen.

a) Schalter und Steckvorrichtungen müssen, sofern sie nicht zerknallsicher ausgeführt sind, mindestens 1,50 m über dem Fußboden angebracht sein.

b) Sicherungen im Innern der Wagenräume sind nur in mindestens 1,50 m Höhe und in zerknallsicher gekapselter Ausführung zulässig.

c) Feste Beleuchtungen sind nicht unter 1,50 m über dem Fußboden anzubringen. Der Leitungsschutz ist in den Beleuchtungskörper einzuführen.

d) Lampen sind mit starken Ueberglocken, die auch die Fassungen abschließen und bei Gefahr der Beschädigung mit Schutzkörben zu versehen.

4. Handleuchter und Handgeräte.

Handleuchter und Handgeräte sind nur in zerknallsicherer Ausführung zulässig.

Kraftfahrzeugsteuergesetz vom 21. Dezember 1927.

(RGBl. I S. 509.)

Der Reichstag hat das folgende Gesetz beschlossen, das mit Zustimmung des Reichsrats hiermit verkündet wird:

Kraftfahrzeugsteuergesetz.

§ 1.

Die Benutzung von Kraftfahrzeugen zum Befahren öffentlicher Wege unterliegt einer Steuer nach diesem Gesetze.

§ 2.

Von der Steuer sind befreit:

1. Krafträder mit einem Hubraum von nicht mehr als 200 Kubikzentimeter;
2. Kraftfahrzeuge, die ausschließlich der Beförderung (Fortbewegung) von Geräten von und zur Arbeitsstätte und dem Antrieb dieser Geräte dienen; ferner Kraftfahrzeuge, die diesen Zwecken in landwirtschaftlichen Betrieben dienen, auch dann, wenn gleichzeitig Personen oder Güter befördert werden;
3. im Besitze des Reichs, der Länder oder der Gemeinden (Gemeindeverbände) befindliche Kraftfahrzeuge, soweit sie ausschließlich im Feuerlöschdienste, zur Krankenbeförderung, zum Wegebau oder zur Straßenreinigung verwendet werden;
4. Kraftfahrzeuge, die ausschließlich im Dienste der Wehrmacht oder der Polizei verwendet werden, jedoch nicht Personenkraftfahrzeuge mit weniger als acht Sitzplätzen.

§ 3.

(1) Steuerschuldner ist der Eigenbesitzer des Kraftfahrzeugs. Hat der Eigenbesitzer im Inland weder Wohnsitz noch gewöhnlichen Aufenthalt oder benutzt ein anderer als der Eigenbesitzer widerrechtlich das Kraftfahrzeug, so ist Steuerschuldner, wer das Kraftfahrzeug im Inland benutzt.

(2) Ist ein Kraftfahrzeug nach den verkehrspolizeilichen Bestimmungen zugelassen, so ist Steuerschuldner der, für den das

Kraftfahrzeug zugelassen ist. Hat dieser im Inland weder Wohnsitz noch gewöhnlichen Aufenthalt, so ist Steuerschuldner, wer das Kraftfahrzeug im Inland benutzt.

§ 4.

(1) Die Steuer beträgt für die Dauer eines Jahres für

1. Krafträder (Kraftfahrzeuge, die auf nicht mehr als 3 Rädern laufen und deren Eigengewicht in betriebsfertigem Zustand 350 kg nicht übersteigt) mit Antrieb durch Verbrennungsmaschine
   für je 100 ccm Hubraum oder einen Teil davon . . . . 8 Reichsmark,
2. Personenkraftwagen mit Antrieb durch Verbrennungsmaschine, ausgenommen Kraftomnibusse,
   für je 100 ccm Hubraum oder einen Teil davon . . . . 12 Reichsmark,
3. Kraftomnibusse und Lastkraftwagen mit Antrieb durch Verbrennungsmaschine
   für je 200 kg Eigengewicht des betriebsfertigen Kraftfahrzeugs oder einen Teil davon . 30 Reichsmark,
4. elektrisch oder mit Dampf angetriebene Kraftfahrzeuge sowie Zugmaschinen ohne Güterladeraum
   für je 200 kg Eigengewicht des betriebsfertigen Kraftfahrzeugs oder einen Teil davon . 15 Reichsmark.

(2) Auf Kraftfahrzeuge mit Antrieb durch Verbrennungsmaschine, die vorstehend nicht besonders aufgeführt sind, ist der Steuersatz nach Abs. 1 Nr. 4 anzuwenden.

(3) Ist ein Kraftfahrzeug der im Abs. 1 unter Nr. 3 genannten Art nicht auf allen Rädern mit Luftbereifung versehen, so erhöht sich der Steuersatz um ein Zehntel.

§ 5.

Der Hubraum ist gemäß näherer Bestimmung des Reichsministers der Finanzen zu berechnen; dieser kann auch Bestimmungen über die Feststellung des Eigengewichts der betriebsfertigen Fahrzeuge und die Unterscheidungsmerkmale der einzelnen Fahrzeugarten treffen.

§ 6.

(1) Die Steuer ist vor der Benutzung des Kraftfahrzeugs gegen Lösung einer Steuerkarte zu entrichten.

(2) Die Steuerkarte wird für die Dauer eines Jahres, eines Halbjahrs oder eines Vierteljahrs ausgestellt. Die Steuer beträgt für die Halbjahreskarte die Hälfte, für die Vierteljahreskarte ein Viertel der Jahressteuer.

(3) Die Steuer kann auf Antrag in viertel- oder halbjährlichen gleichen Teilen entrichtet werden, sofern die einzelnen Teilzahlungen den Betrag von 50 Reichsmark erreichen. Der Reichsminister der Finanzen kann nähere Bestimmungen zur Durchführung dieser Vorschrift treffen, insbesondere auch darüber, unter welchen Voraussetzungen der Antrag abgelehnt werden kann. Die Vorschrift im § 106 der Reichsabgabenordnung findet sinngemäß Anwendung.

(4) Mit jeder Steuerzahlung, die sich auf einen Zeitraum von weniger als ein Jahr bezieht (Zahlungen auf eine Vierteljahres- oder Halbjahreskarte gemäß Abs. 2; Teilzahlungen gemäß Abs. 3), ist ein Aufgeld zu entrichten. Das Aufgeld beträgt

bei einer Zahlung für ein Vierteljahr . 6 vom Hundert des für diesen Zeitraum zu zahlenden Steuerbetrags,

bei einer Zahlung für ein halbes Jahr . 3 vom Hundert des für diesen Zeitraum zu zahlenden Steuerbetrags.

(5) Die Steuer für die Kraftfahrzeuge der Wehrmacht ist im Wege des Abfindungsverfahrens zu entrichten.

§ 7.

Bei Berechnung der Steuer und der Teilzahlungen einschließlich des Aufgeldes gemäß § 6 Abs. 4 sind Bruchteile einer Reichsmark auf volle Reichsmark nach oben abzurunden.

§ 8.

(1) Werden mehrere Kraftfahrzeuge von demselben Steuerschuldner benutzt, so ist für jedes Fahrzeug eine besondere Steuerkarte zu lösen.

(2) Stellt der Steuerschuldner während der Gültigkeitsdauer der Steuerkarte an Stelle des bisherigen ein anderes Kraft-

fahrzeug ein, so kann er die Karte auf das neue Fahrzeug umschreiben lassen, wenn die Steuer für das neue Fahrzeug sich nicht höher als für das bisherige Fahrzeug berechnet.

(3) Wird ein Kraftfahrzeug während der Gültigkeitsdauer der Steuerkarte dergestalt umgebaut, daß dadurch die Steuer für das Fahrzeug sich nicht höher als bisher berechnet, so kann der Steuerschuldner die Steuerkarte auf das umgebaute Fahrzeug umschreiben lassen. Wird während der Gültigkeitsdauer der Steuerkarte ein Kraftfahrzeug dergestalt umgebaut oder die Bereifung eines Kraftfahrzeugs in den im § 4 Abs. 3 bezeichneten Fällen dergestalt geändert, daß dadurch die Steuer für das Fahrzeug sich höher als bisher berechnet, so ist für das Fahrzeug eine neue Steuerkarte zu lösen.

(4) Tritt während der Gültigkeitsdauer einer Steuerkarte ein Wechsel in der Person des Steuerschuldners ein, so kann der neue Steuerschuldner die Karte auf seinen Namen umschreiben lassen; in diesem Falle beschränkt sich seine Steuerschuld auf den für die Karte noch zu entrichtenden Betrag.

§ 9.

(1) Für die Besteuerung der Benutzung von Kraftfahrzeugen, die nach den verkehrspolizeilichen Bestimmungen unter Verwendung von Probefahrtkennzeichen vorgenommen werden kann, gelten in Abweichung von den §§ 3, 4 und § 8 die Vorschriften in Abs. 2 bis 4.

(2) Steuerschuldner ist derjenige, dem das Probefahrtkennzeichen zugeteilt ist. Die Steuer beträgt für eine Steuerkarte:

auf die Dauer eines Jahres

für Probefahrtkennzeichen, die für Kraftfahrzeuge jeder Art gelten . . . . 300 Reichsmark,

für Probefahrtkennzeichen, die nur für Krafträder gelten . . . . 60 Reichsmark.

Die Steuerkarte kann außer auf die im § 6 Abs. 2 genannten Zeiträume auch auf die Dauer von 4 bis 15 Tagen ausgestellt werden; die Steuer für je einen Tag beträgt

für Probefahrtkennzeichen, die für Kraftfahrzeuge jeder Art gelten . . . . 1 Reichsmark.

(3) Probefahrtkennzeichen, die amtlich anerkannten Sachverständigen zur Verwendung bei der technischen Prüfung von Kraftfahrzeugen zugeteilt werden, sind von der Steuer befreit.

(4) Der Reichsminister der Finanzen ist ermächtigt, nähere Bestimmungen zur Ausführung dieser Vorschriften zu erlassen.

§ 10.

(1) Die Ausstellung der Steuerkarte ist spätestens drei Tage vor der Benutzung des Kraftfahrzeugs, bei benutzten Kraftfahrzeugen spätestens drei Tage vor Ablauf der Gültigkeitsdauer der alten Steuerkarte, in den Fällen des § 8 Abs. 3 Satz 2 spätestens drei Tage vor der Benutzung des umgebauten oder mit anderer Bereifung versehenen Fahrzeugs bei der Steuerstelle zu beantragen. Die Umschreibung der Steuerkarte ist im Falle des § 8 Abs. 2, Abs. 3 Satz 1 spätestens drei Tage vor der Benutzung des neuen oder umgebauten Fahrzeugs, im Falle des § 8 Abs. 4 spätestens drei Tage vor der Benutzung durch den neuen Steuerschuldner bei der Steuerstelle zu beantragen.

(2) Für Kraftfahrzeuge, die aus dem Ausland mit eigener Triebkraft eingehen, ist die Ausstellung der Steuerkarte alsbald nach dem Grenzübertritt, im übrigen vor der Benutzung des Fahrzeugs im Inland bei der nächsten zuständigen Steuerstelle zu beantragen.

(3) Der Antrag hat zu enthalten

1. den Namen, Stand und Wohnort des Steuerschuldners,
2. die Bezeichnung des Kraftfahrzeugs nach den für die Erhebung der Steuer wesentlichen Merkmalen,
3. den Zeitraum, für den die Ausstellung der Steuerkarte begehrt wird.

(4) Für steuerfreie Fahrzeuge (§ 2) ist vor der Benutzung eine Bescheinigung über die Steuerfreiheit zu beantragen. Der Reichsminister der Finanzen kann nähere Bestimmungen zur Durchführung dieser Vorschrift erlassen.

§ 11.

(1) Soweit nach den verkehrspolizeilichen Bestimmungen für Kraftfahrzeuge eine Zulassung vorgeschrieben ist, darf die Zu-

lassungsbehörde die Zulassungsbescheinigung erst aushändigen, wenn die Steuerkarte oder die Bescheinigung über die Steuerfreiheit vorgelegt wird oder die Steuerstelle bestätigt hat, daß den Vorschriften über die Entrichtung der Kraftfahrzeugsteuer genügt ist.

(2) Solange ein Kraftfahrzeug der im Abs. 1 genannten Art bei der Zulassungsbehörde nicht abgemeldet oder ein Probefahrtkennzeichen der Zulassungsbehörde nicht zurückgeliefert ist, gelten die Voraussetzungen der Steuerpflicht als gegeben. Im Falle nicht rechtzeitiger Lösung einer neuen Steuerkarte oder nicht rechtzeitiger Entrichtung der Steuer hat die Zulassungsbehörde auf Antrag der Steuerstelle die Ablieferung oder Einziehung der Zulassungsbescheinigung und die Vernichtung des Dienststempels auf dem Kennzeichen zu bewirken.

§ 12.

Der Führer des Kraftfahrzeugs hat die Steuerkarte oder die Bescheinigung über die Steuerfreiheit unterwegs stets bei sich zu führen. Er ist verpflichtet, sie auf Verlangen den sich durch ihre Dienstkleidung oder sonst ausweisenden Grenz- und Steueraufsichtsbeamten sowie den Aufsichtsbeamten der Polizeiverwaltung vorzuzeigen und nötigenfalls die erforderliche Auskunft zu geben. Ein in der Fahrt begriffenes Kraftfahrzeug darf indessen lediglich aus diesem Anlaß, außer im Grenzbezirke, nicht angehalten werden.

§ 13.

(1) Ist ein Kraftfahrzeug, das nach den verkehrspolizeilichen Bestimmungen zugelassen ist, während der Gültigkeitsdauer der Steuerkarte bei der Zulassungsbehörde abgemeldet worden, so ist auf Antrag gegen Rückgabe der Steuerkarte für den Rest ihrer Gültigkeitsdauer ein Teil der Steuer gemäß den Vorschriften in Abs. 2 und 3 zu erstatten oder, soweit sie noch nicht gezahlt ist, zu erlassen.

(2) Für jeden vollen Monat, der nach Abmeldung des Fahrzeugs bei der Zulassungsbehörde liegt und für den die Steuer bereits entrichtet ist, wird ein Betrag in Höhe von einem Zwölftel der Jahressteuer erstattet. Noch ausstehende Teilzahlungen gemäß

§ 6 Abs. 3, die nach der Abmeldung des Fahrzeugs bei der Zulassungsbehörde fällig werden, werden erlassen.

(3) Der nach den Vorschriften in Abs. 1 und 2 zu erstattende Betrag ist auf volle Reichsmark nach unten abzurunden. Ein Betrag unter 5 Reichsmark wird nicht erstattet.

(4) Wird eine Steuerkarte gemäß § 8 Abs. 2 oder § 8 Abs. 3 Satz 1 umgeschrieben, so findet eine Erstattung der Steuer nicht statt.

(5) In den im § 8 Abs. 3 Satz 2 bezeichneten Fällen finden hinsichtlich der alten Steuerkarte die Vorschriften in Abs. 1 bis 3 sinngemäß Anwendung mit der Maßgabe, daß an Stelle des Zeitpunkts der Abmeldung bei der Zulassungsbehörde der Tag tritt, der dem Beginn der Gültigkeitsdauer der neuen Steuerkarte vorhergeht.

§ 14.

(1) Soll ein Kraftfahrzeug, für das nach den verkehrspolizeilichen Bestimmungen eine Zulassung nicht erforderlich ist, nicht bis zum Ablauf der Gültigkeitsdauer der Steuerkarte zum Befahren öffentlicher Wege benutzt werden und wird dies der Steuerstelle unter Rückgabe der Steuerkarte angezeigt, so finden die Vorschriften des § 13 Abs. 1 bis 4 sinngemäß Anwendung mit der Maßgabe, daß an Stelle des Zeitpunkts der Abmeldung bei der Zulassungsbehörde der Zeitpunkt tritt, an dem die Anzeige und die Steuerkarte bei der Steuerstelle eingegangen sind.

(2) Ist ein Probefahrtkennzeichen während der Gültigkeitsdauer der Steuerkarte der Zulassungsbehörde zurückgeliefert worden, so finden die Vorschriften des § 13 Abs. 1 bis 3 sinngemäß Anwendung mit der Maßgabe, daß an Stelle des Zeitpunkts der Abmeldung bei der Zulassungsbehörde der Zeitpunkt tritt, an dem das Probefahrtkennzeichen der Zulassungsbehörde zurückgeliefert ist.

§ 15.

(1) Zur Geltendmachung des Anspruchs nach §§ 13, 14 ist der berechtigt, auf dessen Namen die Steuerkarte lautet.

(2) Der Antrag ist bis zum Ablauf der Gültigkeitsdauer der Steuerkarte bei der Steuerstelle zu stellen. Ueber den Antrag wird im Beschwerdeverfahren entschieden.

(3) Der Reichsminister der Finanzen kann Durchführungsbestimmungen erlassen.

§ 16.

Bei Kraftfahrzeugen, die zu vorübergehendem Aufenthalt in das Inland gelangen, kann als Sicherheit für die Steuer sowie für Strafen und Kosten das Kraftfahrzeug in Anspruch genommen werden, auch wenn der Steuerschuldner nicht Eigentümer des Fahrzeugs ist. § 348 Abs. 2, 3 der Reichsabgabenordnung ist entsprechend anzuwenden.

§ 17.

(1) Ist ein Steuerpflichtiger in der Bemessung des Beförderungsentgelts durch Vereinbarung gebunden, so steht diese Vereinbarung solchen Erhöhungen des Beförderungsentgelts nicht entgegen, die zur Deckung der Steuern nach diesem Gesetze bestimmt und nach Lage der gesamten Verhältnisse als angemessen zu erachten sind.

(2) Ist ein Steuerpflichtiger in der Bemessung des Beförderungsentgelts durch Tarife oder Höchstpreise gebunden, die behördlicher Festsetzung oder Genehmigung unterliegen, so sind die Tarife auf Antrag der Steuerpflichtigen insoweit zu ändern, als dies nach Lage der gesamten Verhältnisse als angemessen zn erachten ist.

§ 18.

Die Ausführungsbestimmungen zu diesem Gesetz erläßt der Reichsminister der Finanzen mit Zustimmung des Reichsrats. Er kann für Kraftfahrzeuge, die aus dem Ausland eingehen, im Falle der Gegenseitigkeit Steuerermäßigungen, Steuerbefreiungen oder sonstige Erleichterungen anordnen. Er kann ferner für Kraftfahrzeuge, die zum dauernden Verbleib in das Ausland fahren, Steuerermäßigungen oder sonstige Erleichterungen anordnen.

§ 19.

(1) Der Zuschlag zur Kraftfahrzeugsteuer gemäß § 13 Abs. 2 des Finanzausgleichsgesetzes in der Fassung des Artikel II § 1 Nr. 1 des Gesetzes zur Aenderung des Kraftfahrzeugsteuer-

gesetzes vom 15. Mai 1926 (Reichsgesetzbl. I S. 223) beträgt für das Rechnungsjahr 1928 zwanzig vom Hundert und für das Rechnungsjahr 1929 fünfzehn vom Hundert; im übrigen bleiben die Vorschriften des § 13 Abs. 2 des Finanzausgleichsgesetzes unberührt.

(2) Der im Abs. 1 genannte Zuschlag gilt jeweils für die Steuerkarten, deren Gültigkeitsdauer in dem Rechnungsjahre beginnt, für das der Zuschlag festgesetzt worden ist. Im Falle der Umschreibung einer Steuerkarte ist der Beginn der Gültigkeitsdauer der ursprünglichen Steuerkarte maßgebend.

§ 20.

(1) Die Vorschrift im Artikel II § 3 Abs. 4 des Gesetzes zur Änderung des Kraftfahrzeugsteuergesetzes vom 15. Mai 1926 (Reichsgesetzbl. I S. 223) über die Befristung des Gesetzes bis zum 31. Dezember 1927 wird gestrichen.

(2) Nach Maßgabe der Vorschriften dieses Absatzes treten mit Wirkung vom 1. April 1928 §§ 1 bis 19 in Kraft und das Kraftfahrzeugsteuergesetz vom 19. Mai 1926 (Reichsgesetzbl. I S. 239) außer Kraft. Auf Steuerkarten, deren Gültigkeitsdauer nach dem 31. März 1928 beginnt, sind die Vorschriften dieses Gesetzes anzuwenden. Steuerkarten, deren Gültigkeitsdauer vor dem 1. April 1928 beginnt, bleiben bis zu ihrem Ablauf gültig und unterliegen den Vorschriften des Kraftfahrzeugsteuergesetzes vom 19. Mai 1926, wobei § 19 Abs. 2 Satz 2 Anwendung findet. Jedoch kann bei Jahressteuerkarten, die auf Grund des Kraftfahrzeugsteuergesetzes vom 19. Mai 1926 ausgestellt sind und deren Gültigkeitsdauer nach dem 30. September 1927 beginnt, der Steuerpflichtige für die Zeit nach Ablauf des ersten Halbjahrs der Gültigkeitsdauer der Steuerkarte die Ausstellung einer neuen Steuerkarte nach den neuen Vorschriften beantragen. Der Antrag ist spätestens eine Woche vor Ablauf des ersten Halbjahrs der Gültigkeitsdauer der alten Steuerkarte zu stellen. Wird ein Antrag gemäß Satz 4 gestellt, so wird, wenn die Steuer für die alte Steuerkarte in halbjährlichen Teilen entrichtet wird, die zweite Halbjahresrate erlassen und, wenn die Jahressteuer für die alte Steuerkarte voll entrichtet ist, ein Betrag

von 40 vom Hundert der für die alte Steuerkarte gezahlten Steuer auf die für die neue Steuerkarte zu entrichtenden Beträge verrechnet. Überschießende Beträge sind zu erstatten, Beträge unter 5 Reichsmark werden nicht erstattet.

(3) Die Verordnung über Befreiung von Kraftfahrsteuer bei Abmeldung des Kraftfahrzeugs während der Gültigkeitsdauer der Steuerkarte vom 10. Dezember 1926 (Reichsgesetzbl. I S. 501) tritt mit dem 1. April 1928 mit der Maßgabe außer Kraft, daß sie nach diesem Zeitpunkt noch für Steuerkarten gilt, die auf Grund des Kraftfahrzeugsteuergesetzes vom 19. Mai 1926 ausgestellt sind.

(4) Weist ein Steuerpflichtiger nach, daß ein Kraftrad oder ein Personenkraftwagen von nicht mehr als zehn Pferdestärken bereits vor dem 1. April 1928 nach den verkehrspolizeilichen Bestimmungen zugelassen war oder einer vor dem 1. April 1928 zugelassenen Type angehört, so ist bei der Berechnung der Steuer für das Fahrzeug kein höherer Jahressteuerbetrag als nach den bisherigen Vorschriften zugrunde zu legen.

(5) Der Reichsminister der Finanzen kann Übergangsbestimmungen erlassen.

(6) Die Vorschriften in Abs. 1—6 treten mit dem 31. Dezember 1927 in Kraft.

§ 21.

Dieses Gesetz tritt mit dem 1. April 1931 außer Kraft.

Verordnung zur Ausführung des Kraftfahrzeugsteuergesetzes vom 29. 2. 1928
(RMBl. S. 74.)

Auf Grund des § 5, § 6 Abs. 3, § 10 Abs. 4, § 18 Satz 2 und 3, § 20 Abs. 5 des Kraftfahrzeugsteuergesetzes vom 21. Dezember 1927 (Reichsgesetzbl. I S. 509) und des § 216 der Reichsabgabenordnung wird folgendes verordnet:

Abschnitt I

§ 1

Kraftfahrzeuge

Als Kraftfahrzeuge im Sinne des Kraftfahrzeugsteuergesetzes gelten Landfahrzeuge, die durch Maschinenkraft bewegt werden, ohne an Bahngleise gebunden zu sein.

§ 2

Krafträder

(1) Als Krafträder gelten Kraftfahrzeuge, die auf nicht mehr als drei Rädern laufen, wenn ihr Eigengewicht in betriebsfertigem Zustand 350 Kilogramm nicht übersteigt; Anhänger, Bei- oder Vorsteckwagen bleiben bei Feststellung der Fahrzeugart außer Betracht.

(2) Als Krafträder gelten außerdem Kraftfahrzeuge mit zwei Laufrädern und zwei seitlichen, nur gelegentlich benutzten Stützrädern ohne Anhänger, Bei- oder Vorsteckwagen, wenn ihr Eigengewicht in betriebsfertigem Zustand 350 Kilogramm nicht übersteigt.

§ 3

Kraftomnibusse

Als Kraftomnibusse gelten Personenkraftwagen mit mehr als acht Sitzplätzen (einschl. Führersitz).

§ 4

Benzin-elektrischer Antrieb

Als Kraftfahrzeuge mit Antrieb durch Verbrennungsmaschine gelten auch Fahrzeuge, bei denen die Kraft von der Verbrennungsmaschine durch Dynamomaschine und Elektromotor auf die Fahrzeugräder übertragen wird. (Fahrzeuge mit sogenanntem benzinelektrischen Antrieb.)

§ 5

Sattelschlepper

Als Sattelschlepper bezeichnete Kraftfahrzeuge gelten auch dann als Zugmaschinen ohne Güterladeraum (§ 4 Abs. 1 Nr. 4 des Kraftfahrzeugsteuergesetzes), wenn sie mit einer Anhängeachse in der Weise verbunden werden, daß ein wesentlicher Teil des Gewichts der Anhängeachse den Sattelschlepper belastet.

§ 6

Luftbereifung

Als Luftbereifung im Sinne des § 4 Abs. 3 des Kraftfahrzeugsteuergesetzes gilt eine Bereifung, bei der die in einem Schlauche eingeschlossene Luft schon bei unbelastetem Reifen unter Ueberdruck steht.

§ 7

Hubraum

(1) Der Hubraum von Verbrennungsmaschinen (§ 4 Abs. 1 Nr. 1 und 2 des Kraftfahrzeugsteuergesetzes) ist nach folgender Formel zu berechnen:

$$H = 0{,}00078 \cdot i \cdot d^2 \cdot s,$$

worin H den Hubraum in Kubikzentimeter, i die Zahl der Zylinder, d den Durchmesser des Zylinders in Millimeter, s den Kolbenhub in Millimeter bedeutet. Bei der Feststellung des Zylinderdurchmessers und des Kolbenhubes sind Bruchteile eines Millimeters von weniger als 0,5 nicht zu berücksichtigen und Bruchteile von 0,5 und mehr mit 0,5 anzurechnen.

(2) Der gemäß Abs. 1 berechnete Hubraum ist auf volle Kubikzentimeter nach unten abzurunden.

§ 8

Eigengewicht

(1) Als Eigengewicht gilt das Gewicht des betriebsfertigen Fahrzeugs mit gefüllten Betriebstoffbehältern, bei elektrisch angetriebenen Fahrzeugen mit Akkumulatorenbatterie; Aufbauten,

Signalinstrumente, Beleuchtungseinrichtungen und etwa vorhandene Windschutzscheiben, Kotflügel und Trittbretter sind mitzuwiegen.

(2) Bei Sattelschleppern (§ 5) ist das Eigengewicht der aufgelegten Anhängeachse, soweit es den Sattelschlepper belastet, mitzuwiegen; werden Anhängeachsen verschiedenen Eigengewichts verwendet, so ist die schwerste Anhängeachse maßgebend.

Abschnitt II

§ 9

Geltungsbeginn der Steuerkarte

Als Geltungsbeginn der Steuerkarte ist anzusetzen:

a) wenn ein Kraftfahrzeug eingestellt wird,
der Tag der Steuerfestsetzung, bei verspäteter oder unterlassener Lösung einer Steuerkarte der Tag der unbefugten ersten Benutzung des Fahrzeugs,

b) wenn eine Steuerkarte bei Ablauf zu erneuern ist,
der Tag nach Ablauf der alten Karte.

§ 10

Fristen für Teilzahlungen

Soll die Steuer in Teilen entrichtet werden (§ 6 Abs. 3 des Kraftfahrzeugsteuergesetzes), so ist die erste Teilzahlung vor Aushändigung der Steuerkarte zu entrichten. Bei halbjährlichen Teilzahlungen ist die zweite Teilzahlung innerhalb einer Frist von sechs Monaten, bei vierteljährlichen Teilzahlungen sind die zweite und die folgenden Teilzahlungen innerhalb einer Frist von drei, sechs und neun Monaten nach Geltungsbeginn der Steuerkarte ohne besondere Aufforderung zu entrichten.

§ 11

Gebühr

Für die Umschreibung einer Steuerkarte (§ 8 Abs. 2 bis 4 des Kraftfahrzeugsteuergesetzes) oder die Ausstellung einer Ersatzkarte an Stelle einer verlorenen oder unbrauchbar gewordenen Steuerkarte hat der Steuerpflichtige eine Gebühr von 2 RM zu entrichten.

§ 12

Die Bescheinigung über die Steuerfreiheit (§ 10 Abs. 4 des Kraftfahrzeugsteuergesetzes) ist unter Vorbehalt des Widerrufs zu erteilen.

Abschnitt III

§ 13

Aus dem Ausland eingehende Fahrzeuge

Für Kraftfahrzeuge, die aus dem Ausland zu vorübergehendem Aufenthalt in das Inland eingehen, gelten die Vorschriften in §§ 14 bis 20.

§ 14

(1) An Stelle einer Steuerkarte gemäß § 6 Abs. 2 des Kraftfahrzeugsteuergesetzes (Steuerkarten für die Dauer eines Jahres, eines Halbjahrs oder eines Vierteljahrs) kann eine Steuerkarte für einen Aufenthalt bis zu 60 Tagen gelöst werden.

(2) Die Tage des Aufenthalts im Inland brauchen nicht unmittelbar aufeinander zu folgen; jedoch verliert die Steuerkarte 1 Jahr nach der Ausstellung ihre Gültigkeit.

(3) Für Karten dieser Art beträgt die Kraftfahrzeugsteuer für jeden Kalendertag, der ganz oder teilweise im Inland zugebracht wird,

bei Krafträdern 50 *Rpf*,

bei sonstigen Kraftfahrzeugen 1 *RM*,

in beiden Fällen jedoch mindestens 3 *RM*. Der Zuschlag gemäß § 13 Abs. 2 des Finanzausgleichsgesetzes wird nicht erhoben.

§ 15

Die Vorschrift im § 14 ist nur anzuwenden, wenn der Staat, in dem das Kraftfahrzeug beheimatet ist, Gegenseitigkeit gewährt. Ob dies der Fall ist, wird besonderer Feststellung vorbehalten.

§ 16

Soll der Aufenthalt eines Kraftfahrzeugs, für das zunächst eine Steuerkarte gemäß § 14 gelöst worden war, auf mehr als 60 unmittelbar aufeinanderfolgende Tage verlängert werden, so ist eine Steuerkarte nach § 6 Abs. 2 des Kraftfahrzeugsteuergesetzes zu lösen. Auf Antrag des Steuerpflichtigen ist die für die alte Karte gezahlte Steuer auf die Steuer für die neue Karte anzurechnen; in diesem Falle ist als Geltungsbeginn der neuen Karte der Geltungsbeginn der alten Karte anzusetzen.

§ 17

Wird eine Steuerkarte gemäß § 6 Abs. 2 des Kraftfahrzeugsteuergesetzes gelöst, so ist die Entrichtung der Steuer in Teilzahlungen nicht zulässig.

§ 18

(1) Wird für Krafträder und Personenkraftwagen mit Antrieb durch Verbrennungsmaschine (§ 4 Abs. 1 Nr. 1 und 2 des Kraftfahrzeugsteuergesetzes) eine Steuerkarte gemäß § 6 Abs. 2 des Kraftfahrzeugsteuergesetzes gelöst, so sind für die Berechnung der Steuer

a) bei Krafträdern 600 Kubikzentimeter Hubraum,

b) bei Personenkraftwagen je 50 Kilogramm Eigengewicht des Fahrzeugs oder ein Teil davon als 100 Kubikzentimeter Hubraum

anzusetzen.

(2) Weist der Steuerpflichtige durch das Gutachten eines von der höheren Verwaltungsbehörde anerkannten Sachverständigen (§ 5 Abs. 2 der Verordnung über den Verkehr mit Kraftfahrzeugen vom 5. Dezember 1925, Reichsgesetzbl. I S. 439) nach, daß der nach der Formel gemäß § 7 berechnete Hubraum seines Fahrzeugs geringer ist als der nach Abs. 1 anzunehmende Hubraum, so ist die Steuer nach diesem geringeren Hubraum zu berechnen. Wird dieser Nachweis erst nach Festsetzung der Steuer, aber vor Ablauf der Gültigkeitsdauer der Steuerkarte erbracht, so ist die Steuerfestsetzung zu ändern und der zuviel gezahlte Betrag zu erstatten.

(3) Gewöhnliche Fahrräder mit eingebautem Hilfsmotor sind als steuerfreie Krafträder (§ 2 Nr. 1 des Kraftfahrzeugsteuergesetzes) zu behandeln.

§ 19

Ausbesserungsverkehr

Bei Kraftfahrzeugen, die aus dem Ausland nachweislich zum Zwecke der Ausbesserung in das Inland kommen und für die gemäß § 4 der Veredelungsordnung vom 5. April 1906 (Zentralblatt für das Deutsche Reich S. 536) ein zollamtlicher Ausbesserungsverkehr zugelassen wird, kann von der Erhebung der Kraftfahrzeugsteuer abgesehen werden. Die Zollstellen können Sicherheitsleistung für die Kraftfahrzeugsteuer fordern.

§ 20

Durchgangsverkehr im Grenzgebiete

In den Fällen, in denen bei Benutzung von öffentlichen Wegen, welche die einzige oder die gegebene Verbindung zwischen verschiedenen Orten des Auslandes bilden und das Reichsgebiet auf kurzen Strecken durchschneiden, nach § 13 der Verordnung über internationalen Kraftfahrzeugverkehr vom 5. Dezember 1925 (Reichsgesetzbl. I S. 453) von der Zuteilung eines länglichrunden Kennzeichens abgesehen werden kann, ist auch von der Erhebung der Kraftfahrzeugsteuer abzusehen.

§ 21

Ausführung in das Ausland

Soll ein im Inland erworbenes Kraftfahrzeug mit eigener Triebkraft in das Ausland zum dauernden Verbleibe verbracht werden und erhält es zu dem Zwecke ein länglichrundes Kennzeichen gemäß § 15 der Verordnung über internationalen Kraftfahrzeugverkehr vom 5. Dezember 1925 (Reichsgesetzbl. I S. 453), so kann für das Fahrzeug eine Steuerkarte der im § 14 bezeichneten Art gelöst werden.

Abschnitt IV

Behandlung von Übergangsfällen

§ 22

Ist bei Einstellung eines Kraftfahrzeugs die Steuer nach dem Kraftfahrzeugsteuergesetze vom 19. Mai 1926 festgesetzt worden und beginnt die Gültigkeitsdauer der Steuerkarte erst nach dem 31. März 1928, so behält es, vorbehaltlich der Bestimmung in Satz 2, bei der Steuerfestsetzung sein Bewenden; die Steuerkarte bleibt bis zu ihrem Ablauf gültig und unterliegt den Vorschriften des Kraftfahrzeugsteuergesetzes vom 19. Mai 1926. In den im Satze 1 bezeichneten Fällen kann jedoch der Steuerpflichtige die Berichtigung der Steuerfestsetzung und die Ausstellung einer neuen Steuerkarte für den gleichen Zeitraum nach den Vorschriften des Kraftfahrzeugsteuergesetzes vom 21. Dezember 1927 beantragen, wenn die Steuer nach dessen Vorschriften niedriger ist. Der Antrag ist unter Rückgabe der alten Steuerkarte spätestens innerhalb einer Woche nach dem Geltungsbeginne der Steuerkarte zu stellen.

§ 23

(1) Bei Jahressteuerkarten, die auf Grund des Kraftfahrzeugsteuergesetzes vom 19. Mai 1926 ausgestellt sind und deren Gültigkeitsdauer nach dem 30. September 1927 beginnt, kann der Steuerpflichtige gemäß § 20 Abs. 2 Satz 4 des Kraftfahrzeugsteuergesetzes vom 21. Dezember 1927 für die Zeit nach Ablauf des ersten Halbjahrs der Gültigkeitsdauer der Steuerkarte die Ausstellung einer neuen Steuerkarte nach den neuen Vorschriften auf ein Jahr oder ein Halbjahr beantragen. Wird dieser Antrag gestellt und ist die Jahressteuer für die alte Steuerkarte voll entrichtet, so ist der zu verrechnende Betrag von 40 v. H. der für die alte Steuerkarte gezahlten Steuer auf volle Reichsmark nach unten abzurunden.

(2) Im übrigen bleiben Steuerkarten, deren Gültigkeitsdauer vor dem 1. April 1928 beginnt, bis zu ihrem Ablauf gültig.

§ 24

(1) Wird für Krafträder und Personenkraftwagen mit Antrieb durch Verbrennungsmaschine (§ 4 Abs. 1 Nr. 1 und 2 des Kraftfahrzeugsteuergesetzes), für die am 31. März 1928 eine Steuerkarte läuft, ein nach der Formel gemäß § 7 berechneter Hubraum nicht nachgewiesen, so ist der Hubraum aus den Steuer-Pferdestärken zu errechnen, und zwar ist anzusetzen:

bei Viertakt-Motoren
eine Steuer-PS = 261,8 ccm,
bei Zweitakt-Motoren
eine Steuer-PS = 174,5 ccm.

(2) § 7 Abs. 2 findet Anwendung.

§ 25

Inkrafttreten

Diese Verordnung tritt mit dem 1. April 1928 in Kraft.

Oberpolizeiliche Vorschriften über den allgemeinen Verkehr auf öffentlichen Wegen (Straßenverkehrsordnung) vom 18. Mai 1926

(GVBl S. 315.)

A. Allgemeines.

§ 1.

Begriffsbestimmungen; öffentliches Fuhrgewerbe.

(1) Im Sinne nachstehender Vorschriften gelten

1. als Fuhrwerke Fahrzeuge, die für das Fortbewegen durch Menschen oder Tiere eingerichtet und nicht an Bahngeleise gebunden sind, ausgenommen Fahrräder, Rollstühle für Kranke, einrädrige Schubkarren, Kinderwagen, Kinderleiterwagen oder dergleichen;
2. Als Kraftfahrzeuge Fahrzeuge, die durch Maschinenkraft bewegt werden, ohne an Bahngeleise gebunden zu sein;
3. als Wirtschaftsfuhren Fuhren, die innerhalb des Gemeindebezirks, des Betriebssitzes oder benachbarter Gemeindebezirke für Zwecke der Land- oder Forstwirtschaft ausgeführt werden;
4. als Wege auch Plätze, Brücken und Durchgänge;
5. als Wegebenutzer Schienenfahrzeuge, Fuhrwerke, Kraftfahrzeuge, Radfahrer, Reiter, marschierende Abteilungen, Aufzüge sowie getriebene oder geführte Tiere, ausgenommen Hunde;

6. als Dunkelheit in den Monaten April bis September die Zeit von einer Stunde nach Sonnenuntergang bis eine Stunde vor Sonnenaufgang, in den übrigen Monaten die Zeit von einer halben Stunde nach Sonnenuntergang bis eine halbe Stunde vor Sonnenaufgang.

(2) Auf Fuhrwerke und Fahrräder, welche im öffentlichen Fuhrgewerbe verwendet werden, sowie auf die Führer dieser Fahrzeuge finden neben den nachstehenden Vorschriften die besonderen Bestimmungen über den Betrieb der dem öffentlichen Fuhrgewerbe dienenden Fahrzeuge Anwendung.

B. Fuhrwerkverkehr.

a) Fuhrwerk, Bespannung und Ladung.

§ 2.

Beschaffenheit des Fuhrwerks, der Bespannung und der Ladung.

(1) Fuhrwerke müssen sich in verkehrssicherem Zustande befinden.

(2) Zum Zug untaugliche Tiere dürfen zur Bespannung nicht verwendet werden. Bissige Zugtiere müssen mit Maulkorb versehen sein.

(3) Die Ladung muß so verteilt, verwahrt oder befestigt sein, daß sie weder Personen oder Sachen beschädigen oder verunreinigen, noch starkes Geräusch oder das Umschlagen des Fuhrwerks verursachen kann. Das Gewicht des Fuhrwerks und der Ladung muß in angemessenem Verhältnis zur Leistungsfähigkeit des Gespannes stehen. Am hinteren Ende des Fuhrwerks weit heraus ragende Ladungen müssen an den Enden durch Strohkränze, Lappen oder dergleichen besonders kenntlich gemacht sein.

(4) Die Zugtiere von Schlitten müssen mit Schellen oder Glocken versehen sein; die dürfen auch an der Deichsel befestigt sein.

§ 3.

Kennzeichnung der Fuhrwerke.

Bespannte Lastfuhrwerke sowie für den Gewerbebetrieb im Umherziehen und als Wohnwagen benutzte Fuhrwerke müssen auf der linken Seite des Fuhrwerks oder an dem Geschirr des linken Zugtieres mit einer deutlich lesbaren, unverwischbaren

Aufschrift versehen sein, die den Vor- und Zunamen sowie den Wohnort des Fuhrwerksbesitzers (Firma und deren Sitz) angibt. Für Wirtschaftsfuhren kann die zuständige Polizeibehörde für ihren Bezirk Ausnahmen zulassen.

§ 4.

Beleuchtung der Fuhrwerke.

(1) Während der Dunkelheit und bei starkem Nebel müssen bespannte Fuhrwerke (von zusammengekoppelten das vorderste) mindestens eine hellbrennende Laterne mit farblosem oder gelblichem Glase führen. Diese muß am vorderen Teil des Fuhrwerks auf der linken Seite so angebracht sein, daß der Lichtschein von entgegenkommenden und überholenden Fahrzeugen leicht bemerkt werden kann; unter dieser Voraussetzung kann sie bei nicht dem Personenverkehr dienenden Fuhrwerken auch auf der linken Seite an einem Zugtier oder unter dem Fuhrwerk befestigt werden.

(2) Bespannte Langholzfuhrwerke und andere bespannte Fuhrwerke, deren Ladung mehr als 1 Meter nach hinten übersteht, haben während der Dunkelheit und bei starkem Nebel am hinteren Ende eine zweite hellbrennende Laterne mit farblosem, gelblichem oder gelbrotem Glase zu führen, die so angebracht sein muß, daß der Lichtschein von hinten leicht zu sehen ist. Ebenso muß bei hochgedeckten, mehr als 4,5 m langen Fuhrwerken (Möbelwagen oder dergleichen) und zusammengekoppelten Fuhrwerken eine solche zweite Laterne am hinteren Ende des Fuhrwerks (bei zusammengekoppelten Fuhrwerken des letzten Fuhrwerks) angebracht sein.

(3) Für Wirtschaftsfuhren kann die zuständige Polizeibehörde für ihren Bezirk Ausnahmen von der Vorschrift des Abs. 1 Satz 1 und für zusammengekoppelte Fuhrwerke von der Vorschrift des Abs. 2 Satz 2 zulassen.

b) Der Führer und seine Pflichten.

§ 5.

Anforderungen an den Führer.

(1) Jedes bespannte Fuhrwerk muß während der Fahrt einen zur selbständigen Leitung tauglichen Führer haben. Die Führung

von Fuhrwerken ist Personen, die wegen körperlicher oder geistiger Mängel oder wegen Trunkenheit zur sicheren Führung nicht imstande sind, verboten. Solchen Personen und Personen, die strafrechtlich nicht zur Verantwortung gezogen werden können, darf die Führung nicht übergeben oder belassen werden. Ungeeigneten Personen, insbesondere solchen, die wiederholt wegen Uebertretung verkehrspolizeilicher Vorschriften bestraft sind, kann von der zuständigen Polizeibehörde für ihren Bezirk die selbständige Führung bespannter Fuhrwerke dauernd oder zeitweise untersagt werden.

(2) Bei Ladungen von großer Länge wie z. B. bei Langholz-Fuhrwerken muß dem Führer ein Begleiter zur Lenkung und Einhemmung des hinteren Teiles beigegeben sein. Dies gilt insbesondere bei Lastenbeförderung mittelst eines geteilten Fuhrwerks, wenn das hintere Fuhrwerksgestell nicht in der Fahrtrichtung festgestellt, sondern um eine lotrechte Achse drehbar ist.

(3) Für Wirtschaftsfuhren kann die zuständige Polizeibehörde für ihren Bezirk Ausnahmen von der Altersgrenze des Abs. 1 Satz 3 zulassen.

§ 6.

Inbetriebnahme von Fuhrwerken; Ankoppeln von Fuhrwerken.

(1) Der Führer ist dafür verantwortlich, daß das Fuhrwerk, die Gespanntiere und die Ladung sich in vorschriftsmäßigem Zustande befinden (§§ 2 und 3) und daß das Fuhrwerk während der Dunkelheit und bei starkem Nebel in vorgeschriebener Weise beleuchtet ist (§ 4). Der Halter eines Fuhrwerks darf die Inbetriebnahme nicht anordnen oder zulassen, wenn ihm ein Mangel bekannt ist. Stellen sich Mängel unterwegs ein, so hat der Führer für Abhilfe zu sorgen.

(2) Das Ankoppeln von mehr als einem Fuhrwerk ist nur mit polizeilicher Erlaubnis zulässig; für Wirtschaftsfuhren kann die zuständige Polizeibehörde Ausnahmen für ihren Bezirk vorsehen.

§ 7.

Leitung und Bedienung von Fuhrwerken; Mitführen nicht eingespannter Tiere.

(1) Der Führer ist zur gehörigen Vorsicht in Leitung und Bedienung seines Fuhrwerks verpflichtet. Er muß das Gespann

stets in seiner Gewalt haben und die Fahrbahn nicht aus den Augen lassen. Nimmt der Führer auf dem Fuhrwerke Platz, so muß der Platz so gewählt sein, daß er freie Aussicht nach vorn und nach den Seiten hat und stets in der Lage ist, die Zügel sicher zu handhaben. Das Aufsitzen auf der Deichsel ist verboten.

(2) Nicht eingespannte Tiere — mit Ausnahme von Saugfohlen — dürfen nur an der rechten Seite oder hinter dem Fuhrwerk mitgeführt werden; sie müssen an einem eingespannten Zugtier oder am Fuhrwerk kurz angebunden sein.

(3) Auf Handwagen oder Handkarren abschüssige Wegestrecken hinabzufahren ist verboten.

§ 8.

Fahrgeschwindigkeit.

(1) Der Führer hat die Fahrgeschwindigkeit so einzurichten, daß er in der Lage bleibt, seinen Verpflichtungen Genüge zu leisten.

(2) Ist der Ueberblick über die Fahrbahn behindert, die Sicherheit des Fahrens durch die Beschaffenheit des Weges beeinträchtigt oder herrscht lebhafter Verkehr, so muß so langsam gefahren werden, daß das Fuhrwerk auf kürzeste Entfernung zum Stehen gebracht werden kann.

(3) Innerhalb geschlossener Ortsteile darf nur mit mäßiger Geschwindigkeit gefahren werden.

§ 9.

Warnungszeichen.

(1) Der Führer hat Personen, die sich in gefährlicher Nähe befinden, rechtzeitig durch Zuruf oder in sonst geeigneter Weise zu warnen. Der Gebrauch von Huppen ist verboten.

(2) Zweckloses oder übertriebenes Knallen mit der Peitsche ist verboten.

§ 10.

Rechtsfahren und Einbiegen.

(1) Der Führer hat mit seinem Fuhrwerk, soweit nicht besondere Umstände entgegenstehen, die rechte Seite des Weges einzuhalten und darf die linke Seite nur beim Ueberholen oder beim Anhalten an links liegenden Grundstücken — soweit dies

örtlich nicht verboten ist — benutzen. Langsam fahrende Fuhrwerke haben innerhalb geschlossener Ortsteile möglichst die äußerste rechte Seite einzuhalten. Beim Durchfahren von scharfen oder unübersichtlichen Wegekrümmungen ist stets die rechte Seite einzuhalten.

(2) Beim Einbiegen in einen anderen Weg hat der Führer nach rechts in kurzer Wendung, nach links in weitem Bogen zu fahren.

§ 11.

Ausweichen.

(1) Der Führer hat entgegenkommenden anderen Wegebenutzern rechtzeitig und genügend nach rechts auszuweichen oder, falls dies die Umstände oder die Oertlichkeit nicht gestatten, zu halten, bis der Weg frei ist. Jedoch hat der Führer entgegenkommenden Schienenfahrzeugen nach links auszuweichen, wenn der Abstand zwischen dem Schienenfahrzeug und dem rechten Wegerand ein Rechtsausweichen nicht zuläßt.

(2) Soweit bei Begegnung mit anderen Wegebenutzern ein Ausweichen unmöglich ist, hat der Führer nötigenfalls umzukehren oder rückwärts zu fahren, wenn ihm dies nach den Umständen des Einzelfalles am leichtesten fällt.

(3) Auf steilen, an Abhängen liegenden Wegen, die für den Kraftfahrzeugverkehr gesperrt und als solche durch Warnungstafeln gekennzeichnet sind, dürfen beladene bergabfahrende Fuhrwerke ausnahmsweise auch nach links ausweichen, wenn die Talseite nach rechts gelegen ist.

§ 12.

Ueberholen.

(1) Der Führer hat eingeholte andere Wegebenutzer auf der linken Seite zu überholen. Schienenfahrzeuge hat er jedoch rechts zu überholen, es sei denn, daß der Abstand zwischen dem Schienenfahrzeug und dem rechten Wegerand ein Rechtsüberholen nicht zuläßt. Schnelleren Wegebenutzern, welche die Absicht, zu überholen, kundgeben, hat er dies durch sofortiges Rechtshalten zu ermöglichen.

(2) An einer Haltestelle haltende Schienenfahrzeuge dürfen auf der Seite, auf der die Fahrgäste ein- und aussteigen, nur

in Schrittgeschwindigkeit und nur in einem solchen seitlichen Abstand überholt werden, daß die Fahrgäste nicht gefährdet werden.

(3) Nach dem Ueberholen darf sich der Führer erst wieder nach rechts wenden, nachdem er sich überzeugt hat, daß dies möglich ist, ohne den überholten Wegebenutzer zu gefährden.

(4) An unübersichtlichen Wegestellen und an Stellen, an denen die Fahrbahn durch andere Wegebenutzer oder in sonstiger Weise verengt ist, ist das Ueberholen verboten.

§ 13.

Vorfahren an Wegekreuzungen.

An Kreuzungen und Einmündungen von Wegen hat, unbeschadet der von Polizeibeamten im Einzelfall zu treffenden Anordnungen, das auf einem Hauptverkehrswege sich bewegende Fuhrwerk die Vorfahrt gegenüber dem aus einem Seitenwege kommenden Fahrzeug; im übrigen hat das von rechts kommende Fuhrwerk die Vorfahrt.

§ 14.

Verhalten gegenüber Feuerwehr usw.

(1) Für Fahrzeuge der Polizei und Feuerwehr, die sich durch besondere Zeichen kenntlich machen, ist schon bei ihrer Annäherung freie Bahn zu schaffen. Ferner ist Kranken- und Rettungswagen und in Tätigkeit befindlichen Spreng- und Kehrmaschinen Platz zu machen. Truppenkörper, geschlossene Verbände der Polizei, Leichenzüge und Prozessionen dürfen nur durch die im Feuerwehrdienst begriffenen Fahrzeuge unterbrochen oder sonstwie in ihrer Bewegung gehemmt werden.

(2) Fuhrwerke, die sich auf Schienengeleisen befinden, haben diese bei Annäherung von Schienenfahrzeugen unverzüglich zu räumen.

§ 15.

Zeichen des Führers.

Der Führer hat anderen Personen die Absicht des Stillhaltens durch senkrechtes Hochhalten des Armes oder der Peitsche, die Absicht des Umwendens und des Verlassens der bisher verfolgten Fahrtrichtung durch wagerechtes Halten des Armes oder der

Peitsche in der Richtung des Wechsels rechtzeitig zu erkennen zu geben; zum Abgeben der Zeichen kann auch eine mechanische Einrichtung benutzt werden.

§ 16.

Zeichen der Polizeibeamten.

(1) Den Weisungen und Zeichen der Polizeibeamten ist Folge zu leisten. Insbesondere hat der Führer auf den Halteruf oder das Haltzeichen eines als solchen kenntlichen Polizeibeamten sofort anzuhalten. Zur Kenntlichmachung eines Polizeibeamten ist das Tragen einer Dienstmütze ausreichend. Den zur Regelung des Verkehrs an bestimmten Stellen aufgestellten Polizeibeamten hat der Führer auszuweichen. Die von diesen Beamten gegebenen Zeichen bedeuten:

1. Winken in der Fahrtrichtung „Freie Fahrt".
2. Hochheben eines Armes „Achtung, Halten".
3. Seitliches Ausstrecken eines oder beider Arme „Halt".

(2) Werden Lichtzeichen verwendet, so bedeutet grünes Licht „Freie Fahrt", gelbes Licht „Achtung, Halten", rotes Licht „Halt", Blinklicht „Langsamfahren".

§ 17.

Zum Stillstand gelangende Fuhrwerke.

(1) Der Führer eines zum Stillstand gelangenden Fuhrwerks hat dieses so aufzustellen, daß es den Verkehr nicht behindert. Insbesondere ist die Aufstellung an engen Stellen, Wegekreuzungen und scharfen Wegekrümmungen sowie an Haltestellen der Straßenbahnen und Kraftomnibusse verboten.

(2) Der Führer darf das Fuhrwerk nur verlassen, nachdem er die erforderlichen Maßnahmen getroffen hat, um Unfälle und Verkehrsstörungen zu vermeiden. Das Absträngen von Zugtieren darf nur auf der Deichselseite erfolgen. Leicht scheuende Zugtiere dürfen nicht ohne Aufsicht bleiben.

(3) Unbespannte Fuhrwerke dürfen bei Dunkelheit oder starkem Nebel nicht auf öffentlichen Wegen belassen werden. Kann ihre Entfernung aus besonderen Gründen nicht erfolgen, so muß die Deichsel hochgeschlagen oder abgenommen und an der dem Wege zugekehrten Seite des Fuhrwerks eine hellbrennende Laterne an-

gebracht werden, deren Licht von vorn und hinten deutlich wahrnehmbar ist. Kann die Deichsel nicht abgenommen oder hochgeschlagen werden, so ist eine Laterne an der Deichselspitze und eine hinten am Fuhrwerk anzubringen.

c) Die Benutzung öffentlicher Wege.

§ 18.

Verbote und Beschränkungen der Benutzung von Wegen.

(1) Der Verkehr mit Fuhrwerken ist auf die hierfür bestimmten Fahrwege beschränkt. Wo keine erkennbaren Fußwege vorhanden sind und die Breite der Fahrbahn es zuläßt, haben die Fuhrwerke mindestens 1 Meter Abstand vom Straßenrande zu halten.

(2) Auf Fahrverbote und sonstige Beschränkungen des Fuhrwerkverkehrs auf einzelnen Wegen ist durch Warnungstafeln oder in sonst geeigneter Weise hinzuweisen.

(3) Das Anbringen von Tafeln, die zu Verwechslungen mit den behördlich angebrachten Tafeln Anlaß geben können, ist verboten.

d) Ausnahmen.

§ 19.

Ausnahmen für Fuhrwerke der Feuerwehr, Wehrmacht u. Polizei.

Feuerwehrfuhrwerke unterliegen nicht den Vorschriften über die einzuhaltende Fahrgeschwindigkeit (§ 8) und sind befreit von den Vorschriften über das Ausweichen, Halten, Ueberholen und Vorfahren in den in den §§ 11 bis 13 und 17 genannten Fällen und vou sonst von den Polizeibehörden angeordneten Verboten oder Beschränkungen; das gleiche gilt für im Dienst befindliche Fuhrwerke der Wehrmacht und der Polizei, wenn Gefahr im Verzuge ist.

C. Radfahrverkehr.

a) Das Fahrrad.

§ 20.

Beschaffenheit des Fahrrades.

(1) Jedes Fahrrad muß versehen sein:

1. mit einer sicher wirkenden Hemmvorrichtung; als solche gilt auch eine Rücktrittbremse;

2. mit einer hell tönenden Glocke zum Abgeben von Warnungszeichen;
3. während der Dunkelheit und bei starkem Nebel mit einer hellbrennenden Laterne mit farblosem oder gelblichem Glase, welche den Lichtschein nach vorn auf die Fahrbahn wirft.

(2) Fahrräder der Polizei- und Zollbeamten sind bei dienstlicher Benutzung von der Bestimmung des Abs. 1 Nr. 3 insoweit befreit, als die Befolgung dieser Bestimmung die Durchführung besonderer Aufgaben des Dienstes in Frage stellen würde.

(3) Sofern an dem Fahrrad ein Rücklicht geführt wird, ist gelbrote Farbe zu verwenden.

b) Der Radfahrer und seine Pflichten.

§ 21.

Führung von Fahrrädern; Mitnahme von Personen und Sachen.

(1) Der Radfahrer ist dafür verantwortlich, daß das Fahrrad sich in vorschriftsmäßigem Zustande befindet und während der Dunkelheit und bei starkem Nebel in vorgeschriebener Weise beleuchtet ist. Er darf auf einem einsitzigen Fahrrad nur Kinder unter 6 Jahren mitnehmen und auch diese nur, falls für sie eine geeignete Sitzgelegenheit auf dem Fahrrade vorhanden ist; Gegenstände darf er nur mitnehmen, falls sie seine Bewegungsfreiheit nicht beeinträchtigen und Menschen oder Sachen nicht gefährden.

(2) Der Radfahrer ist zur gehörigen Vorsicht bei der Führung seines Fahrrades verpflichtet.

§ 22.

Fahrgeschwindigkeit; Anhängen an Fahrzeuge.

(1) Hinsichtlich der einzuhaltenden Fahrgeschwindigkeit gelten die Vorschriften des § 8 sinngemäß. In den Fällen des § 8 Abs. 2 sowie bei jedem Bergabfahren ist es verboten, beide Hände gleichzeitig von der Lenkstange oder die Füße von den Fußtritten zu nehmen.

(2) Das Umkreisen von Fuhrwerken, Menschen und Tieren und ähnliche Bewegungen, die geeignet sind, Menschen oder Sachen

zu gefährden, den Verkehr zu stören oder Tiere scheu zu machen, sind verboten.

(3) Das Anhängen an Fahrzeuge ist verboten.

§ 23.

Warnungszeichen, Gefährdung von Menschen und Tieren.

(1) Der Radfahrer hat überall dort, wo es die Sicherheit des Verkehrs erfordert, durch deutlich hörbares Glockenzeichen rechtzeitig auf das Nahen des Fahrrades aufmerksam zu machen.

(2) Das Abgeben von Glockenzeichen ist sofort einzustellen, wenn Tiere dadurch unruhig oder scheu werden.

(3) Das Abgeben zweckloser oder belästigender Glockenzeichen ist zu unterlassen. Der Gebrauch von Signalpfeifen, Huppen und beständig tönenden Glocken (Schlittenglocken und dergl.) sowie von sogenannten Radlaufglocken, sofern sie derart in Verbindung mit der Hemmvorrichtung stehen, daß sie ertönen, wenn und solange diese in Anwendung gebracht wird, ist untersagt.

(4) Merkt der Radfahrer, daß ein Tier vor dem Fahrrade scheut oder daß sonst durch das Vorbeifahren mit dem Fahrrade Menschen oder Tiere in Gefahr gebracht werden, so hat er langsam zu fahren und erforderlichenfalls sofort abzusteigen.

§ 24.

Fahrregeln usw.

Für den Radfahrverkehr gelten die Vorschriften der §§ 10 bis 16 sinngemäß.

c) Die Benutzung öffentlicher Wege.

§ 25.

Verbote und Beschränkungen der Benutzung von Wegen.

(1) Zum Radfahren sind die dafür eingerichteten besonderen Wege (Radfahrwege), soweit diese zur Aufnahme des Radfahrverkehrs ausreichen, andernfalls die für Fuhrwerke bestimmten Fahrwege zu benutzen. Außerhalb geschlossener Ortschaften darf mit Zweirädern auch auf den neben den Fahrwegen hinführenden nicht erhöhten Banketten gefahren werden. Bei Benutzung

der Bankette darf der Verkehr der Fußgänger nicht gestört werden. Die Bankette hat der Radfahrer bei Annäherung an Fußgänger rechtzeitig zu verlassen; sofern dies nicht möglich ist, hat er abzusteigen.

(2) Die Polizeibehörden sind befugt, den Radfahrverkehr auf Wegen, die für Fuhrwerke nicht bestimmt sind, zuzulassen.

(3) Für Verbote und Beschränkungen des Radfahrverkehrs auf bestimmten Wegen oder Banketten gelten § 18 Abs. 2 und 3 sinngemäß.

§ 26.

Wettfahrten.

Das Wettfahren und die Veranstaltung von Wettfahrten auf öffentlichen Wegen sind verboten. Ausnahmen bedürfen der Genehmigung der zuständigen Polizeibehörde, die im einzelnen Falle die besonderen Bedingungen festsetzt.

d) Ausnahmen.

§ 27.

Dienstlicher Radfahrverkehr der Beamten.

Ob und inwieweit Ausnahmen von den gemäß § 25 ergangenen Vorschriften für den dienstlichen Radfahrverkehr der Beamten zugelassen sind, bestimmt das Staatsministerium des Innern.

D. Reitverkehr.

§ 28.

Pflichten des Reiters; Benutzung öffentlicher Wege.

(1) Reiter sind zur gehörigen Rücksichtnahme auf den übrigen Verkehr verpflichtet. Die Vorschriften der §§ 8 bis 16 gelten für sie sinngemäß.

(2) Es ist verboten, mehr als vier Handpferde mitzuführen.

(3) Zum Reiten sind die dafür eingerichteten besonderen Wege (Reitwege), soweit diese zur Aufnahme des Reitverkehrs ausreichen, andernfalls die für Fuhrwerke bestimmten Fahrwege zu benutzen. Für Verbote und Beschränkungen des Reitverkehrs auf bestimmten Wegen gelten § 18 Abs. 2 und 3 sinngemäß.

E. Fußgängerverkehr.

§ 29.

Pflichten der Fußgänger; Benutzung öffentlicher Wege.

(1) Fußgänger haben in der Regel die besonderen für die Fußgänger eingerichteten Wege (Bürgersteige usw.) zu benutzen. Auf Fahrwegen haben sie Fuhrwerken und Kraftfahrzeugen aus dem Wege zu gehen. Die Benutzung von Reit- und Radfahrwegen, die nicht ausdrücklich durch die Polizeibehörde für den Fußgängerverkehr freigegeben sind, ist ihnen verboten.

(2) Beim Ueberschreiten des Fahrweges ist die erforderliche Rücksicht auf den übrigen Verkehr zu nehmen. Den Weisungen und Zeichen der Polizeibeamten ist Folge zu leisten.

(3) Wer auf die Straßenbahn wartet, hat dazu den Fußweg oder die Schutzinsel zu benutzen.

(4) Auf Fahrzeuge während der Fahrt unbefugt aufzuspringen, von ihnen abzuspringen, oder sich daran anzuhalten, ist untersagt.

(5) Für Verbote und Beschränkungen des Fußgängerverkehrs auf bestimmten Wegen gelten § 18 Abs. 2 und 3 sinngemäß.

F. Treiben und Führen von Tieren.

§ 30.

Pflichten der Führer und Treiber von Tieren.

(1) Tiere müssen so getrieben werden, daß der übrige Verkehr möglichst wenig behindert wird; sie dürfen nur auf Fahrwegen getrieben werden und müssen von einer angemessenen Zahl geeigneter Treiber begleitet sein.

(2) Für das Führen von Tieren (ausgenommen Hunde) gelten die Vorschriften der §§ 8 bis 16 sinngemäß. Zum Führen sind die Fahrwege, zum Führen von Reittieren die Fahr- oder Reitwege zu benutzen.

(3) Für Verbote und Beschränkungen des Treibens und Führens von Tieren auf bestimmten Wegen gelten § 18 Abs. 2 und 3 sinngemäß.

G. Sonstiger Schutz des Verkehrs.

§ 31.

Verkehrshindernisse auf öffentlichen Wegen.

(1) Gegenstände, durch welche der freie Verkehr behindert oder die Sicherheit und Leichtigkeit des Verkehrs beeinträchtigt wird, auf öffentlichen Wegen aufzustellen, hinzulegen, hinzuwerfen oder liegen zu lassen, ist Unbefugten verboten. Ausnahmen bedürfen polizeilicher Erlaubnis.

(2) Die Führer von Fuhrwerken haben Steine und andere Bremsmittel, die sie beim Anhalten unter die Räder gelegt haben, beim Weiterfahren unverzüglich von dem Wege zu entfernen.

(3) Ist die Ladung eines Fuhrwerks ganz oder teilweise auf einen öffentlichen Weg gefallen, so hat der Führer sie umgehend von diesem Wege zu entfernen. Ist dies nicht möglich, so hat der Führer alle Maßnahmen zu treffen, um Unfälle und Verkehrsstörungen zu vermeiden.

H. Strafvorschriften.

§ 32.

Zuwiderhandlungen gegen die vorstehenden Bestimmungen und die darin vorbehaltenen allgemeinen polizeilichen Vorschriften oder besonderen polizeilichen Anordnungen werden, sofern nicht nach anderen Gesetzen oder Verordnungen eine höhere Strafe verwirkt ist, mit Geldstrafe bis zu 150 Reichsmark oder mit Haft bis zu 14 Tagen bestraft.

J. Schlußvorschriften.

§ 23.

Weitergehende Vorschriften.

Die Polizeibehörden können weitergehende Vorschriften gemäß Art. 2 Ziff. 6 PStGB. erlassen.

§ 34.

Zuständigkeit.

Zuständige Polizeibehörde im Sinne der §§ 3—6 und § 26 ist die Bezirkspolizeibehörde, in München und Nürnberg-Fürth die Polizeidirektion.

Die gleiche Behörde ist zuständig für die Erteilung der polizeilichen Erlaubnis nach § 6 Abs. II und § 31 Abs. I.

Polizeibeamte im Sinne der §§ 13, 16 und 29 Abs. II sind sämtliche Organe der Sicherheits- und Straßenpolizei.

§ 35.

Aufhebung von Vorschriften.

Aufgehoben werden die Ministerialbekanntmachung vom 23. Juni 1862 über das Ausweichen der Reiter, Fuhrwerke und Viehherden auf öffentlichen Straßen, Wegen und Plätzen (RegBl. S. 1465), die §§ 2, 3, 5, 8, 9 und 10 der Ministerialbekanntmachung vom 4. Januar 1872 über die Sicherheit und Bequemlichkeit auf öffentlichen Wegen, Straßen und Plätzen (RegBl. S. 73), die Oberpolizeilichen Vorschriften vom 22. Februar 1910 über die Sicherheit und Bequemlichkeit auf öffentlichen Wegen, Straßen und Plätzen (GVBl. S. 101) und die Oberpolizeilichen Vorschriften über den Radfahrverkehr vom 29. September 1907 (GVBl. S. 731).

Inkrafttreten.

§ 36.

Vorstehende Vorschriften treten am 1. Juni 1926 in Kraft.

Verkehrszeichen.

Nachfolgend gelangen die auf Grund der Bek. d. Staatsmin. d. Inn. v. 24. 8. 27 Nr. 2507 a 91 (StAnz Nr. 194) auf Grund einer Vereinbarung der deutschen Länderregierungen eingeführten und nunmehr ausschließlich zur Verwendung kommenden Verkehrszeichen zum Abdruck.

Sperrschilder
für dauernde Sperrungen.

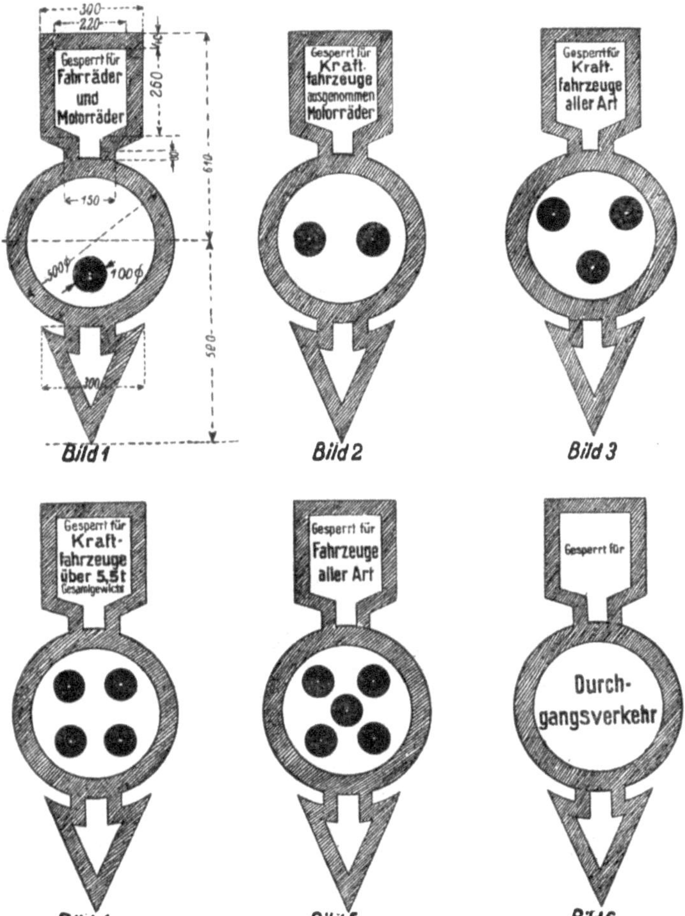

Bild 1 Bild 2 Bild 3

Bild 4 Bild 5 Bild 6

weisser Grund, rote Umrandung, schwarze Schrift.

Sperrschilder
für Sperrungen an Sonn und Feiertagen

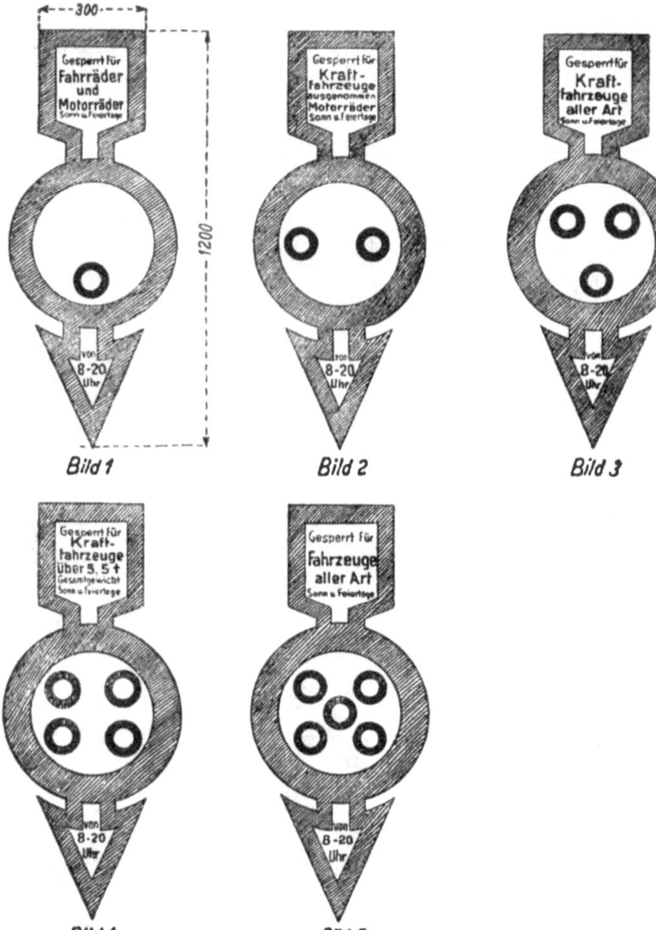

Bild 1 Bild 2 Bild 3

Bild 4 Bild 5

weisser Grund, rote Umrandung, schwarze Schrift.

Geschwindigkeitsschilder
für Höchstgeschwindigkeiten

Bild 1

Bild 2

Bild 3

Geschwindigkeitsschilder
für langsames Fahren vor Schulen und Krankenhäuser

Bild 1

Bild 2

weisser Grund, rote Umrandung, schwarze Schrift.

Richtungsschilder
für vorgeschriebene Wege

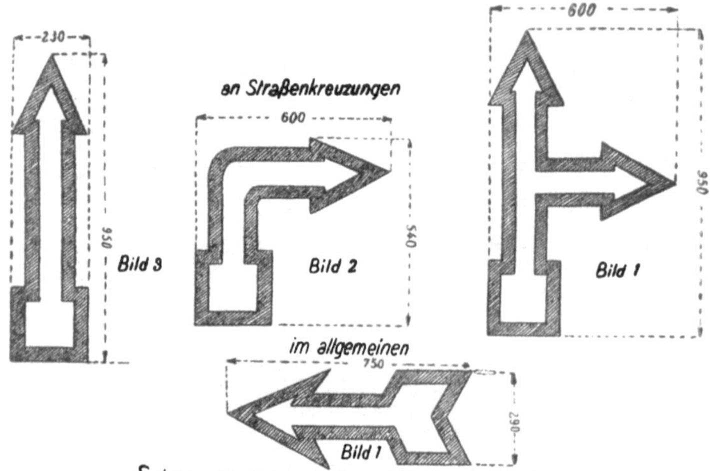

Schilder für Einbahnstraßen und Straßen 1 u. 2 Ordnung

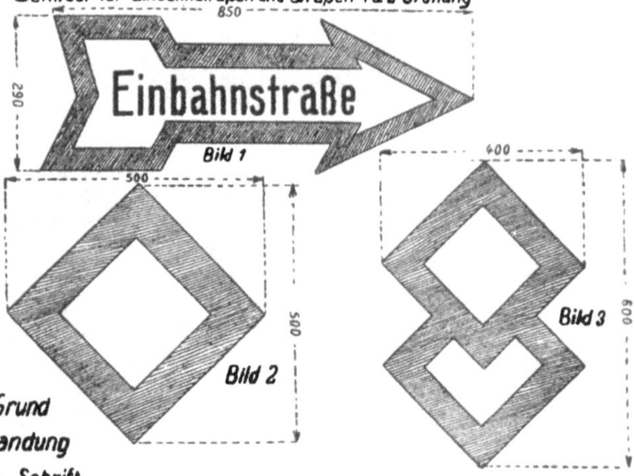

weisser Grund
rote Umrandung
schwarze Schrift.

Schilder
für Parkplätze und Parkverbote

Bild 1

Bild 2

Schilder
für Fußgängerüberwege

Bild 3

Bild 4

weisser Grund, rote Umrandung, schwarze Schrift.

Verzeichnis weniger wichtiger Vorschriften.

1. Bayer. Oberpoliz. Vorschriften über den Verkehr mit Motorfahrzeugen v. 7. 2. 1902 (GVBl 173); abgedruckt in der 1. Aufl. S. 97.
2. Min.Bek. über die Sammelstelle für Nachrichten über die Führer von Kraftfahrzeugen v. 10. 6. 1910 (MABl 390); 6. 3. 1911 (MABl 119); 10. 2. 1921 (MABl 24); 13. 6. 1922 (MABl 179); 18. 4. 1928 (MABl 50).
3. Vollz.Bek. z. KraftfahrlinienG v. 22. 11. 1920 (MABl 415); 12. 2. 1924 (MABl 25); 14. 12. 1925 (MABl 186); 2. 2. 1927 (MABl 9).
4. Min.Bek. über Kraftfahrzeugscheinwerfer v. 13. 9. 1923 (MABl 71).
5. Min.Bek. über Probefahrten v. 13. 10. 1923 (MABl 76).
6. VO über Kraftfahrzeugsteuer für ausländ. Kraftfahrzeuge v. 30. 4. 1924 (RGBl 396); 19. 7. 1924 (RGBl 668); 20. 12. 1924 (RGBl 968).
7. Ausführungsbest. zur 3. VO über Kraftfahrzeugsteuer für ausländ. Kraftfahrzeuge v. 30. 12. 1924 (RMinBl 1925, 6).
8. Min.Bek. über Reichsunfallversicherung der Personenkraftwagenhaltungen v. 16. 3. 1925 (MABl 44); 7. 7. 1927 (MABl 35).
9. Vollz.Entschl. zur VO über Warnungstafeln v. 7. 12. 1925 (MABl 185); 25. 1. 1927 (MABl 5); 19. 11. 1927 (MABl 62).
10. Min.Bek. über Beförderung von Sprengstoffen auf Lastkraftwagen v. 31. 12. 1926 (GVBl 1927, 2).
11. Bek. über Kraftfahrzeugverkehr an Eisenbahnübergängen v. 12. 8. 1927 (MABl 45).
12. Bek. über Fundanzeigen an den Allgemeinen Deutschen Automobilklub v. 22. 11. 1927 (MABl 66).
13. Min.Bek. über Wegweiser für den Kraftfahrzeugverkehr v. 16. 1. 1928 (MABl 10) u. v. 30. 5. 1928 (StAnz 128).

14. Min.Bek. über Kraftfahrzeugführerscheine v. 14. 3. 1928 (MABl 38).

15. Min.Bek. über Markierung der Umleitungswege bei Straßensperren v. 25. 4. 1928 (MABl 53).

16. Min.Bek. über Mitführen von Anhängeachsen v. 4. 5. 1928 (MABl 55).

17. Min.Bek. über Überwachung des Kraftfahrverkehrs vom 16. 5. 1928 (StAnz. 128).

18. Min.Bek. über Bestrafungen und Entmündigungen von Kraftfahrzeugführern v. 2. 6. 1928 (StAnz. 128).

Nachtrag

zu v. Hellingrath-Michel „Der Verkehr mit Kraftfahrzeugen in Bayern", 3. Auflage, Augsburg 1928.

Verordnung über Kraftfahrzeugverkehr.

Vom 13. Juli 1928. (RGBl I S. 204.)[1]

Auf Grund des § 6 des Gesetzes über den Verkehr mit Kraftfahrzeugen vom 3. Mai 1909 in der Fassung des Gesetzes vom 21. Juli 1923 (Reichsgesetzbl. I S. 743) wird hiermit nach Zustimmung des Reichsrats verordnet:

Artikel I

In der Verordnung über Kraftfahrzeugverkehr vom 16. März 1928 (Reichsgesetzbl. I S. 91) wird im Abschnitt „G. Ausnahmen" vor § 37 folgender neuer § 36a eingefügt:

§ 36a

(1) Soweit Kraftfahrzeuge nach ihrer besonderen Bauart Zwecken der öffentlichen Straßenreinigung dienen, ist die Verwendung hochelastischer Vollgummireifen an Stelle von Luftreifen zulässig, auch wenn das betriebsfertige Eigengewicht 3 Tonnen nicht übersteigt.

(2) Für Feuerwehrkraftfahrzeuge, deren betriebsfertiges Eigengewicht 3 Tonnen nicht übersteigt, kann die höhere Verwaltungsbehörde auf Antrag des Eigentümers die Verwendung hochelastischer Vollgummireifen an Stelle von Luftreifen gestatten.

Artikel II

Soweit nach Nr. 5 Abs. 2 der Übergangsbestimmungen im Artikel II der Verordnung über Änderungen der

[1]) Siehe hiezu Bek. v. 26. 7. 1928 (MABl 73).

Regelung des Kraftfahrzeugverkehrs vom 16. März 1928 (Reichsgesetzbl. I S. 66) Erleichterungen vorgesehen sind, werden diese durch Artikel I nicht berührt.[1])

Artikel III

Über die in vorstehendem Artikel II erwähnten Übergangsvorschriften hinaus gilt noch folgendes:

1. Elektrokarren

Bei Elektrokarren, die vor dem 1. Januar 1929 zum Verkehre zugelassen sind, und deren betriebsfertiges Eigengewicht 1,75 Tonnen nicht übersteigt, ist die Verwendung gewöhnlicher oder hochelastischer Vollgummireifen an Stelle von Luftreifen bis zum 1. Januar 1933 zulässig.

2. Bereifung der Lastkraftfahrzeuge und Anhängewagen

Auf Grund des § 30 der Verordnung über Kraftfahrzeugverkehr vom 5. Dezember 1925 (Reichsgesetzbl. I S. 439) erteilte Ausnahmebewilligungen (Befreiung von dem Erfordernis einer elastischen Bereifung unter gleichzeitiger Beschränkung der Geschwindigkeit und des Verkehrsbereichs) gelten für Lastkraftfahrzeuge längstens bis zum 1. Juli 1929 und für Anhängewagen längstens bis zum 1. Januar 1930. Verlängerungen früher abgelaufener Ausnahmebewilligungen endigen spätestens mit diesen Zeitpunkten.[2])

Berlin, den 13. Juli 1928.

Der Reichsverkehrsminister
von Guérard.

---

[1]) Siehe hiezu Anm. 3 „Übergangsvorschriften" zu § 3 VO in Teil I der 3. Aufl. S. 98, der 4. Aufl. S. 123.

[2]) Die Neuerteilung von Ausnahmebewilligungen ist nicht zulässig.

Bekanntmachung über das am 11. Oktober 1909 in Paris unterzeichnete Internationale Abkommen über den Verkehr mit Kraftfahrzeugen. Vom 8. Mai 1928
(RGBl II S. 393).

I. Dem Internationalen Abkommen über den Verkehr mit Kraftfahrzeugen vom 11. Oktober 1909 (Reichsgesetzbl. 1910 S. 603) sind die Republik Argentinien und das Königreich Egypten beigetreten. Das Abkommen ist für beide Staaten am 15. Juli 1927 wirksam geworden.

Als Unterscheidungszeichen gemäß Artikel 4 des Abkommens hat Argentinien die Buchstaben RA und Egypten die Buchstaben ET angenommen.

Auf Grund des § 10 der Verordnung über internationalen Kraftfahrzeugverkehr vom 5. Dezember 1925 (Reichsgesetzbl. I S. 453) werden folgende Abänderungen der Anlage A und des Musters 1 dieser Verordnung angeordnet:

1. In Anlage A ist zwischen Deutschland und Belgien einzufügen „Argentinien" und „RA", ebenso zwischen Danzig und Finland „Egypten" und „ET".
2. In Muster 1 ist in der auf der ersten Seite befindlichen Fußnote zwischen „Deutschland" und „Belgien" das Wort „Argentinien" und zwischen „Danzig" und „Finland" das Wort „Egypten," einzufügen.
3. Die im Reichsgesetzblatt 1925, Teil I, S. 460, 461 über der Umrahmung vorgesehenen Seitenzahlen des Musters 1 (60 und 61) ändern sich nach Maßgabe der Zahl der nach dem Hinzutritt Argentiniens und Egyptens zusammenzustellenden Einlageblätter.

II. Unter Berücksichtigung der seit dem Abschluß des Abkommens eingetretenen staatsrechtlichen Veränderungen in dem ehemaligen Kaiserreiche Rußland ist in der Anlage A „Rußland“ und „R“ zu streichen und dafür hinter Ungarn „Union der Sozialistischen Sowjetrepubliken“ und „R“ einzutragen. Außerdem ist in der Fußnote zu Muster 1 „Rußland,“ zu streichen und hinter Ungarn nach einem Komma hinzuzufügen „Union der Sozialistischen Sowjetrepubliken“.

Diese Bekanntmachung ergeht im Anschluß an die Bekanntmachung vom 10. Juni 1925 (Reichsgesetzbl. II S. 450).

Berlin, den 8. Mai 1928.

Der Reichsminister des Auswärtigen

In Vertretung

Köpke

Bekanntmachung über Kraftfahrzeugverkehr

Vom 26. Juli 1928. (RMin.Bl S. 526.)

Auf Grund des § 5 Abs. 4 der Verordnung über Kraftfahrzeugverkehr vom 16. März 1928 (Reichsgesetzbl. I S. 91) wird die Anlage 1 (Anweisung über die Prüfung von Kraftfahrzeugen) der Bekanntmachung über Kraftfahrzeugverkehr vom 16. März 1928 (Reichsministerialbl. S. 121) wie folgt geändert:

Hinter Ziffer III wird folgende neue Ziffer IIIa eingefügt:

IIIa. Hochelastische Vollgummireifen

Hochelastische Vollgummireifen müssen in neuem Zustand bei der für sie zulässigen statischen Belastung mindestens 8 Meterkilogramm Arbeitsvermögen haben. Dieses Arbeitsvermögen ist vorhanden, wenn die Eindrückung der Bereifung eines Rades (Einzelreifen oder Doppelreifen) beim Aufbringen von 1000 Kilogramm Mehrlast auf diese — mit der zulässigen statischen Belastung bereits beschwerte — Bereifung um einen Mindestbetrag zunimmt, der nach folgender Gleichung zu berechnen ist:

$$f = \frac{8000}{P + 500},$$

worin f den erforderlichen Mindestbetrag der Zunahme der Eindrückung in Millimeter, P die zulässige statische Belastung in Kilogramm bedeutet.

Beispiel: Bei einer Bereifung (Einzelreifen oder Doppelreifen) mit P = 2000 Kilogramm zulässiger statischer Belastung ergibt sich

$$f = \frac{8000}{2000 + 500} = 3{,}2 \text{ Millimeter.}$$

Diese Bereifung ist also hochelastisch, wenn die Eindrükkung bei einer Belastungszunahme von 2000 auf 3000 Kilogramm um mindestens 3,2 Millimeter wächst.

Die zulässige statische Belastung ist aus nachstehender Tabelle zu entnehmen:

Breite des hochelastischen Vollgummireifens in Millimeter		Zulässige statische Belastung in Kilogramm	
ohne Hohlraum	mit Hohlraum	bei Einzelreifen	bei Doppelreifen
110	110	1 000	2 000
120	120	1 100	2 200
130	130	1 200	2 400
140	150	1 350	2 700
150	160	1 500	3 000
160	165	1 600	3 200
170	175	1 700	3 400
185	185	1 850	3 700
200	220	2 000	4 000
220	—	2 200	4 400
270	—	3 000	6 000
300	—	3 200	6 400
320	—	3 400	6 800

Bei hochelastischen Vollgummireifen muß die Profilhöhe einschließlich Stahlband auch in abgenutztem Zustand bei einer Reifenbreite bis zu 120 Millimeter mindestens 60 Millimeter, bei einer Reifenbreite von mehr als 120 bis 160 Millimeter mindestens 65 Millimeter, bei einer Reifenbreite von mehr als 160 Millimeter mindestens 70 Millimeter betragen.

Kraftfahrlinienverordnung.

Vom 20. Oktober 1928. (RGBl I S. 380.)

Auf Grund des § 5 Abs. 1 des Kraftfahrliniengesetzes vom 26. August 1925 (Reichsgesetzbl. I S. 319) wird hiermit nach Zustimmung des Reichsrats verordnet:

§ 1

(1) Kraftfahrlinien sind dem öffentlichen Verkehr dienende Unternehmen, die durch Kraftfahrzeuge Personen oder Sachen (Güter) über die Grenzen eines Gemeindebezirkes hinaus auf bestimmten Strecken mit einer gewissen Regelmäßigkeit und Häufigkeit gegen Entgelt befördern, mit Ausnahme der Rundfahrten.

(2) Dem öffentlichen Verkehr dient ein Unternehmen, dessen Einrichtungen nach seiner Zweckbestimmung jedermann benutzen kann.

(3) Kraftfahrzeuge sind Landfahrzeuge, die durch Maschinenkraft bewegt werden, ohne an Bahngleise gebunden zu sein.

(4) Strecken sind die Wege, die zur Erreichung des Endpunkts oder der Zwischenpunkte der Linie benutzt werden sollen (vgl. § 3).

(5) Beförderung ist der Verkehr von Ort zu Ort.

(6) Eine gewisse Regelmäßigkeit und Häufigkeit ist einem für einen längeren Zeitraum berechneten Verkehr zuzusprechen, auf den sich die Öffentlichkeit einrichten kann, auch wenn kein Fahrplan mit genau bestimmten Abfahrts- und Ankunftszeiten im voraus festgelegt ist.

(7) Entgelt ist jede Art von Entschädigung für die Verkehrsleistung.

(8) Rundfahrten sind Fahrten zu Besichtigungs- oder Vergnügungszwecken, die ohne Wagenwechsel und unter Ausschluß der Unterwegsbedienung zum Ausgangsort zurückführen.

§ 2

(1) Genehmigungspflichtig sind sämtliche Kraftfahrlinienunternehmen, mögen sie von natürlichen oder juristischen Personen oder von öffentlichen Körperschaften eingerichtet werden.

(2) Unberührt bleiben die Bestimmungen des § 6 des Kraftfahrliniengesetzes über die Kraftfahrlinien der Reichspost.

§ 3

Erforderlich ist die Genehmigung nicht nur für den Betrieb einer Kraftfahrlinie und, wenn der Endpunkt oder Zwischenpunkte auf mehreren bestimmten Strecken erreicht werden sollen, für sämtliche Wegestrecken (vgl. § 1 Abs. 4), sondern auch für jede Änderung der Linie und für die Übertragung der aus der Genehmigung erwachsenden Rechte und Pflichten des Unternehmers auf andere.

§ 4

(1) Für die Genehmigung sind zuständig:

1. bei Kraftfahrlinien innerhalb eines Landesgebiets die von der obersten Landesbehörde bestimmten Behörden,
2. bei Kraftfahrlinien, die das Gebiet mehrerer Länder berühren, die obersten Landesbehörden gemeinsam.

(2) Im letzteren Falle ist der Antrag an die Behörden der beteiligten Länder zu richten, die das Genehmigungsverfahren (§§ 5 bis 9) für den in ihren Bezirk fallenden Teil der Kraftfahrlinien durchführen. Die Behörde des Landes, wo der größte Teil der Linie liegt, verständigt sich mit den Behörden der andern Länder und legt die Verhandlungen der eigenen obersten Landesbehörde vor. Diese entscheidet im Einverständnis mit den weiter beteiligten obersten Landesbehörden oder leitet das im § 1 Abs. 2 des Kraftfahrliniengesetzes vorgesehene Verfahren ein.

§ 5

(1) Dem Antrag sind die Unterlagen beizufügen, die ein Urteil über Sicherheit und Leistungsfähigkeit des Betriebs ermöglichen.

(2) Der Antrag soll enthalten:

1. Name und Wohnsitz des Unternehmers, gegebenenfalls Firma und Sitz der Gesellschaft,
2. Angaben über die Vermögenslage und die technische Leistungsfähigkeit des Unternehmens,
3. Zweck des Unternehmens (Personen-, Güterbeförderung),
4. Anfangs- und Endpunkt der Linie, gegebenenfalls Angabe der einzelnen Strecken und Zwischenhaltestellen,
5. die kilometrische Länge der Linie, gegebenenfalls auch der Teilstrecken,
6. Fahrplan und mittlere Reisegeschwindigkeit,
7. Zahl der Fahrzeuge und der Anhänger, Antriebsart, Muster und Maße der Wagen (bei Personenfahrzeugen auch der Inneneinrichtung), Eigengewicht, Bremsleistung des Motors, zulässige Belastung (Ladung oder Zahl der Personen einschließlich Führer), bei Fahrzeugen von mehr als 5 Tonnen Gesamtgewicht Achsdrucke und Felgendrucke in beladenem Zustand,
8. eine Übersichtskarte, in der die beantragte Linie rot und die im betreffenden Verkehrsgebiet bereits vorhandenen öffentlichen Verkehrsunternehmen (Eisenbahnen, Kleinbahnen, Straßenbahnen, Kraftfahrlinien) mit anderer Farbe eingezeichnet sind.

(3) Wenn die Angaben zu Nr. 6 und 7 nicht von vornherein feststehen, können sie im Laufe des Genehmigungsverfahrens eingereicht werden.

§ 6

Die Genehmigung wird auf Grund einer Prüfung erteilt, die sich zu erstrecken hat auf

1. die Sicherheit und Leistungsfähigkeit des Betriebs,
2. die Wahrung der öffentlichen Interessen.

§ 7

Die Prüfung der Sicherheit und Leistungsfähigkeit soll sich vornehmlich darauf erstrecken:

1. ob die Vorschriften der Verordnung über Kraftfahrzeugverkehr erfüllt sind, und ob die Persönlichkeit des Unternehmers dafür bürgt, daß sie auch in Zukunft erfüllt werden;
2. ob ihn seine Vermögenslage befähigt, durch eine geordnete, regelmäßige Betriebsführung dem öffentlichen Verkehrsbedürfnis und den berechtigten Ansprüchen der Benutzer zu genügen, und die aus dem Betrieb erwachsenden Verbindlichkeiten, besonders Haftungsansprüche für Personen- und Sachschäden, zu erfüllen;
3. ob der Wagenpark und die Einrichtungen zu seiner Unterhaltung so beschaffen und bemessen sind, daß der ordentliche, ununterbrochene Betrieb während der Dauer der Genehmigung gewährleistet ist, solange die vorhandenen Wege sicher befahrbar sind.

§ 8

(1) Die Prüfung, ob die öffentlichen Interessen gewahrt sind, soll sich auf die Linienführung, die Zahl der täglichen Fahrten, die Wahl der Halteplätze usw. erstrecken.

(2) Das Unternehmen läuft den öffentlichen Interessen zuwider,

1. wenn es auf Wegen durchgeführt werden soll, die sich wegen ihres baulichen Zustandes für diesen Kraftwagenverkehr nicht eignen,
2. wenn es bereits vorhandenen Verkehrsunternehmen einen unbilligen Wettbewerb bereitet oder ihrer dem öffentlichen Bedürfnis mehr entsprechenden Ausgestaltung vorgreift, ohne doch das öffentliche Verkehrsbedürfnis zweckmäßiger oder nachhaltiger zu befriedigen oder die vorhandenen öffentlichen Verkehrsmittel vorteilhaft zu ergänzen.

§ 9

(1) Vor der Genehmigung des Antrags muß die Behörde die im Verkehrsgebiete der geplanten Kraftfahrlinie vorhandenen öffentlichen Verkehrsunternehmen und die Wegeunterhaltungspflichtigen hören. Einwendungen gegen das Unternehmen sind innerhalb einer von der Behörde festzusetzenden Frist von drei Wochen geltend zu machen.

(2) Wenn der Antragsteller nachweist, daß alle Beteiligten mit seinem Unternehmen einverstanden sind, braucht die Behörde die im Abs. 1 bezeichneten Stellen nicht zu hören.

§ 10

Die Genehmigung wird dem Unternehmer nur für seine Person erteilt.

§ 11

Von jeder Genehmigung einer Kraftfahrlinie ist dem zuständigen Versicherungsamt wegen der Anmeldung des Betriebs zur Genossenschaft Kenntnis zu geben.

§ 12

Die Genehmigung ist auf Zeit zu erteilen; sie läßt die Rechte anderer unberührt.

(2) Wenn das öffentliche Interesse es fordert, kann die Genehmigung auch widerruflich erteilt werden.

§ 13

Die Genehmigung muß enthalten:

1. die Bezeichnung des Unternehmers,
2. die Bezeichnung der Linie,
3. die Zeitdauer, für die sie erteilt wird,
4. den Zweck des Unternehmens (Personen-, Güterbeförderung),
5. die Bedingungen, unter denen sie erteilt wird.

§ 14

Wenn nicht das Reich, ein Land, eine andere öffentliche Körperschaft oder eine Gesellschaft, an der öffentliche Körperschaften überwiegend beteiligt sind, der Unternehmer ist, muß die Genehmigung diesem vorschreiben, daß er sich für alle Betriebsschäden an Personen oder Sachen bei einer leistungsfähigen Haftpflichtversicherungsanstalt bis zur Höhe der Höchstbeträge versichert, die in den jeweils geltenden gesetzlichen Bestimmungen, zur Zeit im § 12 des Gesetzes über den Verkehr mit Kraftfahrzeugen vom 3. Mai 1909 in der Fassung der Verordnung vom 6. Februar 1924 (Reichsgesetzbl. I S. 42), für die Haftpflicht aus einem beim Betrieb eines Kraftfahrzeugs entstandenen Schaden festgesetzt sind. Auch kann die Genehmigungsbehörde von diesen Unternehmern fordern, daß sie für diese Zwecke eine bestimmte Sicherheit hinterlegen.

§ 15

Die nachstehenden Bestimmungen über Fahrplan, Beförderungspreise und Beförderungsbedingungen (§§ 16 bis 18) sind nur soweit vorzuschreiben, als es im Interesse des öffentlichen Verkehrs geboten ist.

§ 16

(1) Der Fahrplan und jede Änderung des Fahrplans unterliegen der Genehmigung der zuständigen Behörde. Der Fahrplan muß die Führung der Linie, ihren Anfangs- und Endpunkt, die Haltestellen und Fahrzeiten enthalten.

(2) Abweichung vom genehmigten Fahrplan ist nur insofern erlaubt, als außer den fahrplanmäßigen Wagen bei gesteigertem Verkehr noch weitere eingesetzt werden dürfen.

§ 17

(1) Die Beförderungspreise und jede Änderung der Beförderungspreise bedürfen der Genehmigung der zuständigen Behörde. Die wirtschaftliche Lage des Unternehmens und angemessene Verzinsung und Tilgung des Anlagekapitals sind dabei zu berücksichtigen.

(2) Die angesetzten Beförderungspreise sind gleichmäßig anzuwenden. Ermäßigungen, die nicht unter gleichen Bedingungen jedermann zugute kommen, sind verboten und nichtig.

§ 18

Der Fahrplan, die Beförderungspreise und die Beförderungsbedingungen sind durch Aushang an sichtbarer Stelle in den Fahrzeugen und ebenso in den etwa dem Beförderungsverkehr gewidmeten Räumen bekanntzumachen. Jede Erhöhung der Beförderungspreise darf erst drei Tage nach der Veröffentlichung in Kraft treten.

§ 19

(1) Die zuständige Behörde kann vorschreiben, daß die zur Personenbeförderung bestimmten Fahrzeuge

1. vor ihrer Einstellung in den Betrieb besonders geprüft werden, auch wenn sie zum Verkehr bereits zugelassen sind,
2. in angemessenen Zeitabschnitten und aus besonderem Anlaß wieder geprüft werden.

(2) Die Kosten der Prüfungen hat der Unternehmer zu tragen.

§ 20

Soweit es im öffentlichen Interesse geboten ist, kann vorgeschrieben werden:

a) daß der Betrieb der Linie innerhalb der von der zuständigen Behörde festzusetzenden Frist eröffnet und während der Dauer der Genehmigung nach den Genehmigungsbedingungen fortgeführt wird. Zur Sicherung dieser letzteren Verpflichtung kann die Behörde jederzeit, auch ohne einen entsprechenden Vorbehalt bei der Genehmigung, nähere Anordnungen treffen, wenn sich ein Bedürfnis hierfür herausstellen sollte;

b) daß der Unternehmer die Genehmigung zur dauernden Einstellung des Betriebs vier Wochen vorher und zur vorübergehenden Einstellung des Betriebs eine Woche vorher bei der zuständigen Behörde nachzusuchen hat.

§ 21

(1) Jede Kraftfahrlinie ist der Aufsicht der Genehmigungsbehörde unterworfen, soweit es sich um die ihr auferlegten Pflichten handelt.

(2) Die Genehmigungsbehörde kann die Aufsicht entweder selbst führen oder eine ihr unterstellte Behörde damit beauftragen.

§ 22

Die obersten Landesbehörden verordnen das nötige zur Durchführung dieser Vorschriften und bestimmen insbesondere die zuständigen Behörden.

Berlin, den 20. Oktober 1928.

Der Reichsverkehrsminister
von Guérard.

Ergänzung des Verzeichnisses weniger wichtiger Vorschriften.

19) Min. Bek. über Verkehrszeichen vom 9. 7. 1928 (StAnz. 157).

20) Min. Bek. über Kraftfahrzeugverkehr vom 26. 7. 1928 (MABl. 73).

21) Bek. über Vereinbarung mit der Schweiz vom 20. 7. 1928 (RMinBl. 526).

22) Ausführungsbest. zum Kraftfahrzeugsteuergesetz vom 13. 7. 1928 (RMinBl. 397).

23) Min. Bek. über amtsärztliche Zeugnisse für Kraftfahrzeugführer vom 8. 9. 1928 (StAnz. 211).

Berichtigungen zum II. Teil.

Im Inhaltsverzeichnis muß es in Ziff. 9 statt „212" heißen „223".

Auf Seite 181 ist in Abs. 2 Zeile 4 von oben hinter „und Plätzen" einzufügen „im Reichsgebiete".

Auf Seite 224 Zeile 2 von oben ist hinter dem Klammerzusatz „(Reichsgesetzbl. 437)" einzufügen: „in der Fassung des Gesetzes vom 21. Juli 1923 (RGBl. I S. 743)".

Auf Seite 225 muß es in § 8 letzter Abs. am Schlusse statt „erlangen" heißen: „verlangen".

Auf Seite 227 ist in § 7 hinter „Unternehmer oder" einzusetzen: „als".

Auf Seite 241 muß es in § 13 Zeile 3 von oben statt „Vorrichtungen" heißen: „Verrichtungen".

Auf Seite 264 muß es in der Überschrift statt „18. Mai 1926" heißen: „8. Mai 1926".

Auf Seite 277 muß es nach „J. Schlußvorschriften" statt „§ 23" heißen: „§ 33".

Im Verzeichnis weniger wichtiger Vorschriften muß es heißen:

in Ziff. 1 statt „7. 2. 1902": „7. 5. 1902";

in Ziff. 6 statt „30. 4. 1924": „30. 3. 1924" und statt „19. 7. 1924": „18. 7. 1924";

in Ziff. 12 statt „22. 11. 1927": „28. 11. 1927";

in Ziff. 17 und 18 ist hinter „(StAnz. 128" einzufügen „u. Min.-ABl. 61".

Inhaltsverzeichnis.

Seite

1. Kraftfahrzeug-Gesetz 1
2. Verordnung über Kraftfahrzeugverkehr 13
3. Bekanntmachung über Kraftfahrzeugverkehr 67
   Anweisung über die Prüfung von Kraftfahrzeugen . . 69
   Muster 82
   Plan für die Kennzeichnung der Kraftfahrzeuge . . . 132
   Anweisung für die Beurteilung der Wirkung von Scheinwerfern 133
   Anforderungen an die Sachverständigen für die Prüfung von Kraftfahrzeugen und Kraftfahrzeugführern . . 135
   Gebührenordnung für die Prüfung von Kraftfahrzeugen, Kraftfahrzeugführern, Fahrlehrern, Lehrwagen und Lehrmitteln 138
4. Bayr. Vollzugsbekanntmachungen zur Verordnung über Kraftfahrzeugverkehr 142
5. Internationales Abkommen über Kraftfahrzeugverkehr 169
6. Verordnung über internationalen Kraftfahrzeugverkehr 176
7. Bayr. Vollzugsbekanntmachung zur internationalen Verordnung über Kraftfahrzeugverkehr 202
8. Verordnung über Ausbildung von Kraftfahrzeugführern 204
9. Bayr. Vollzugsvorschriften zur Verordnung über Ausbildung von Kraftfahrzeugführern 212
10. Verordnung über Beirat für das Kraftfahrwesen . . 223
11. Kraftfahrlinien-Gesetz 225
12. Bayr. Vollzugs-Verordnung zum Kraftfahrlinien-Gesetz 228
13. Verordnung über Aufstellung von Warnungstafeln . . 228
14. Gebührenordnung für behördliche Maßnahmen im Kraftfahrzeugverkehr 233
15. Bay. Verordnung und oberpolizeiliche Vorschriften über Einstellräume und Einstellung von Kraftfahrzeugen 237
16. Kraftfahrzeugsteuergesetz 247
17. Verordnung zur Ausführung des Kraftfahrzeugsteuergesetzes 257
18. Bayr. Straßenverkehrsordnung 264
19. Verkehrszeichen 278
20. Verzeichnis weniger wichtiger Vorschriften 284

Vorbemerkung.

Um den Umfang des II. Teils nicht allzusehr anschwellen zu lassen, mußte auf die Wiedergabe des Wortlauts der im Inhaltsverzeichnis im I. Teil (S. 192) unter Abschnitt II Nr. 4 aufgeführten bayr. Vollzugsbek. zum KraftfahrlinienG, der in Nr. 5 angeführten Vollzugs-Entschl. zur VO über Aufstellung von Warnungstafeln sowie der im Abschnitt III unter Nr. 2 mit 4 aufgeführten Verordnungen über Kraftfahrzeugsteuer für ausländische Kraftfahrzeuge verzichtet werden. An Stelle des Wortlauts der Bek. über Verkehrszeichen (Abschn. IV Nr. 2) wurden die Zeichen selbst im Abdruck wiedergegeben.

Die Vorschriften sind nach dem Stand vom 1. Juni 1928 aufgeführt.

Dr. von Hellingrath.

FSC
www.fsc.org
MIX
Papier | Fördert
gute Waldnutzung
FSC® C083411

Kolibri 360 GmbH
Ferdinand-Jühlke-Straße 7
99095 Erfurt, Deutschland
produktsicherheit@kolibri360.de